제2판

수학교육과 교구

최창우 지음

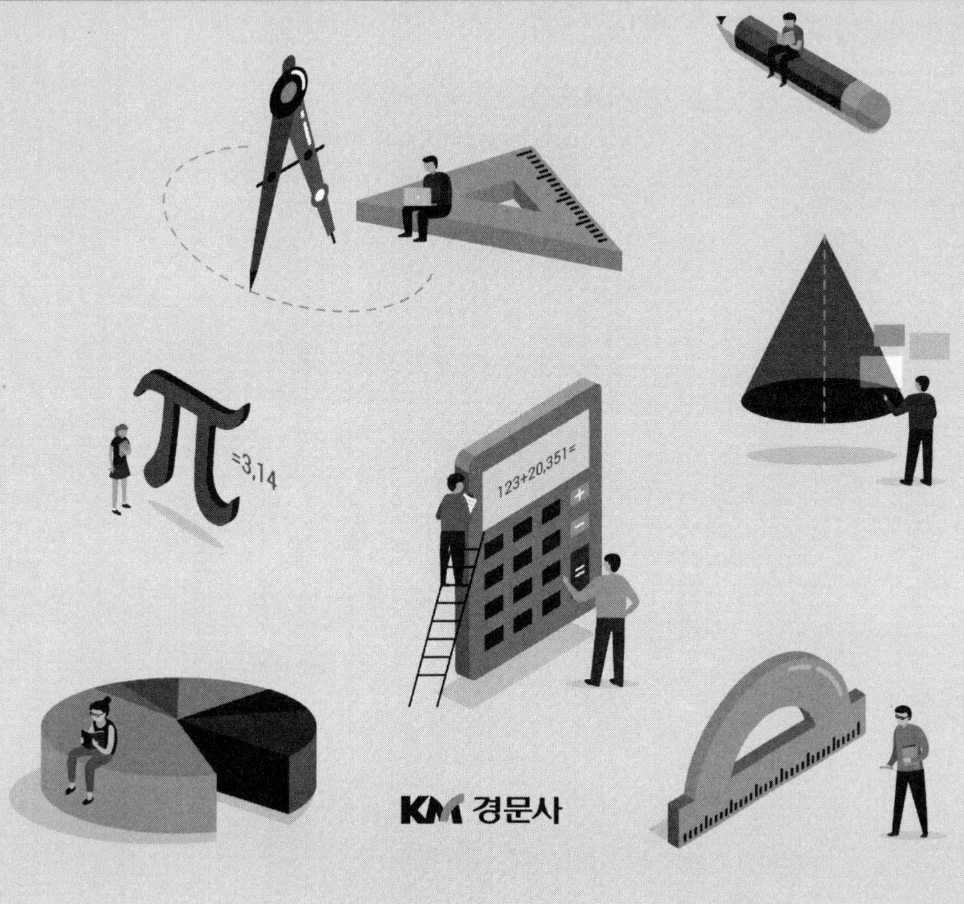

KM 경문사

머리말

21세기의 국가와 사회를 움직이는 원동력은 정보화와 지식에 있으며, 이러한 정보와 지식을 끊임없이 재충전하지 않는다면 국가와 개인 모두 성공적인 삶을 영위할 수 없다. 그러므로 다가오는 미래 사회에서는 끊임없는 지식, 정보의 개발과 재충전이 필수적이며 이를 위해서는 수학의 힘이 무엇보다 중요하다 하겠다.

우리나라에서도 최근 수학교육선진화 방안의 일환으로 기존의 수학에 대한 인식의 전환과 수학교육 중시의 움직임을 활발히 진행시키는 것도 이런 이유에서일 것이다.

그럼에도 불구하고 우리나라 일선 현장학교에서 나타나는 수학교육의 현실은 아직도 계산 기능에 초점이 주어져 있으며, 학습자의 수학에 대한 긍정적인 태도의 함양과는 다소 거리가 멀다. 그 결과 학년이 올라갈수록 학생들은 점점 더 수학을 기피하고 싫어하는 현상이 나타나고 있는 실정이다.

실제로 수학교육에서 많은 학자들도 구체적인 것에서부터 시작하여 추상과 형식적인 수학으로 발달되어야 하며, 직관에서 논리로 진행되어야 한다고 주장하고 있지만 학교 현장에서의 수학교육에서 이런 점이 간과되어, 학생들이 구체적인 것에서 점진적으로 추상화·형식화할 수 있는 활동을 소홀히 하거나 생략하고 있다.

수학교육에서의 위와 같은 문제를 해소하고, 학생들의 자연스러운 발달을 위해서 많은 학자들은 구체적인 것에서 추상적인 것으로의 이행이 필요하고, 그 과정에서 다리의 역할을 할 수 있는 교구의 활용이 필요함을 지적하고 있다.

최근 2015 개정 초등학교 수학과 교육과정(교육과학기술부 고시 제 2015-74호)에서 교구와 관련한 내용은 수학 교과 역량의 6가지 하위요소 중 정보처리에서 다양한 자료와 정보를 수집, 정리, 분석하는 데 있어서 적절한 공학적 도구나 교구를 활용하도록 권고하고 있으며, 다른 영역(수와 연산, 도형, 규칙성)의 교수·학습 방법 및 유의사항에서도 교구의 활용을 권장하고 있다.

이러한 맥락에서 저자는 수학학습에서 학생들의 구체적인 것으로부터 추상적인 것으로의 수학적 이행을 위해 도움이 될 수 있는 수학교구의 활용을 통해 학생들의 수학 기피 현상을 방지하고, 미래 사회에 필수적인 수학의 힘을 신장시키는 데 조금이나마 기여하고자 이 책을 집필하게 되었다.

이 교재의 구성은 크게 세 부분으로 이루어져 있는데 제1장에서는 교육과정, 활동주의 수학교육과 교구, 수학교구의 개념과 필요성, 교구 활용 수업에서 교사의 역할, 우리나라 수학 수업에서 교구 활용의 실태 등을 다루었다. 제2장에서는 실제 수학 수업에서 활용할 수 있는 아래와 같은 다양한 교구들의 활용방안을 소개하였다.

기하판, 탱그램, 폴리아몬드, 도미노, 펜토미노, 소마큐브, 퀴즈네어 색막대, 패턴블록, 속성블록, 쌓기나무, 스냅큐브, 4D프레임, 폴리드론, 지오픽스, 하노이 탑, 대수막대, 조노돔 시스템 등에 대한 설명과 구체적인 활용방안을 제시하였다. 마지막 제3장에서는 실제 수업에서의 교구활용의 사례를 살펴보았다.

끝으로 저자로서는 대학에서의 오랜 강의 경험을 바탕으로 최선을 다하였으나 독자 여러분들의 기탄없는 충고와 관심을 부탁드리며 이를 바탕으로 미비한 점은 수정 보완할 것을 약속드리며 이 책이 수학교사들에게는 수업에서 교구를 이해하고 활용하는 지침서 역할을, 학생들에게는 수학을 좋아하게 만드는 가교(架橋)의 역할을 할 수 있기를 기대한다.

2019년 2월

상록동산에서 최창우 씀

차례

CHAPTER 01

수학교육에서의 교구

CHAPTER 02

수학 교수·학습에서의 여러 가지 교구

CHAPTER 03 교구를 활용한 수학 교수·학습의 사례

부록

Chapter 1

수학교육에서의 교구

1. 교육과정과 교구
2. 활동주의 수학교육과 교구
3. 수학교구의 개념과 활용의 필요성
4. 수학교구 활용의 장점
5. 수학교구 활용 시 고려할 사항
6. 수학교구 활용 수업에서 교사의 역할
7. 우리나라 수학 수업에서 교구 활용의 실태

중국속담에 '말로 들은 것은 쉽게 잊어버리고, 자신이 눈으로 본 것은 기억하고, 실제로 행하고(doing)나면 이해한다.'는 말이 있다. 이것은 학습자가 자신의 수학적 의미를 구성하는 데 있어서의 기본 바탕은 학습에 적극적인 참여를 통해서 이루어질 수 있다는 의미로 해석될 수 있다. 특히 추상적이고 논리적인 수학적 지식을 이해시키는 데는 학습자의 경험을 바탕으로 한 체험 학습이 절실히 요구되어진다고 볼 수 있다. 아동이 자신의 손을 직접 움직여 행동을 통해서, 즉 수학을 행하여(doing mathematics) 이해된 지식은 오래 기억될 수 있다.

이 장에서는 교육과정과 교구, 수학교구의 개념, 수학교구 활용의 필요성, 수학교구 활용 시 고려할 사항, 수학교구 활용 수업에서 교사의 역할, 우리나라 수학 수업에서 교구 활용의 실태 등에 대해 살펴보고자 한다.

1 교육과정과 교구

2011년 8월 9일에 고시된 2009 개정 교육과정(교육과학기술부 고시 제2011-361호)개정의 기본 방향은 학기당 이수 교과목 수축소를 통한 학습의 효율성 제고, '창의적 체험활동' 도입을 통한 배려와 나눔을 실천하는 창의 인재 육성, 교육과정 자율화를 통한 학교의 다양화 유도 등을 들 수 있다.

구체적인 개선 방안으로 학기당 이수 교과목수 축소를 통한 학습의 효율성 제고를 위해서 학년 군과 교과 군을 설정하였다.

'창의적 체험활동' 도입을 통한 배려와 나눔을 실천하는 창의 인재 육성을 위해서 현행 특별 활동과 창의적 재량활동을 통합하여 '창의적 체험활동'으로 운영하고 아울러 창의적 체험활동 시수를 확대하였다.

교육과정 자율화를 통한 학교의 다양화 유도를 위해서 국가는 교육과정 운영의 기본 틀만을 제시, 학교 교육과정의 자율성 확대와 학생의 적성과 소질을 고려한 맞춤형 교육과정 운영, 그리고 교육청의 학교 교육과정 지원강화 등을 들 수 있다.

교수·학습 방법적인 측면에서 ① 수학의 개념, 원리, 법칙, 기능 ② 의미 있는 발문 ③ 수학적 창의력 ④ 수학적 문제해결력 ⑤ 추론 능력 ⑥ 수학적 의사소통 능력 ⑦ 학생들의 인성 ⑧ 수학에 대한 긍정적인 태도 ⑨ 수학 교수·학습 과정에서 교육기자재 및 수학 교과 교실의 활용 ⑩ 자기 주도적 학습 능력 신장 ⑪ 수준별 수업의 운영 등이 주요 핵심

사안이다.

이 가운데 교구와 관련한 내용은 ① 수학의 개념, 원리, 법칙, 기능의 교수·학습에서 학생들이 구체적 조작 활동과 탐구 활동을 통하여 학생 스스로 개념, 원리, 법칙을 발견하고 이를 정당화 하도록 하고 있으며 ⑨ 수학 교수·학습 과정에서 교육기자재 및 수학 교과 교실의 활용의 유의 사항에서도 계산 능력 배양을 목표로 하지 않는 경우의 복잡한 계산 수행, 수학의 개념, 원리, 법칙의 이해, 문제 해결력 등을 위해 계산기, 컴퓨터, 교육용 소프트웨어 등의 공학적 도구와 다양한 교구를 활용하도록 권고하고 있다.

평가 측면에서도 교구와 관련한 내용을 언급하고 있는데 평가하는 학습 내용과 방법에 따라 학생에게 계산기, 컴퓨터, 교육용 소프트웨어 등의 공학적 도구와 다양한 교구를 이용할 수 있는 기회를 제공하도록 하고 있다.

2015 개정 초등학교 수학과 교육과정(교육과학기술부 고시 제 2015-74호)은 교육과정 총론이 추구하는 방향성을 반영하고, 수학과 교육과정의 구체적 동향을 반영하여 개정의 방향을 수학교과 역량의 구현, 학습 부담 경감 추구, 학습자의 정의적 측면 강조, 실생활 중심의 통계 내용 재구성, 공학적 도구의 활용 강조의 다섯 가지로 선정하였다.

이 가운데 수학 교과 역량은 2009 개정 교육과정에서 강조한 수학적 과정[1)]의 하위 요소인 문제해결, 추론, 의사소통의 3가지에 창의·융합, 정보 처리, 태도 및 실천을 추가하여 6가지 하위요소로 규정하고 있다.

2015 개정 초등학교 수학과 교육과정에서 교구와 관련한 내용은 수학 교과 역량의 6가지 하위요소 중 정보처리에서 다양한 자료와 정보를 수집, 정리, 분석하는데 있어서 적절한 공학적 도구나 교구를 활용하도록 권고하고 있으며, 1～2학년 도형영역의 교수·학습 방법 및 유의사항 에서는 “쌓기나무를 이용한 모양 만들기, 칠교판을 이용한 모양 채우기나 꾸미기를 통하여 도형에 대한 공간감각을 기른다거나 쌓기나무로 만든 입체도형의 모양에 대해서 ‘~의 앞’, ‘~의 오른쪽’, ‘~의 위’, ‘2층’ 등을 사용하여 말하게 한다”로 나타나고 있다.

3～4학년 수와 연산 영역의 교수·학습 방법 및 유의사항에서 “자연수의 사칙계산에서 계산 원리를 이해하거나 계산 기능을 숙달하는 것이 목적이 아닌 경우에는 계산기를

1) 수학적 과정은 수와 연산, 도형 등과 같은 내용 영역에서 다루는 수학적 주제를 이해하고 습득하는 데에서, 그리고 그러한 수학적 주제를 활용하여 다양한 현상을 이해하고 문제를 해결하고 의사소통하는 데에서 활성화되어야 하는 능력을 의미한다. 다시 말해서, 수학적 과정은 다양한 현상을 수학과 연결하고 다양한 상황에서 발생하는 문제를 해결할 때 활성화되어야 하는 수학적 능력을 의미하며, 수학적 문제해결, 수학적 추론, 수학적 의사소통을 그 구성 요소로 포함하는 개념이라고 할 수 있다.

사용하게 할 수 있다."와 도형영역의 교수·학습 방법 및 유의사항에서 "여러 가지 사각형의 성질은 구체적인 조작 활동을 통하여 간단한 것만 다루고, 여러 가지 사각형 사이의 관계는 다루지 않는다."로 되어 있고 또한 규칙성 영역의 교수·학습 방법 및 유의사항에서는 "규칙적인 계산식의 배열에서 계산 결과의 규칙을 찾는 활동을 할 때 계산기를 사용하게 할 수 있다."로 되어 있다.

끝으로, 5～6학년 도형 영역의 합동과 대칭에서는 "구체적인 조작 활동을 통하여 도형의 합동의 의미를 알고, 합동인 도형을 찾을 수 있다."로 기술하고 있으며, 입체도형의 공간감각에서는 '쌓기나무로 만든 입체도형을 보고 사용된 쌓기나무의 개수를 구할 수 있다.' 등으로 나타나고 있다.

2 활동주의 수학교육과 교구[2)]

교구를 통하여 활동주의적 수학교육을 실현하려 했던 딘즈(J. P. Dienes)는 수학학습을 어린이의 내발적 동기에 근거한 학습, 수학적 장면(situation)에서의 '놀이'로써 조직된 수학학습, 수학적 구조를 내포한 학습장면에서의 수학적 구조의 구성 및 그 응용학습을 통해서 통합된 인격형성에 기여하는 학습으로 보았다. 딘즈는 어린이가 본래 궁극적으로 분석적이기보다는 구성적이라고 믿었다. 어린이는 실제세계에서 사물들을 가지고 그들이 할 수 있는 경험으로부터 실제의 윤곽을 조금씩 모은다. 수학적 패턴과 관계가 어린이의 일상적인 환경에서는 분명하지 않기 때문에 이 과정은 피아제가 강조했던 것처럼 활동적인 탐색에 의존할 수밖에 없다. 딘즈는 이러한 구조를 구체화하고 구체적인 경험의 영역 내에서 그것들을 가져오도록 교구의 창안을 제안하고 다진(多進)산술블록(multibase arithmetic blocks), 즉 Dienes 블록을 그 자신의 교구로 고안하였다(유현주, 1991 : 49-50).

활동주의적 입장에서는 수학은 말 그대로 활동으로부터 생긴 '활동' 그 자체이다. 수학적 활동은 발달의 초기에는 감각·운동적인 것으로 관찰 가능한 것이나 점차 내면화된 활동으로 된다. 따라서 적어도 교육의 초기에는 구체적 활동을 위한 교구가 필요하며, 그것을 어떤 관점에서 어떻게 고안하여 사용할 것인가 하는 문제가 제기된다. 수학을 그 완성된 산물로서가 아니라 형성된 그 과정을 따라서 어린이에게 학습시키고자 한다면 그러한 활동을 유발시킬 수 있는 구체적 상황을 어린이에게 제공할 필요가 있다. 이를 위해 교사는 어린이에게 적절한 학습의 '장', 즉 듀이가 말하는 'situation'을 마련해주어야

2) 초등학교 수학수업에서 지오보드 활용 방안 연구(신경순, 2001)

만 한다(유현주, 1991 : 49).

다시 말해, 수학을 발생적으로 어린이에게 학습시키려고 하면 그에 이어지는 일련의 활동을 하도록 해야 하며, 그렇게 하기 위해서는 그러한 활동을 유발시킬 수 있는 구체적 상황에 어린이가 직면하도록 할 필요가 있다. 수학의 학습 활동을 유발시키기 위한 현실의 한 단편이 다름 아닌 교구인 것이다.

교육학 용어 사전에는 "교재가 교수·학습 과정을 성립시키는 직접적인 매개물인데 대해 교구는 간접적인 매개물이라 할 수 있고, 교재가 그 자신 안에 교육적 가치를 내포하고 있는데 반해 교구는 교재와 결부됨으로써 비로소 교육적 가치를 갖게 된다."고 하여 교재와 교구를 구별하고 있다.

교구란 학습을 용이하게, 또 능률적으로 진행시키기 위해 사용하는 교수 자료로서 교과서, 사전, 신문, 잡지 등과 같은 문헌 정보 자료와 괘도, 표본, 모형, 사진, 환등기, 레코드, 라디오 등과 같은 시청각 자료로 구분할 수 있는, 그리고 이들은 모두 수학의 교수·학습의 내용이 되는 교재와 밀접한 관계가 있고, 또 교재의 이해를 돕기 위한 소재라는 점에서는 문헌 정보 자료와 시청각 자료까지도 넓은 의미에서 모두 교구가 되지만, 좁은 의미에서는 학습을 구체적으로 도와주는 시청각 자료만을 학습 자료로 받아들이는 경우도 있다(현종익, 1991 : 62-3).

교구의 질을 결정하는 것은 그 대상 자체의 질이 아니라 그것이 어떻게 사용되는가 하는, 즉 그에 대한 어린이의 활동이다. 책상 위의 종이 한 조각, 실 한 오래기라도 그것이 어린이의 수학적 활동을 위해 사용된다면 훌륭한 수학교구가 될 수 있으며, 반대로 수학교구라 불리는 시중의 값비싼 어떤 기구라도 그것을 잘못 사용한다든지 바람직한 수학적 활동을 유발시키지 못할 때에는 수학교구의 역할을 못하는 것이 되고 만다. 교구를 문자 그대로 '가르치는 도구'라든가 '가르치기 위한 기구' 따위로 안이하게 해석할 수는 없다.

브루너는 교구의 개념을 매우 넓게 파악하여, '간접적 경험을 위한 교구', '모형교구', '극화 교구', '자동화 교구' 등으로 분류하고 있다. 이러한 입장에 따르면 영화·텔레비전·마이크로필름·줄 필름·녹음기·책·시범실험·도해·삽화·모형·계열화된 학습프로그램·역사적 사실에 충실한 역사소설·동물의 생태 기록영화·위대한 인물의 일대기·교사의 극적 수업·티칭 머신 등 교구의 범위는 실로 넓고 다양하다.

새로운 수학관·수학교육관은 언제나 새로운 수학 교구를 요구하며, 그러한 교구의 사용을 통해 교육현장에서 그 사상이 구체화되게 된다. 오늘날 세계적으로 사용되고 있는 교구를 살펴보면 현대 수학교육의 동향을 명확히 파악할 수 있을 것이다. 최근의 수학교구의 특징으로서 우리는 무엇보다도 그 다가성(多價性, multi-valence)을 들 수 있다. 하나의 교구로써 일단의 수학적 개념이나 구조를 표현하기도 하고, 때로는 서로 전연 관계가 없는 이론의 지도에도 사용할 수 있는 특성을 지니고 있다.

현대 수학교구의 또 다른 특징으로 교구의 장르가 매우 광범위하게 되었다는 점이다. 현대 활동주의적 입장에서 볼 때 주체의 활동이야말로 수학의 본질이라고 하면 활동의 대상은 그것이 어떤 것이든 간에 수학교구가 될 수 있으므로 그 장르가 필연적으로 확대되지 않을 수 없는 것이다(김응태 외, 1989 : 241-2).

교구에 대한 관련 용어가 다양하고 학자들 간에도 관점의 차가 있어서 수학 학습 교구의 의미를 한마디로 규정하기는 어렵지만, 수학교육의 목표를 효율적으로 달성하기 위해 수학의 교수·학습 활동에 직접적으로 활용하는 구체물을 총칭하는 것으로 볼 수 있다.

초등학교 수학과 학습 활동의 경우 학습 교구가 차지하는 비중은 매우 크다고 할 수 있다. 효과적인 학습교구의 활용은 어린이에게 흥미와 학습 동기를 유발시키고, 폭넓은 경험을 제공하며 탐구 능력을 신장시키는 등 어린이의 교육력 증진에 이바지하게 된다.

수학교구로서 다음과 같은 것을 상정할 수 있다. 첫째, 어린이에게 구구를 암기시키기 위한, 소위 '플래시카드(flash card)'나 계산 연습을 위한 학습프로그램과 같은 기계적 훈련을 위한 교구가 있다. 둘째, 어떤 특정한 수학적 개념이나 원리 등을 이해시키기 위한 모형, 예컨대 평행사변형의 넓이, 각뿔의 부피, 피타고라스 정리, 투영도 등을 설명하기 위한 모형이나 입체모형 등을 생각해볼 수 있다. 흔히 수학자료실 등에 보관되어 있는 교구는 대부분 이런 유형의 것이다. 그런데 이러한 교구를 교사의 일방적인 설명에 이용하는 데 그침으로써 그 소기의 목적을 달성하지 못하는 경우가 많다. 이러한 교구는 어린이에게 스스로 다루어 보도록 함으로써, 말하자면 교구 자체가 어린이에게 말을 걸고 설명을 하는 형태로 이용되어야 할 것이다. 셋째로 수학적 구조, 특히 수 구조를 구체화한 퀴즈네어 색 막대(cuisenaire color rods)나 논리 개념 또는 부울 대수(Boolian algebra) 지도를 위한 딘즈의 속성 블록(Dienes attribute blocks) 등을 생각해볼 수 있다(김응태 외, 1989 : 241).

초등학교 어린이의 경우 추상적·형식적인 사고 이전의 단계로서 구체적 조작기에 해당함은 주지의 사실이다. 따라서 다양한 학습 경험을 통하여 스스로 생각하고 조작하여 문제를 해결할 수 있는 능력을 신장시키도록 학습 여건을 충분히 마련하고 도와주어야 한다. 이러한 점에서 볼 때 수학과 학습 교구의 적극적인 활용이 절실히 요구된다.

이에 대한 근거로 여러 수학 학습심리 학자들의 견해를 레이즈(Robert. E. Reys)는 다음과 같이 제시하고 있다(Reys, R. E., 1971 : 6).

• 개념 형성은 수학 학습의 핵심이다.

- 학습은 경험을 토대로 한다.
- 감각학습은 모든 경험의 기초이며 학습의 핵심이다.
- 학습은 성장과정이고 자연적인 발달이다.
- 학습은 발달단계를 뚜렷이 구분한다.
- 학습은 동기유발에 의해 향상된다.
- 학습은 구체적인 것에서 추상적인 것으로 발달한다.
- 학습은 학습자의 적극적인 참여를 요구한다.
- 수학적 추상화의 형성은 장기적 과정이다.

이러한 진술들은 개별적인 것이 아니라 밀접하게 연관되어 있다. 이는 수학 학습에서 조작 도구 사용에 대한 이론의 기초가 되는 기본 근거를 제공해주는 것들이다. 많은 수학교육자들은 수학 교실에서 더 좋은 조작 도구의 사용을 강조하고 있다.

조작 자료(manipulative materials)란, 학생들이 느낄 수 있는, 만질 수 있는, 다룰 수 있는, 움직일 수 있는 물체나 물건을 말한다. 조작 도구는 일상생활에서 사회적 응용을 갖는 실물이라 할 수 있으며, 또는 생각을 표현하는 데 유용한 물체라 할 수 있다. 수업의 보충자료나 교육적 도구 모두가 조작 도구는 물론 아니다. 조작 도구는 여러 감각기관을 사용하고 학습 활동에서 학생들을 자연스럽게 집중시키는 특징이 있는 것을 뜻한다(Reys, Robert E. 1971 : 5).

레이즈는 또 조작 도구의 가장 보편적인 사용에 대하여 다음과 같은 목록을 제시하고 있다(Reys, R. E., 1971 : 9).

- 다양한 교수활동을 위해 사용된다.
- 문제해결의 실제 상황에서 경험을 제공하기 위해 사용된다.
- 추상적 아이디어에 대한 구체적 표현을 제공하기 위해 사용된다.
- 개념 형성에서 필요하게 될 감각적 자료 분석의 기초를 제공하기 위해 사용된다.
- 학생들의 관계를 일반화 할 수 있는 기회를 제공하기 위해 사용된다.
- 학생들이 적극적으로 참여하기 위해 사용된다.
- 개인차에 상응하도록 하기 위해 사용된다.
- 단 하나의 수학적 주제가 아닌 일반적 학습에 관련된 동기 증대를 위해 사용된다.

이 목록을 살펴볼 때 지오보드는 유용한 조작 도구로서의 여러 가지 요건을 갖추고 있음을 감지할 수 있다. 그러나 조작도구의 단순한 사용만으로는 그 사용의 적절성을 보장받지 못한다는 점에 주목해야 한다. 조작도구의 사용이 효과적이기 위해서는 적절한 시기에 알맞은 방법으로 사용되어야 하며, 조작도구의 부적절한 선택과 사용상의 실패는 이의 효과를 소멸시킬 수도 있다(정동권, 2000 : 16).

3 수학교구의 개념과 활용의 필요성

1) 수학교구의 개념 및 특성

수학교구는 학생의 지각적 감각에 자극을 주고, 학생이 만질 수 있으며 이동과 재배열이 가능해야 하며 수학적 아이디어를 표현한 것으로 볼 수 있다.

김응태 외(2007)는 교구를 아동에게 구구법을 암기시키기 위한 '플래시 카드'나 계산 연습을 위한 학습 프로그램과 같은 기계적 훈련을 위한 교구, 어떤 특정한 수학적 개념이나 원리 등을 이해시키기 위한 모형, 수학적 구조, 특히 수 구조를 구체화한 퀴즈네어 막대와 논리 개념 지도를 위한 딘즈블록 등으로 구분하고 있다.

교수 매체로서 교구라 불리기 위해서는 다음과 같은 몇 가지 특성을 지니고 있어야 한다(김수미, 2000).

첫째, 교구는 학생의 지각적 감각에 자극을 주어야 한다. 여러 가지 다양한 색상으로, 혹은 여러 가지 기하학적 도형으로 되어 있어 학생의 시각을 자극하거나, 길이가 늘어났다 줄어들었다, 혹은 빼었다 끼었다 할 수 있게 하여 학생의 촉각을 자극하는 것이어야 한다.

둘째, 학생이 만질 수 있어야 한다. 너무 크기가 작거나, 깨지기 쉬운 유리 등의 재질로 되어 있다면 학생들이 수업의 교구로 활용하기 힘들다.

셋째, 이동과 재배열이 가능해야 한다. 교구는 아동들이 사용하는 것이므로 이 위치에서 저 위치로 가능한 자유롭게 옮겨질 수 있어야 한다. 예컨대 덧셈 혹은 뺄셈의 지도 시 셈 도움물의 이동과 재배열은 연산의 과정을 역동적으로 이해하는 데 도움이 될 것이다.

넷째, 수학적 아이디어를 표현해야 한다. 예컨대 십진블록으로는 자릿값 개념이 표현 가능하며, 기하판으로는 여러 가지 도형의 기하학적 모양뿐만 아니라 도형의 넓이 개념이 지도 가능하다.

2) 수학교구 활용의 필요성

현대 활동주의 수학교육의 기원이 되는 Dewey의 이념은 실용적인 수준에서의 계산 기술의 학습, 기계적인 반응의 훈련이 아니라 아동의 주체적인 지적 활동으로서의 수의 재구성이며, 이는 단지 수뿐만 아니라 모든 이론·수학적인 개념의 형성에 일반적으로 통용될 수 있다는 것이다. 이같이 어린이의 주체적인 지적 활동에 의한 개념 형성이야말로 진정한 교육적 활동이라고 여겼는데 교구를 활용한 수업은 아동이 주체적으로 학습하기에 알맞은 수업이라 할 수 있다.

Piaget는 수학적 개념의 발달은 아동의 실제적인 행동의 조정을 바탕으로 한 반영적 추상화에 의한 연속적인 구성과정이므로, 조작기의 문턱에 와 있는 유치원과 초등학교 입학 초기의 아동의 수학교육에서는 구체물을 다루는 아동 자신의 행동과 그 조정의 결과를 경험하는 논리-수학적 경험을 강조함으로써 기초를 다져야 하고, 모든 지적 조작의 본질은 조작이며, 조작은 행동의 조정과 내면화의 산물이므로 구체적 조작단계에 있는 초등학교 아동에 대한 수학교육은 활동적 교수법에 의한 것이어야 한다고 주장하였다(우정호, 2000 재인용).

또 Dienes는 수학학습을 어린이의 내발적 동기에 근거한 학습, 수학적 장면에서의 놀이로써 조작된 수학학습, 수학적 구조를 내포한 학습 장면에서의 수학적 구조의 구성 및 그 응용 학습을 통해서 통합된 인격 형성에 기여하는 학습으로 보았다. Dienes는 이렇듯 아동의 조작 교구 사용을 절대적으로 옹호하여, 아동의 수 개념 형성을 위한 다진수 블록 등의 교구를 개발하였다. 위의 여러 수학자들의 공통된 주장은 아동의 주체적인 지적 활동을 통하여 자신의 행동을 조정하여 내면화가 가능하며 이러한 주체적인 활동으로 교구의 조작이 매우 유용하다는 것이다.

이 밖에도 정부용(2003)은 다음과 같이 교구의 역할을 말하며 교구의 필요성을 언급했다. 먼저, 아동에게 제시된 공간 과제에 좀 더 쉽게 안내하고 혼자서도 문제 해결을 가능하도록 지원하는 교구는 아동이 이를 직접 조작할 때 비로소 학습의 효과는 형성된다. 단순한 흥미 위주의 놀이 활동으로 그칠 것이 아니라 학습지원자로써의 교구와 친숙해질 수 있는 시간적 여유가 주어져야 한다. 교구의 특성이 파악되고 오랜 시간에 걸쳐 교구를 조작하는 과정 속에서 어떤 변화가 나타나는지를 관찰하고, 이를 통해 교구의 도움 없이도 마음속에서의 시각화가 가능할 수 있도록 조작의 의미를 구조화해야 한다. 이러한 과정은 더 많은 관찰력과 인내력을 요구한다. Fuson(1992)은 교구는 사고를 돕기 위한 보조물로서 문제와 의사소통할 수 있도록 하며, 또 다른 의미로 교구는 공간 시각화의 형성을 지원하는 본질적인 공급처이고, 학생이 사용하는 교구는 그들이 개발하는 이해력의 종류에 영향을 끼친다고 하였다(Hiebert et al, 1997).

다음으로, 교구의 의미를 계발하는 매개적 역할을 한다. 교구의 용도를 폭넓게 사용하기 위해서는 교구에 대한 다양한 의미 개발이 필요하다. 교구의 의미는 교구 본래에 내재한 것이 아니라 아동들이 교구를 가지고 활동할 때 비로소 그 의미가 구조화되는 것이다(Kamii, 1985). 아동은 사용하는 교구를 주의 깊게 관찰하고, 다른 상황에서 발생되는 그 효과를 테스트해보고, 다른 사람들에게는 그 효과가 무엇을 의미하는지 귀 기울일 때, 의미는 발생하는 것이다. 그러나 동일한 교구의 허용이 모든 아동들에게 동일한 의미의 개발을 보장하지는 않는다. 개개인의 능력에 따라 그 역할은 다를 수 있다. 문제 해결 도중에 문제의 답을 구하기 위한 보조로서 계산기 같은 물리적 교재로 사용할 수도 있고, 또 다른 의미에서는 학생들이 어떻게 그리고 왜 그것이 작동하였는지를 반성하기 위해 교구를 사용할 수 있기 때문이다.

4 수학교구 활용의 장점

교구는 문제 해결을 위한 안내자로서 학습을 이끌어 나가는 것 이외에도 교구활용 시, 교구가 문제 해결에 적합한지의 여부를 판정하여 교구의 의미를 개발하는데, 이 역시 학습자의 활동에 의해 형성되는 것이다. 교구를 사용함으로써 학습자에게 이로움을 가져다주는 것들은 다음과 같다(Hiebert et al, 1997).

첫째, 교구 사용은 기억을 오랫동안 유지시켜 준다. 교구의 사용은 직접적인 지식의 획득보다는 수학적 상황이 발생한 환경을 통해 흡수한 인상이나 수학적 활동에 대한 정보를 안전하게 유지되도록 도와준다. 예를 들면, 문제 해결 도중의 부분적인 결과를 기억하고, 예전에 풀었던 문제를 상기시켜 그것이 어디에 남겨져 있는지를 찾아 적용할 수 있도록 한다.

둘째, 교구 사용은 의사소통을 촉진한다. 의사소통의 표현 방식을 추적하면 아동이 학습하고 있는 내용을 판단할 수 있다. 좌뇌와 우뇌의 활동을 자극할 수 있도록 언어로 상황을 설명하거나 감각적인 교구를 이용하여 질문에 답하고 그것들로 이해한 내용의 설명을 대신함은 아동에게는 자신의 해를 반성하는 계기가 되고 더 명료한 생각의 구체화를 돕는다. 또한 수업을 진행하는 교사에게는 아동이 어떻게 개념을 이해해 나가고 있으며, 또 다른 방법을 활용하여 개념적인 발달을 어떻게 전개하고 있는지에 대한 사고의 흐름을 파악할 수 있는 중요한 관점을 제공한다. 교사는 아동들의 의사소통을 향상시키기 위하여 교구가 어떻게 사용되어져야 하는지를 알고 있어야 한다. 교구마다 서로 다른 형태와 전달하고자 하는 메시지가 다르기 때문에 아동들이 이들 형태간의 유사성과 차이점을 인정한다는 것은 모방의 단계를 벗어나 새로운 규칙을 발견한 창조적인 측면을 측정해 낼 수도 있으므로 이는 교사에게 있어서 의사소통을 통해 표현될 수 있는 중요하고 도전적인 과제인 것이다.

셋째, 교구 사용은 사고하도록 돕는다. Vygotsky(1962, 1978)는 아동의 사고는 아동이 사용한 교구의 종류에 의해 영향을 받는다고 지속적으로 주장했다. 마치 이를 닦고 관리하는 것과 같이 물리적인 과제를 수행할 때 과제를 어떻게 다루고 사용한 교구가 양쪽에 어떤 영향을 주어 성공하는지의 여부를 알 수 있다. 그러나 교구가 정신적 과제를 수행하는 데 있어서 어떻게 사고하고 어떤 영향을 끼쳐 과제를 성공적으로 완성하고 있는지의 여부를 항시 인정하는 것은 아니다(Hiebert et al, 1997).

5 수학교구 활용 시 고려할 사항

교구를 조작하는 과정에서 학습자 스스로 행동과 사고를 조절하면서 나름대로의 수학적 내용이나 원리·법칙을 터득해 갈 수 있지만 무턱대고 교구만 사용한다고 해서 좋은 학습효과를 기대하기는 어렵다. 따라서 교사는 수업에서 교구를 활용할 때 사전에 다음과 같은 사항을 염두에 둘 필요가 있다.

첫째, 교구는 학습의 대상이나 학습을 대신해주는 것이 아닌 학습의 효과를 높이기 위한 도구이므로 교구에 대해 과신해서는 안 된다. 따라서 교구를 조작해보는 경험을 통해 수학적 개념과 원리·법칙으로 추상화가 일어나도록 해야 한다.

둘째, 수학학습과 관련된 가장 효과적이고 적절한 교구를 선택하여 활용해야 한다. 수학학습을 도울 수 있는 교구는 많이 있지만 교육적 효과는 제각기 다르다. 그러므로 교사는 수학적 개념과 원리·법칙을 효과적·효율적으로 지도할 수 있도록 수학학습과 관련된 가장 효과적이고 적절한 교구를 선택하여 활용하도록 해야 한다.

셋째, 교사 자신이 교구의 교육적 효과를 확인하고 인정해야 한다. 학생들이 교구를 사용하기 이전에 교사가 그 교구를 직접 조작해봄으로써 학생들이 수업에서 교구를 활용하면서 느끼고 생각하게 되는 것들을 미리 예견할 수 있다.

넷째, 새로운 교구의 기능과 특성을 알고 교구의 활용 시기와 방법에 대해 면밀한 계획이 설정되어야 한다. 즉 어떤 교육적 효과를 얻기 위해 제작된 교구인지를 명확히 알고 언제, 어떻게 활용하는 것이 효과적인지에 대한 연구가 선행되어야 한다.

다섯째, 대안적인 교구의 활용에 대한 소양이 있어야겠다. 현재 개발·활용되고 있는 교구에 대한 정보와 함께 유사한 효율성을 제공할 수 있는 대안적인 교구에 대한 정보도 갖고 있어야 할 것이다.

6 수학교구 활용 수업에서 교사의 역할

수학교구를 활용한 수업이 성공적으로 이루어지기 위해서는 수학 학습에 적절한 수학교구를 선택하는 것도 중요하지만 선택한 수학교구를 어느 시기에 투입하고 어떻게 활용할 것인지 결정할 것인지에 대한 교사의 판단이 매우 중요하다.

손숙현(2002)은 교구 활용 수업에서 효과적인 학습이 되기 위해 교사가 지녀야 할 자세에 대하여 다음과 같이 언급하고 있다.

첫째, 교사는 학생들이 교구를 사용할 기회를 가능한 많이 가질 수 있도록 해야 한다. 학생들은 다양한 단원과 개념의 학습에서 다양한 구체적 조작물을 직접 조작하는 가운데 비로소 구체적인 대상과 추상적인 개념 사이의 구조의 유사성을 발견할 수 있을 것이다.

둘째, 교사는 학생들이 교구나 조작물을 사용하여 다양한 문제 해결 전략을 사용할 수 있게 해주어야 한다. 또한 학생들이 구한 답에 대해 검산하는 도구로 사용할 수 있도록 유도해주어야 한다.

셋째, 교사는 교구 사용의 효과에 대해 열린 마음과 긍정적인 사고를 가지고 있어야 한다. 수학을 학습하는 방법에는 개인차가 있기 때문에 모든 학생들에게 똑같은 효과를 기대하는 것은 옳지 못하다. 교사는 교구의 사용에 대한 학생들의 다양한 요구를 받아들이고, 더 효율적인 학습이 될 수 있는 환경을 조성할 수 있도록 노력해야 한다.

넷째, 교사는 수업을 진행하면서 적절한 발문을 함으로써, 학습자가 학습의 방향을 잃지 않고, 수업의 목표를 도달할 수 있도록 도와주는 역할을 해야 할 것이다.

7 우리나라 수학 수업에서 교구 활용의 실태

현재 우리나라 학교현장에서 수학 수업시간에 활용되고 있는 교구의 종류는 기하판, 탱그램, 십진블록, 쌓기 나무, 퀴즈네어 막대 정도이다. 초등수학의 영역별 측면에서 보면 기하판, 탱그램, 쌓기나무 등의 교구들은 대체로 학습자들에게 도형영역의 공간감각을 발달시키는 데 주로 활용되고 있으며 또한 쌓기나무는 측정영역의 들이나 부피 지도에도 활용되고 있다. 이 이외에도 십진블록, 패턴블록, 퀴즈네어 막대 등은 수와연산 영역에서 주로 많이 활용되고 있다.

위에 소개한 교구 이외에도 최근에는 4D 프레임, 조노돔 시스템, 소마큐브 등의 교구로 3차원의 입체도형에 대한 지도를 할 수 있는 교구들이 나와 있고, 폴리오미노(도미노, 펜토미노 등)와 대수타일, 지오픽스 등의 교구들도 소개되어 있으나 실제 교과서의 수학내용에 어떻게 활용할 수 있는가에 대한 연구가 미흡할 뿐만 아니라 막상 구입하여 수업에 활용하기에는 재정적인 지원도 턱없이 부족한 것이 우리의 현실이다.

Chapter 2

수학 교수·학습에서의 여러 가지 교구

1. 기하판
2. 탱그램
3. 폴리아몬드
4. 도미노
5. 펜토미노
6. 소마큐브
7. 퀴즈네어 색막대
8. 패턴블록
9. 속성블록
10. 쌓기나무
11. 스냅 큐브
12. 4D 프레임
13. 폴리드론
14. 지오픽스
15. 하노이 탑
16. 대수막대
17. 조노돔 시스템

1 기하판(Geoboard)

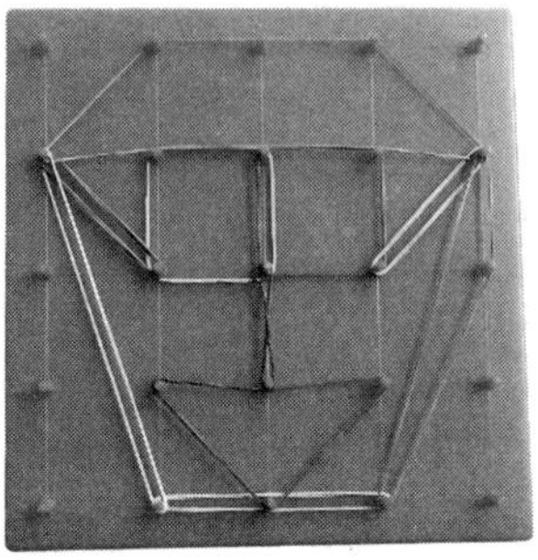

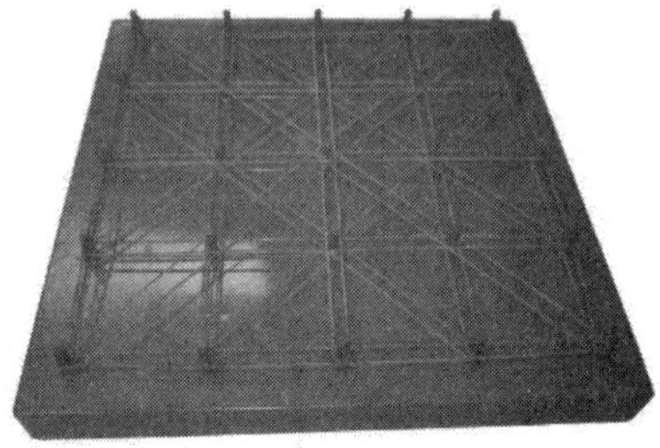

1) 기하판은 어떤 교구인가?

기하판(혹은 점판)은 영국의 수학교육자 가테그노(C. Gattegno)가 개발한 것으로 아래 그림과 같이 판자 위에 일정한 간격으로 격자점에 못을 박아놓은 것인데, 거기에 고무줄 등을 걸어서 다양한 도형을 구성하거나 도형의 성질을 탐구하는 데 사용된다.

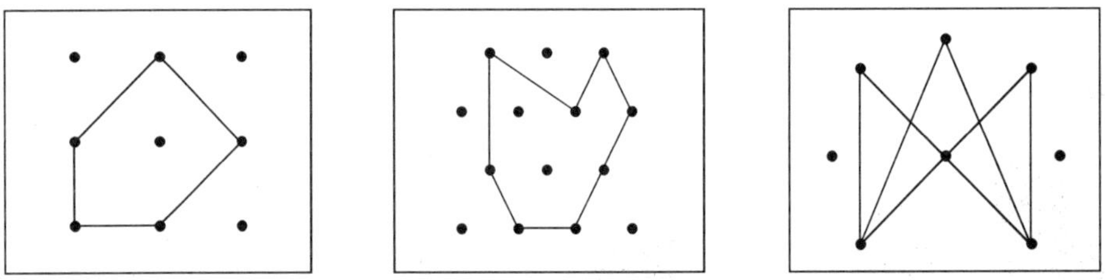

(a) (b) (c)

[그림 2-1] 기하판

기하판 위에 여러 가지 도형을 구성함으로써 도형에 대한 흥미와 관심, 친숙감을 갖게 하며, 도형의 성질에 대한 후속 학습의 바탕이 되는 경험을 얻을 수 있게 한다. 다양한 도형 구성의 장점 외에도 넓이, 둘레, 길이, 각, 좌표기하, 대칭성, 도형의 이동뿐만 아니라 수 감각이나 문제 해결에 이르기까지 폭넓은 영역의 수학 학습에 도움을 줄 수 있다.

기하판은 특히 저학년에서 사용하기에 매우 좋은 교구이다. 왜냐하면 학생들로 하여금 잘못은 쉽게 수정할 수 있고 자신이 만든 모양의 증거가 남지 않기 때문에 좋은 탐구심을 발휘할 수 있기 때문이다.

대체적으로 기하판은 다음과 같은 내용의 학습에 사용되지만 이 밖에도 여러 가지 수학적 개념이나 원리·법칙 및 공간감각과 사고력을 기르는 데 사용된다.

① 못에 고무 밴드를 걸어서 여러 가지 도형, 이를테면 삼각형, 사각형, 오각형 등 다각형 만들기와 그 성질 탐구하기, 다각형의 개념 지도, 도형의 합동과 닮음 및 그 성질 등을 지도할 수 있다.

② 기하판 위에서 모눈 한 칸으로 이루어진 정사각형을 단위로 해서 자신이 만든 도형의 넓이를 탐구할 수 있다.

③ 도형의 경계선 위의 점과 도형 내부의 점의 수를 알아봄으로써 도형의 넓이를 탐구할 수 있다. 이를테면, 도형의 넓이를 S, 도형의 경계선 위의 점의 수를 B, 도형 내부의 점의 수를 I라 하면, $S=\left(\frac{1}{2}\right)B+(I-1)$ 이 성립함을 발견할 수 있으며 이것은 Pick의 정리로 알려져 있다.

2) 기하판의 종류

기하판의 종류는 정사각격자 기하판, 정삼각격자 기하판, 원형 기하판 등이 있다. 그러나 대부분의 학습지도에서는 가장 흔히 정사각격자 기하판을 이용하며, 학생들의 학습 결과를 기록하기 위하여 점종이도 함께 활용한다. 각 기하판에 대한 설명은 다음과 같다.

(1) 정사각격자 기하판

[그림 2-2]처럼 정사각형 격자점에 못을 박아서 만든 것으로, 가장 유용하게 그리고 가장 흔히 사용하는 기하판이다. 저학년용으로는 5×5 기하판을, 고학년이나 중학교에서는 7×7 또는 10×10 기하판을 사용하는 것이 적당하다. 도형의 넓이를 지도할 때 단위 넓이를 이용한 다양한 학습활동의 지도가 가능하다.

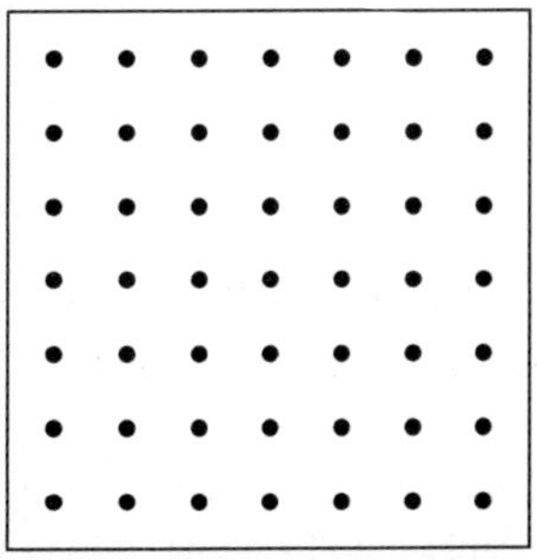

[그림 2-2] 정사각격자 기하판

(2) 정삼각격자 기하판

[그림 2-3]처럼 정삼각형, 정육각형 등과 관련된 도형을 다루는 경우나 입체도형의 겨냥도를 구성할 때 유용한 기하판이다.

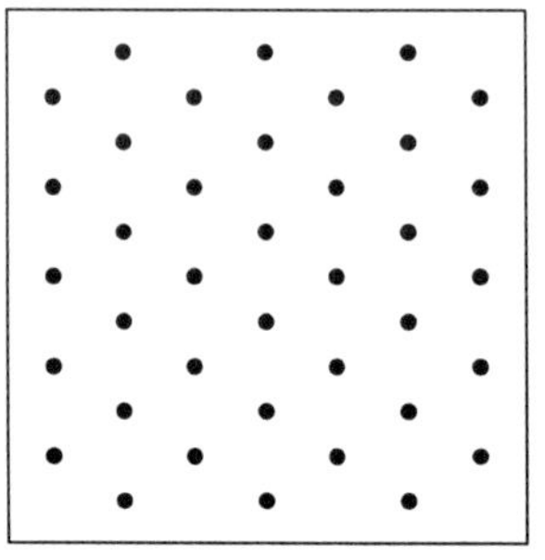

[그림 2-3] 정삼각격자 기하판

(3) 원형 기하판

[그림 2-4]처럼 생긴 모양으로 원에 관련된 내용의 학습뿐 아니라 분수, 약수와 배수의 성질 학습에서도 유용하게 쓰일 수 있다.

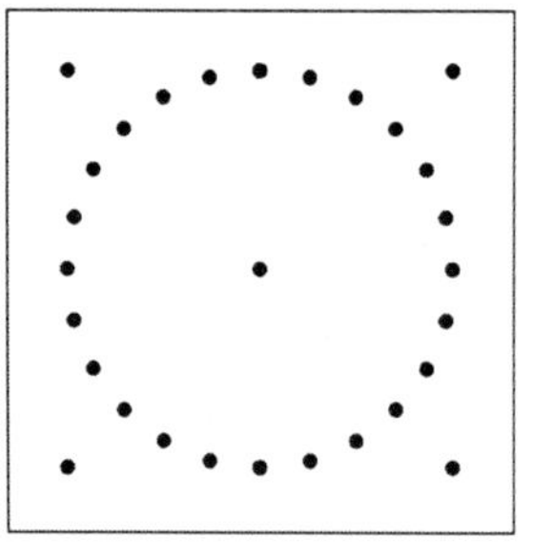

[그림 2-4] 원형 기하판

3) 기하판의 활용 의의

① 여러 가지 형태와 크기의 도형을 구성함으로써 도형에 대한 흥미와 관심, 친숙감을 갖게 하며, 도형의 개념형성이나 성질에 대한 후속 학습의 바탕이 되는 경험을 얻을 수 있게 한다.

② 고무줄의 다양한 조작에 의한 공간감각의 형성·발달을 기대할 수 있다.

③ 구성한 닫힌 꺾은선도형(rectilinear figure)은 모두 그 넓이를 구할 수 있기 때문에 평면 도형의 넓이 지도에서 활용할 수 있다. 그리고 이를 확장하여 Pick의 정리를 발견시키기에 적합하다.
④ 종이 위에 연필로 그리는 정적(靜的)인 도형에서 탈피하여 동적(動的)인 도형으로의 전환이 가능하므로 학습자에게 생동감을 줄 수 있다.
⑤ 도형이나 넓이에 관련된 다답형 문제(open-ended problem)의 설정에 유효하다.
⑥ 좌표기하의 기초학습에 많은 도움이 된다.
⑦ 도형의 닮음과 닮음비의 발견 및 그 설명이 용이하다.
⑧ 도형의 등적변형이 용이하다.
⑨ 학생들의 활동에 바탕을 둔 의사소통이 자연스럽게 활성화 된다.
⑩ 지나친 교과서 위주의 수학학습으로부터 탈피할 수 있으며 학생의 능동적인 참여학습을 유도할 수 있다.
⑪ 수학에 대한 편견으로부터 벗어날 수 있는 장의 마련이 용이하다.

신경순(2001)은 기하판은 도형의 지도뿐만 아니라 수학의 거의 전 영역에서 다양하게 활용 될 수 있다고 하였다.

첫째, 수 감각 및 패턴 찾기 능력 육성을 위해 활용이 가능하다.

학생들에게 기하판 위에 고무줄로 주어진 모양을 구성해보게 하고, 점의 수를 덧셈식과 곱셈식으로 나타내어 어떤 규칙이 있는지 알아보는 활동을 통해 귀납적인 방법에 따라 자연수의 합에 대한 공식을 발견시킬 수 있다.

둘째, 도형의 개념 형성을 위해 활용이 가능하다.

기하판에서 직사각형을 이용하여 평행사변형과 마름모를 구성해보는 활동은 주어진 도형을 지정한 도형으로 적절히 변형함으로써, 원래의 도형인 직사각형과 평행사변형 및 마름모와의 관계를 이해할 수 있도록 하는 데 도움이 된다.

셋째, 도형의 성질 발견 및 확인 지도에 활용이 가능하다.

주어진 삼각형과 닮은 삼각형을 몇 개 더 구성하여 각 변의 길이 및 넓이를 비교하는 활동은 닮음의 개념과 성질 이해를 돕는다. 또한 합동 개념 이해의 심화로 합동인 도형이란 도형의 위치 관계에 무관함을 알 수 있으며, 좌표에 대한 이해를 돕는다.

실제로 도형의 평행이동, 회전, 뒤집기 등의 합동 변환 활동을 하는 데 기하판을 활용한다.

넷째, 측정 영역에서 활용이 가능하다.

다각형의 넓이를 구하거나, 정사각형의 넓이의 2배의 넓이를 갖는 정사각형을 구성하는 문제를 제시하여 정사각형의 넓이를 구하도록 할 수도 있다.

기하판을 이용하여 내부에 포함되는 점의 수, 경계에 놓이는 점의 수를 다양하게 변화시킬 수 있는 도형을 구성하게 하고 넓이에 주목하도록 하여, Pick의 공식을 발견하게 할 수도 있다.

4) 기하판의 활용사례

기하판은 고무줄로 아동들이 손쉽게 여러 가지 도형을 만들고 변환할 수 있으며 일정한 간격으로 박혀 있는 못으로 넓이와 둘레를 파악할 수 있다. 또한 기하적 패턴과 대수적 패턴을 발견할 수 있다. 최근 개편된 교육과정에서 기하판을 활용할 수 있는 초등수학의 영역을 분석해보면 아래와 같다.

[표 2-1] 초등학교 수학과 교육과정에서 기하판을 활용할 수 있는 내용

영역	학년	내용	비고
도형	1~2 학년군	• 공간 감각 형성(여러 가지 평면도형의 구성과 분류)	기하판 활용 제시
		• 평면도형의 구성요소 파악 • 도형의 이동에 대한 기초적 경험	
	3~4 학년군	• 각의 이해 • 직각삼각형, 직사각형, 정사각형의 구성 및 관찰 • 도형의 이동(옮기기, 뒤집기, 돌리기)	
		• 도형의 대칭에 대한 기초적 경험	
		• 변의 길이에 따른 도형의 구성 및 분류 • 예각삼각형, 둔각삼각형 • 사각형과 삼각형의 관계	
		• 수직과 평행 • 삼각형, 사각형의 구성 및 구성요소 파악	
	5~6 학년군	• 직육면체, 정육면체의 구성 및 구성요소 상호간의 관계 • 직육면체, 정육면체의 전개도	정삼(사)각격자 기하판
		• 평면도형의 합동과 대칭	
측정	5~6 학년군	• 평면도형의 둘레 • 평면도형의 넓이와 개념 • 직사각형, 평행사변형, 삼각형의 넓이를 구하는 공식 발견	
		• 사다리꼴, 마름모, 일반 다각형의 넓이를 구하는 방법 탐구	

(1) 도형의 개념 형성

▌학습대상: 저, 중학년

▌준비물: 기하판, 고무줄

▌수준: 기본과정[1)]

▌학습목표: 기하판을 이용하여 다양한 길이의 선분 및 평면도형을 구성해봄으로써 아동들은 길이 감각을 발달시킬 뿐만 아니라 평면도형의 개념을 알고 그릴 수 있다.

① 선

- 고무줄과 닿는 못의 개수가 3개인 수직인 선분을 만들어보자. 이 선분의 길이는 얼마인가?
- 못 3개와 만나지만 위에서 만든 선분의 길이와는 다른 선분을 만들어보자. 위에서 만든 선분의 길이보다 긴가 짧은가?
- 못 3개와 만나는 선분을 더 만들 수 있는지 만들어보자.

5×5 기하판에서 만들 수 있는 선분을 길이에 따라 나눈다면 모두 몇 개를 만들 수 있을까? 기하판에 고무줄로 만들어 보고 찾은 각을 종이 기하판에 그려보자.

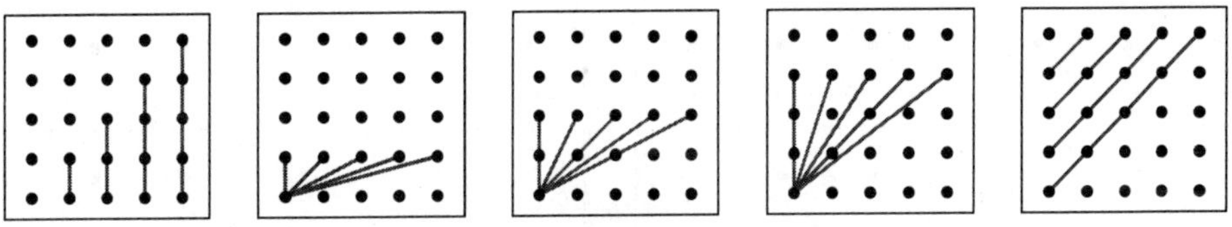

<선분의 예>

[그림 2-5]

② 평행사변형과 마름모의 구성

기하판 위에 고무줄로 하나의 직사각형을 만들게 한 다음 이 도형을 적절히 변형시켜 평행사변형과 마름모를 구성하게 해봄으로써 원래의 도형인 직사각형과 평행사변형 및 마름모와의 관계를 알 수 있다.

---

1) 사실상 하나의 주제마다 기본과정, 심화과정, 보충과정이 동시에 제시되는 것이 바람직하나 이 글에서의 기본과정, 심화과정, 보충과정이라는 용어는 필자가 보기에 주어진 주제에 대하여 적절하다고 판단되는 용어를 붙인 것에 지나지 않음.

③ 삼각형의 구성

기하판 위에 한 선분을 제시해주고 주어진 선분을 한 변으로 하는 삼각형을 가능한 한 많이 구성하게 해봄으로써 여러 가지 삼각형에 대한 개념 이해를 할 수 있다.

▎학습대상: 중학년
▎준비물: 색연필, 자
▎수준: 보충과정(삼각형의 구성)
▎학습목표: 기하판을 이용하여 삼각형의 개념을 알고 그릴 수 있다.

- 세 개의 점에 닿는 선분을 이어서 그린 것을 삼각형이라고 한다. 다음 삼각형을 여러 가지 만들어보자.
- 3×3 크기의 기하판에서 만들 수 있는 삼각형을 모두 찾아보자. 단, 돌리거나 뒤집어서 같은 모양은 하나의 삼각형으로 생각한다.

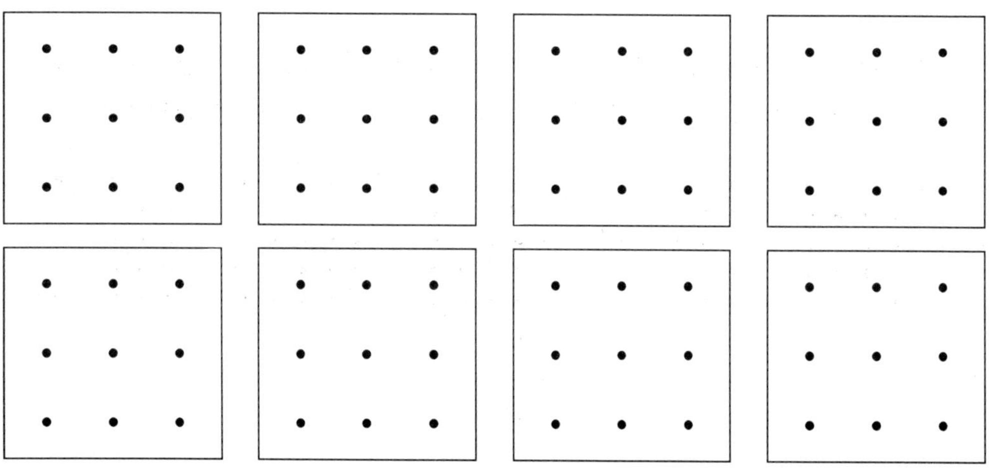

• 어떤 각이 직각이라는 것은 시계의 바늘들이 3시, 9시일 때 이루는 각을 말한다. 직각이 있는 삼각형을 그려보자.

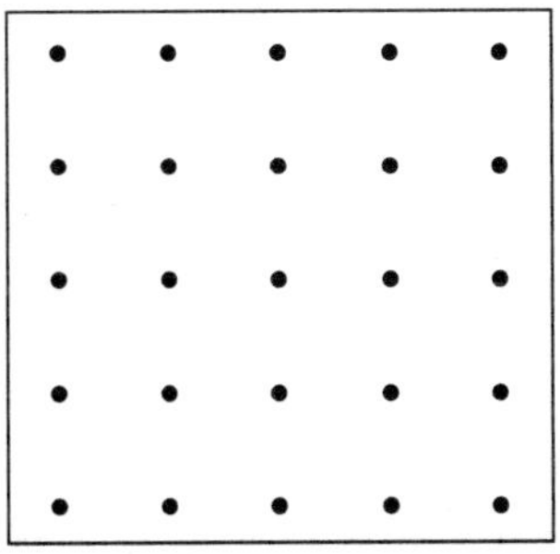

• 세 변 중 두 변이 같은 삼각형을 이등변삼각형이라고 한다. 아래 기하판에 여러 가지 이등변삼각형을 그려보자.

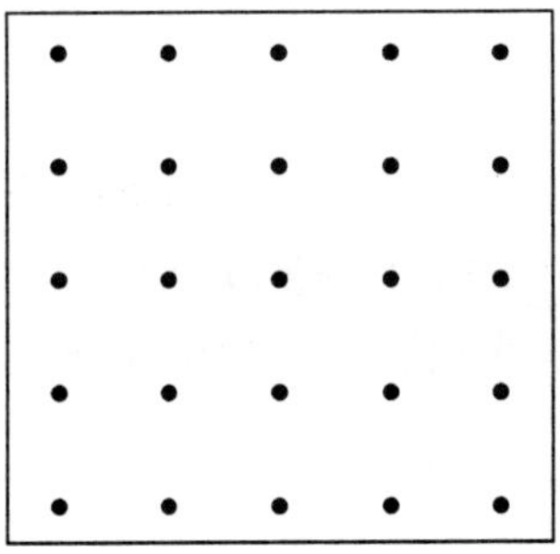

• 세 변의 길이가 똑같은 삼각형을 정삼각형이라고 한다. 아래 기하판에 여러 가지 정삼각형을 그려보자.

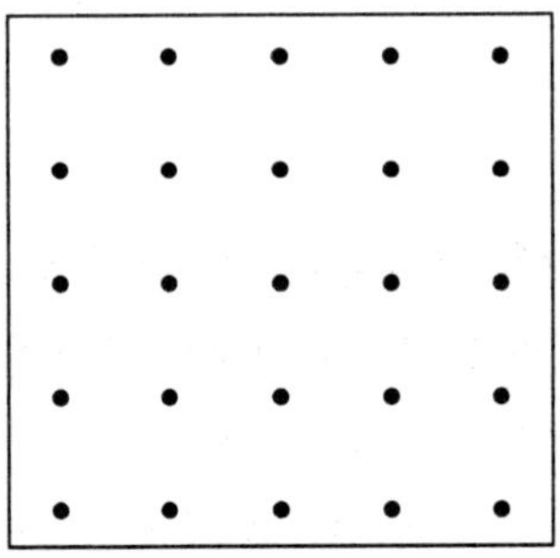

(2) 도형의 성질 발견

- 학습대상: 저, 중학년
- 준비물: 기하판, 고무줄
- 수준: 심화과정
- 학습목표: 기하판 위에서 (미완성) 도형을 완성, 구성 또는 이동 등의 조작을 해봄으로써 도형의 여러 가지 성질을 발견할 수 있다.

① 대칭

기하판 위에 2개의 변만을 가지는 미완성 도형을 주고 2개의 대칭축을 가지는 도형을 완성하게 해본다. 이렇게 해봄으로써 대칭의 개념과 대칭축의 개념 학습 및 대칭의 성질 이해에 도움을 준다. 그리고 마름모는 서로 수직인 2개의 대칭축을 가지며, 점대칭 도형인 동시에 선대칭 도형임을 이해할 수 있다.

② 닮음

기하판 위에 하나의 삼각형을 주고 주어진 삼각형과 닮은 삼각형을 2개만 더 구성하게 하여 각 변의 길이와 넓이를 비교하게 해본다. 이렇게 해봄으로써 닮음의 개념과 성질 이해를 돕는다. 다시 말해, 선분의 길이와 넓이의 관계에 주목함으로써 닮음비를 이해할 수 있다.

③ 합동

기하판 위에서 모양과 크기는 같지만 위치가 다른 두 도형이 합동임을 설명하게 해본다. 이렇게 해봄으로써 합동인 도형은 위치 관계에 무관함을 알 수 있으며, 좌표에 대한 이해를 돕는다.

④ 도형의 이동

- 기하판 위에서 주어진 도형을 오른(왼)쪽, 아래(위)로 몇 칸씩 이동한 도형을 구성하게 해본다. 이렇게 도형을 평행이동 시켜봄으로써, 도형은 이동에 의해 처음 도형이 그 모양과 크기가 변하지 않음을 이해할 수 있다.
- 기하판 위에 하나의 도형과 지정된 선분을 주고 이 선분이 대칭축이 되도록 이동한 도형을 구성하게 해보고 또한 주어진 도형의 한 점을 중심으로 180도 회전한 도형을 구성하게 해본다. 이렇게 도형을 회전이동시켜봄으로써, 이와 같은 이동에 의해 처

음 도형이 그 모양과 크기가 변하지 않음을 이해할 수 있다.

활동 1 기하판을 이용하여 여러 가지 모양의 도형 만들기

• 각자 가지고 있는 기하판을 이용하여 다양한 모양의 도형을 만들어 발표해보자.
• 기하판을 이용하여 다양한 모양의 도형을 만들어보자.
• 자신이 만든 도형을 친구들에게 발표해보자.

활동 2 기하판을 이용하여 도형 이동하기[2)]

기하판에 1개의 도형을 만들고, 그 도형을 옮기기, 돌리기, 뒤집기를 하여 도형을 이동시켜보자.

• 자신이 만든 도형을 아래 점선에 그리고, 옮기기 한 도형을 옆에 그려보자.

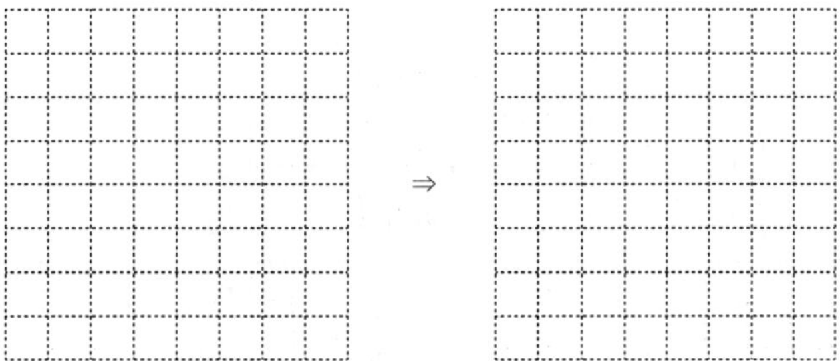

• 자신이 만든 도형을 그리고 돌리기( )한 도형을 옆에 그려보자.

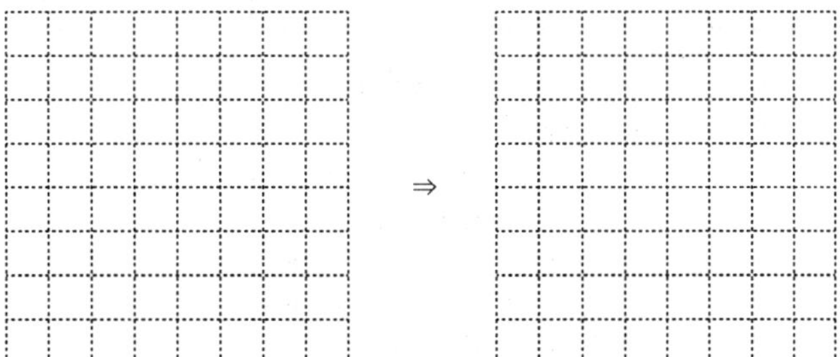

2) 3학년 수학영재 프로그램, 대구광역시 교육청(2010)

• 자신이 만든 도형을 그리고 오른쪽으로 뒤집기 한 도형을 옆에 그려보자.

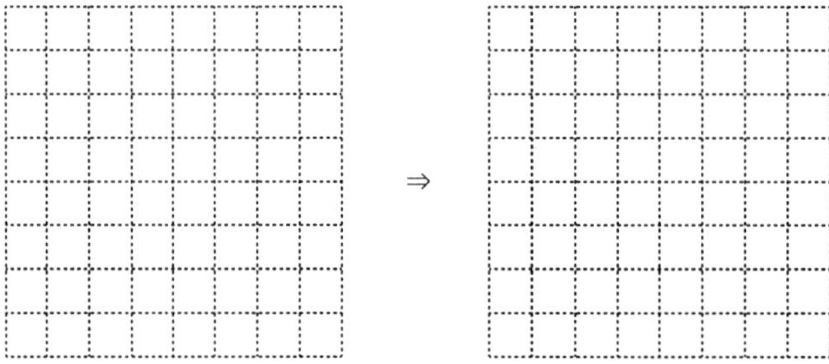

• 기하판을 이용하여 판의 한가운데 1개의 도형을 만들고, 상하좌우에 옮기기, 돌리기, 뒤집기를 한 도형을 나타내보자.

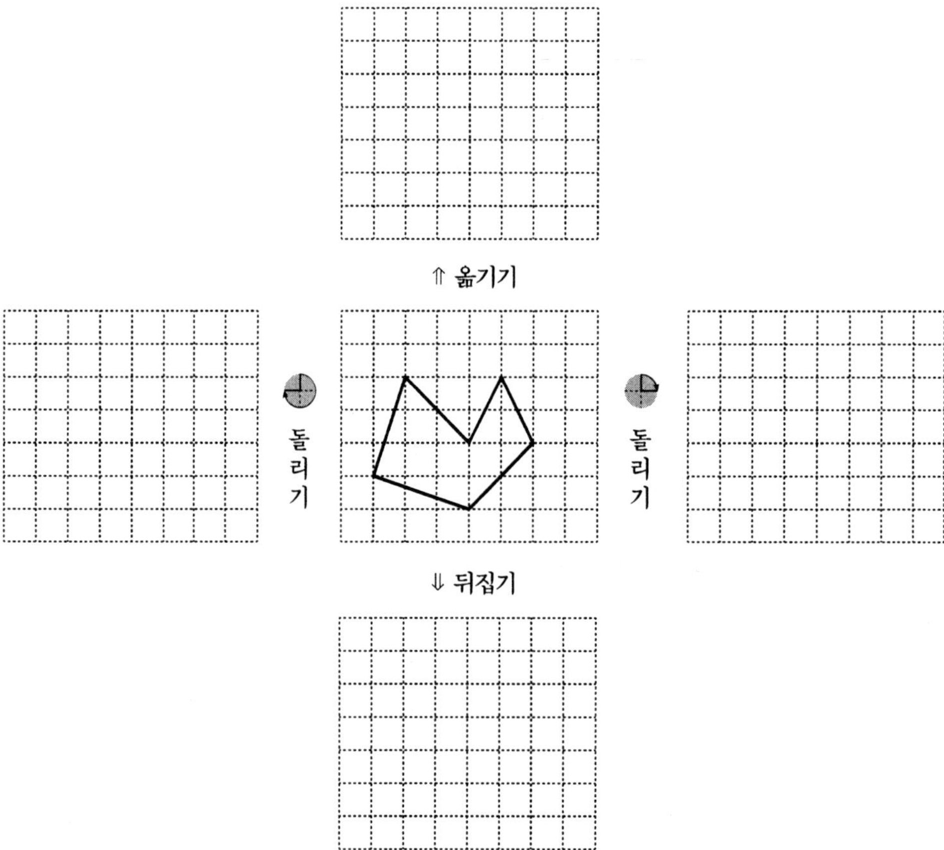

• 위의 문제와 같이 자신이 생각하는 창의적이고 독창적인 도형을 기하판의 한가운데 그리고, 상하좌우에 옮기기, 돌리기, 뒤집기를 한 모양을 각각에 나타내보자. 그리고 자신이 완성한 그림을 친구들에게 발표해보자.

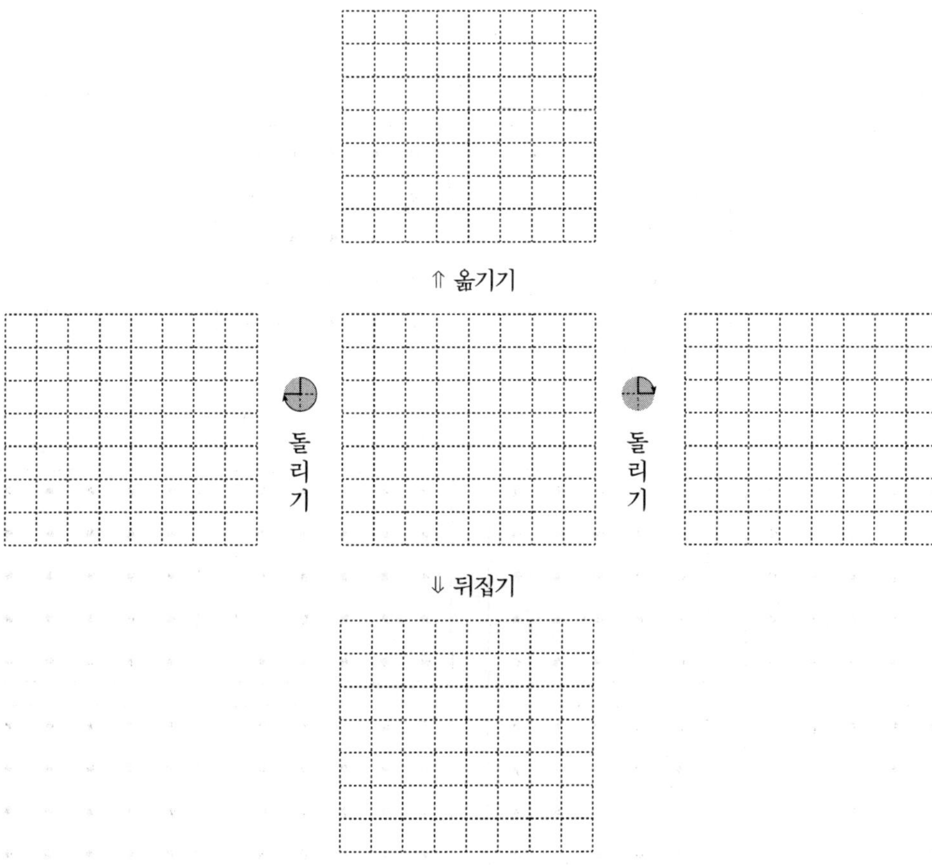

활동 3 기하판을 이용하여 도형 분할하기[3)]

① 기하판을 이용하여 다음 보기와 같이 2등분할 수 있는 방법을 찾아보자. 그리고 찾은 방법을 아래 점판지에 기록하여 보자(합동인 모양으로 하는 2등분 외에도 넓이가 2등분되도록 해도 된다).

〈보기〉

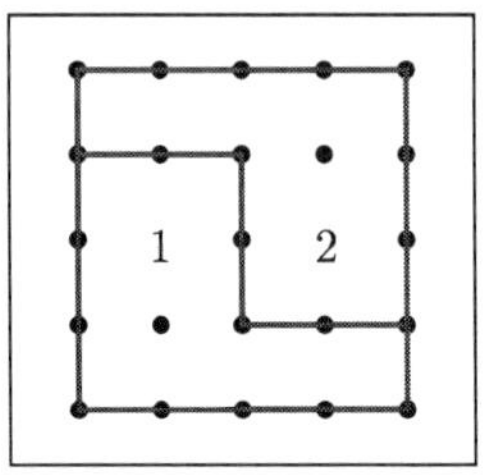

2부분(○)

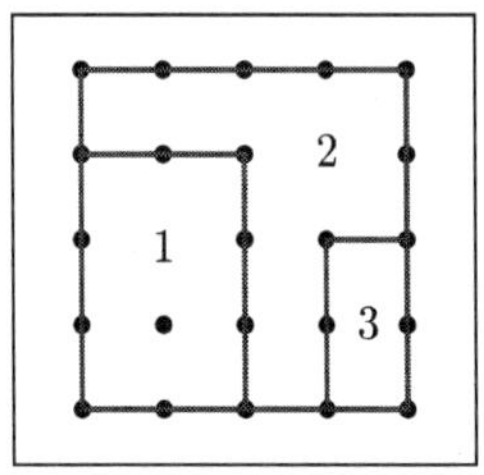

3부분(×)

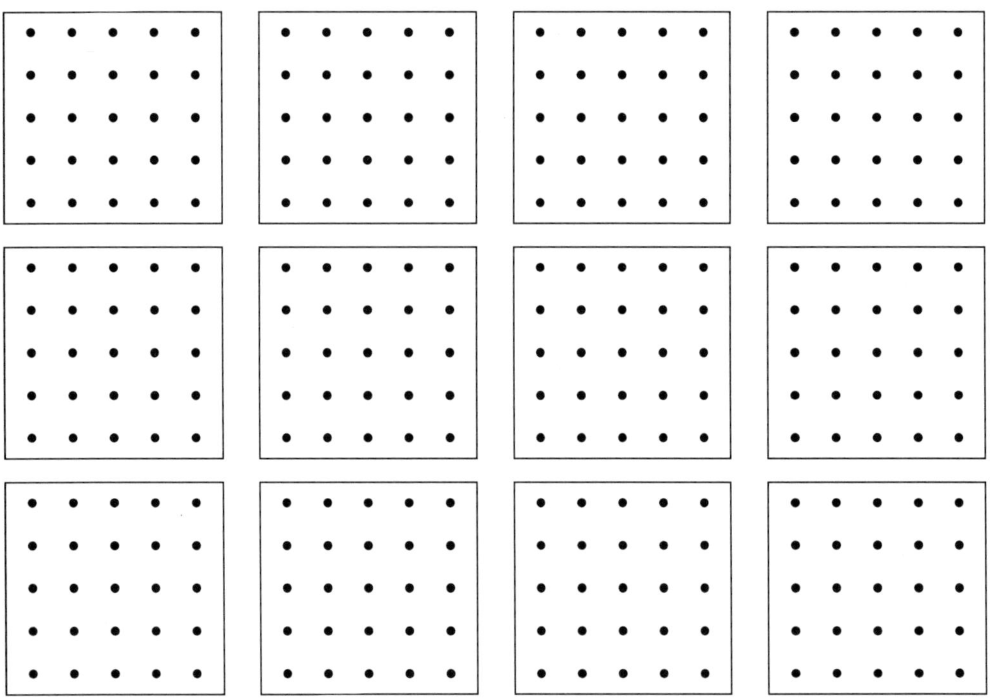

3) 4학년 수학영재 프로그램, 대구광역시 교육청(2010)

② 기하판을 이용하여 다음 보기와 같이 4등분할 수 있는 방법을 찾아보자. 그리고 찾은 방법을 아래 점판지에 기록해보자.

〈보기〉

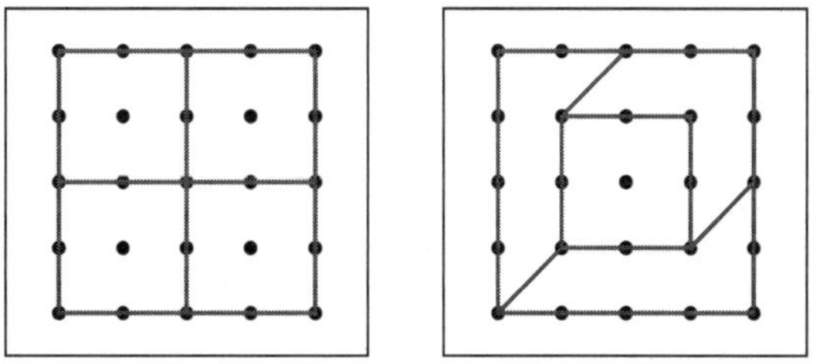

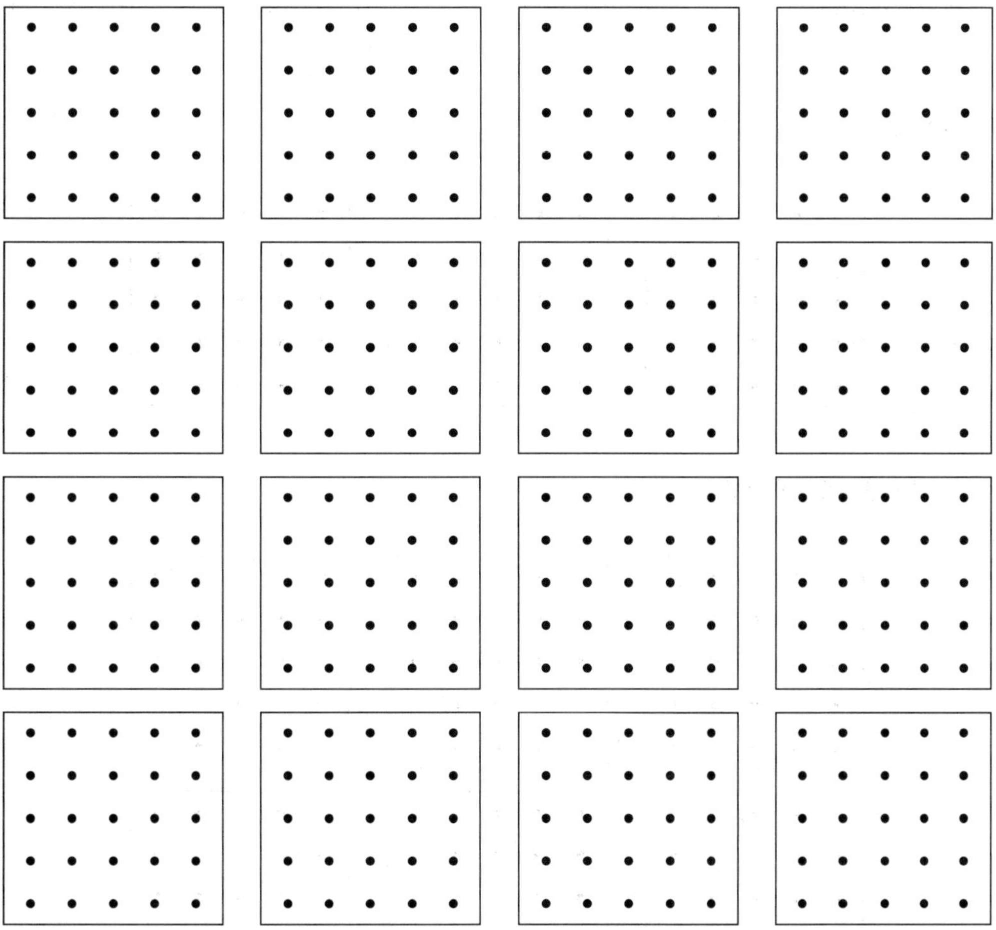

③ 고무줄을 이용하여 다음 보기와 같이 똑같은 모양(합동)을 이용하여 기하판을 채워 보자.

〈보기〉

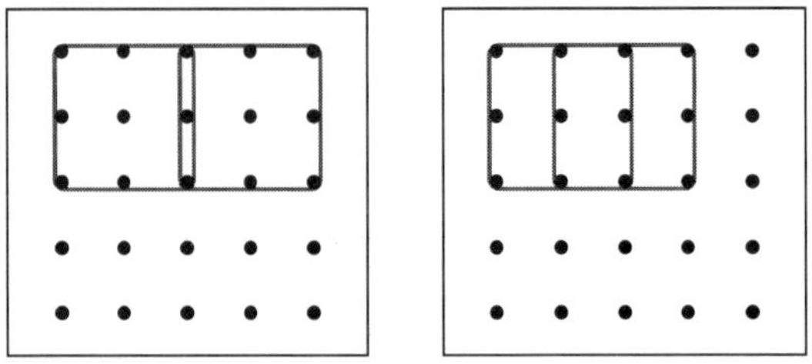

(○) (×)

위의 기하판처럼 겹치지 않게 만들어 똑같은 모양으로 기하판을 완전히 채워야 한다.

• 1×2 크기의 직사각형

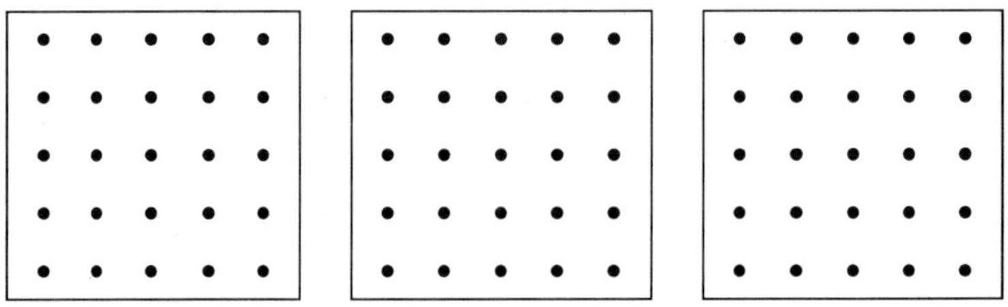

• 넓이가 1인 삼각형

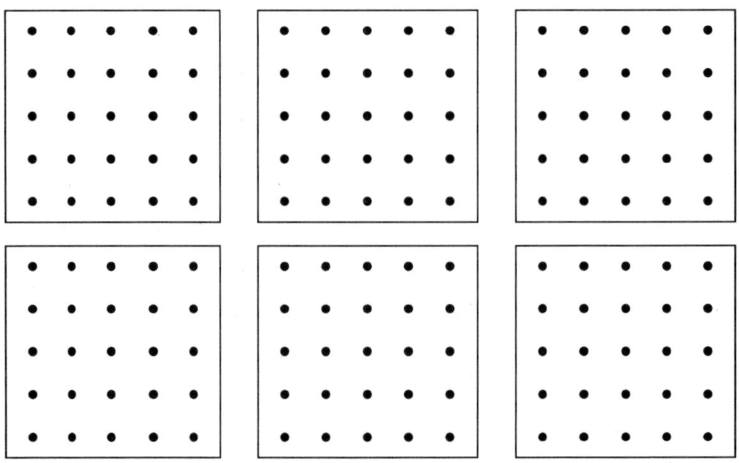

• 넓이가 2인 삼각형

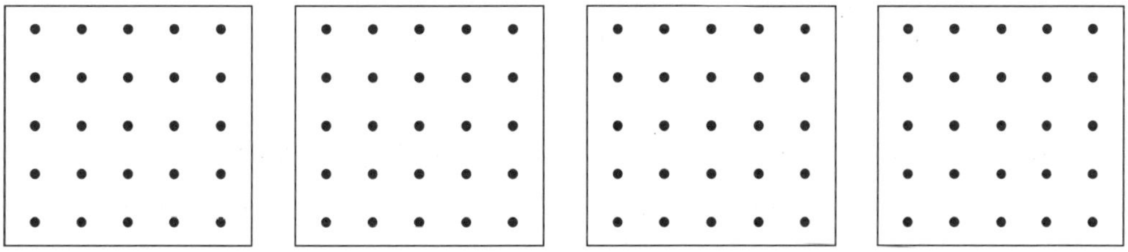

(3) 측정영역에서의 활용

▌학습대상: 중학년, 고학년

▌준비물: 기하판, 고무줄

▌수준: 심화과정

▌학습목표: 넓이와 둘레를 학습하고, 나아가 단위 넓이를 사용하여 넓이를 표현해봄으로써 넓이와 둘레의 관계를 이해하며 나아가 대수적인 패턴, 피크의 정리를 이해한다.

다음의 관련 사항들은 모두 정사각격자 기하판을 이용한 활동이며 가장 가까운 두 점 사이를 잇는 선분은 길이가 1인 단위 길이로 하고, 가장 작은 정사각형의 꼭짓점에 위치한 네 개의 격자로 둘러싸인 부분의 넓이는 크기가 1인 단위 넓이로 한다는 것을 약속한 후, 간단한 도형에서부터 점점 더 복잡한 도형의 넓이에 대한 탐구로 확대해 간다.

① 둘레

활동 1 **정사각형과 직사각형의 둘레**

• 기하판 위에 여러 가지 정사각형을 만들어보게 한다.

• 한 변의 길이에 대한 둘레를 조사하여 관계를 알아본다.

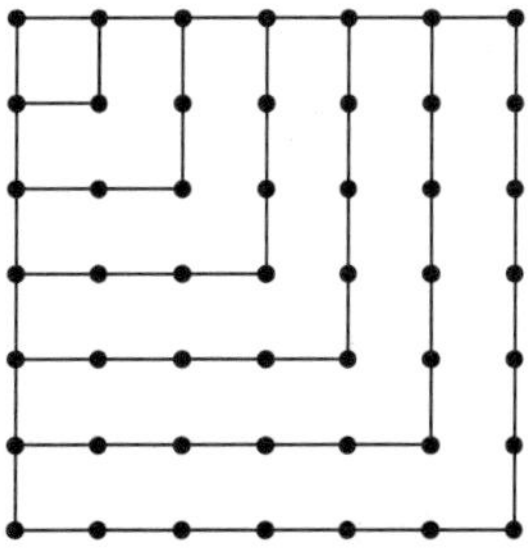

- 변의 길이와 둘레와의 관계를 서로 이야기 식으로 표현해본다.
- 직사각형의 경우는 어떻게 될지 생각해보고 이야기한다.
- 가로와 세로가 서로 다른 여러 가지의 직사각형을 기하판 위에 만들어보면서 관계를 생각해본다.
- 직사각형의 둘레를 식으로 나타내보고 자기가 만든 식을 설명한다.
- 가로 7, 세로 4인 직사각형의 둘레를 식으로 구해 본 후 기하판으로 확인한다.
  (가로의 길이 + 세로의 길이) $\times 2 = (7+4) \times 2 = 22$

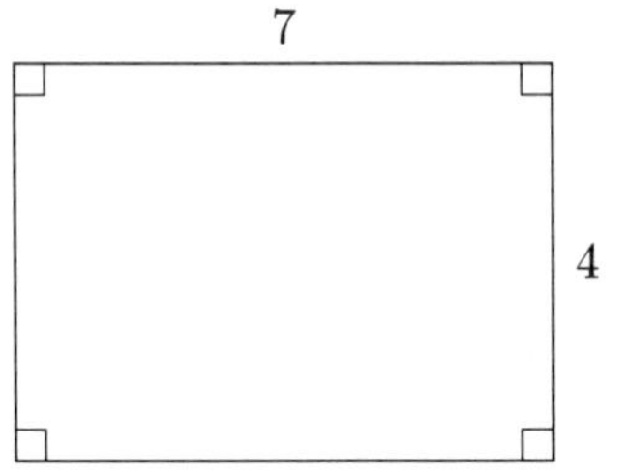

활동 2 **여러 가지 모양에서의 둘레 알아보기**

다음 그림을 기하판에 옮겨 만들고 기하판 위의 도형의 둘레를 알아보자.
기하판의 못과 못 사이의 길이 •—•은 1이다. 다음 도형의 둘레는 얼마인가?

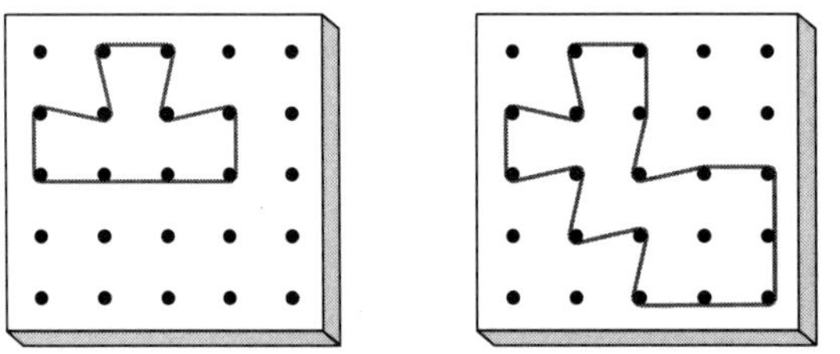

둘레 : ______　　　둘레 : ______

[그림 2-6]

활동 3 **둘레가 12cm인 도형 만들기**

아래와 같이 1cm의 간격으로 점이 16개 그려져 있는 종이가 있다.
보기와 같이 점을 가로, 세로로 이어서 둘레가 12cm가 되는 도형을 그려보자.

〈보기〉

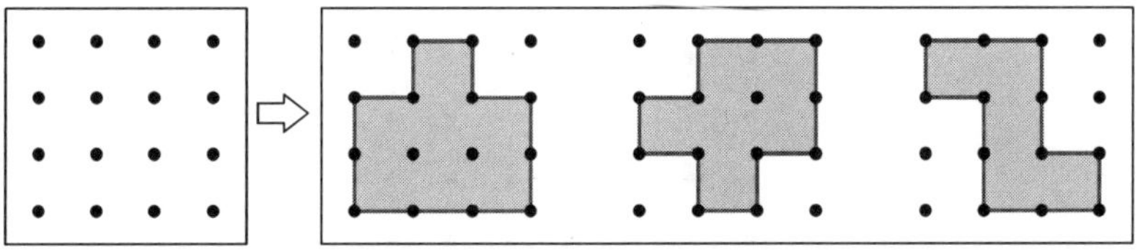

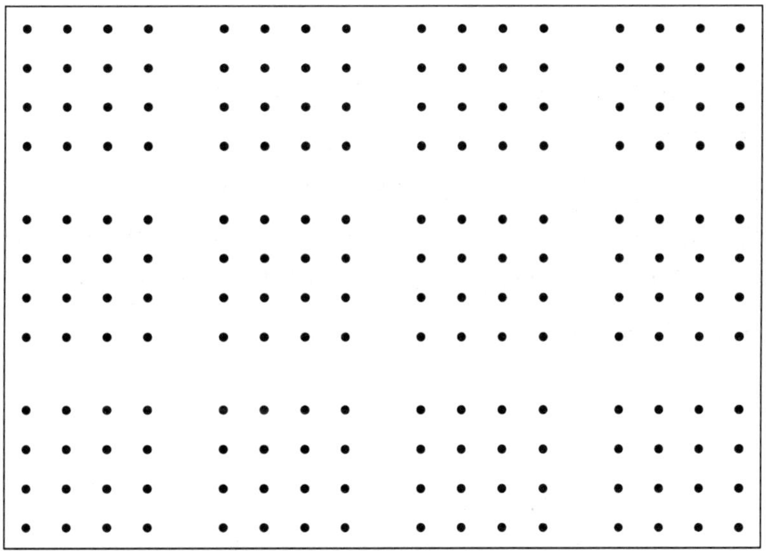

[그림 2-7]

② 도형의 넓이

활동 1 정사각형과 직사각형의 구적 공식의 발견

- 기하판 위에 여러 가지 직사각형을 만들어보게 한다.
- 직사각형의 각 변의 길이에 대한 넓이를 조사하여 관계를 알아본다.

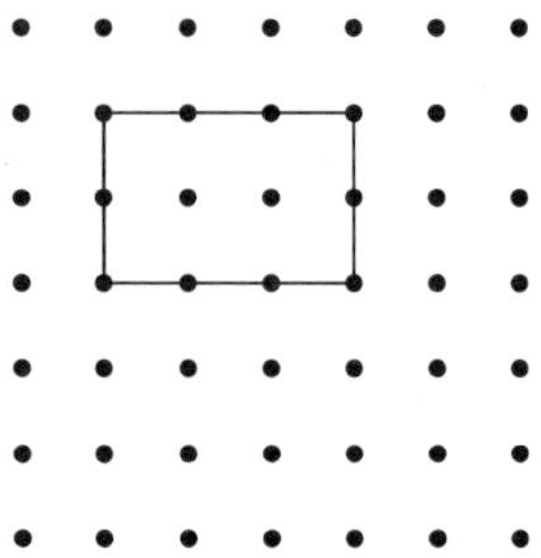

- 변의 길이와 넓이와의 관계를 서로 이야기 식으로 표현해본다.
- 임의의 직사각형의 넓이를 예로 들어 식을 설명한다.
- 정사각형의 경우는 어떻게 될지 생각해보고 이야기한다.
- 정사각형의 넓이를 식으로 나타내보고, 자기가 만든 식을 설명한다.
- 실제 아래와 같은 도형을 하나주고 그 넓이를 공식을 사용해서 해결하게 한 뒤 기하판으로 확인하게 해본다.

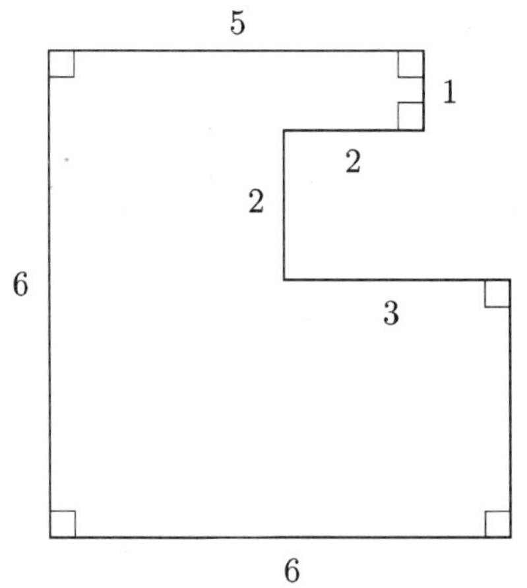

이와 같은 활동의 결과를 발표하게 하여 서로 비교·논의해보는 기회를 제공함으로써, 활발한 의사소통의 장을 형성할 수 있으며 구적 공식의 발견에 이르도록 할 수 있다.

활동 2 평행사변형의 구적 공식 발견

- 기하판 위에 아래와 같은 하나의 평행사변형을 만들어보게 한다.

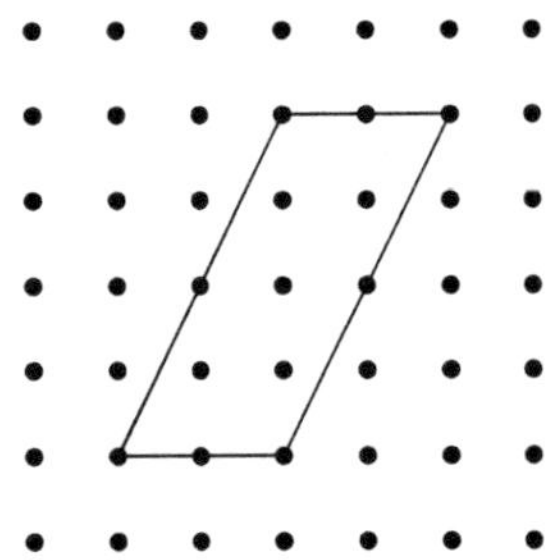

- 평행사변형과 직사각형의 차이점을 이야기하게 한다.
- 평행사변형의 넓이를 나름대로 구해보고, 어떻게 구했는지 설명하게 해본다.
- 평행사변형의 넓이를 식으로 표현해보고 식을 설명한다.
- 기하판 위에 다음과 같은 몇 가지의 평행사변형을 주고 넓이를 구해보고 발견한 점을 이야기하게 한다.

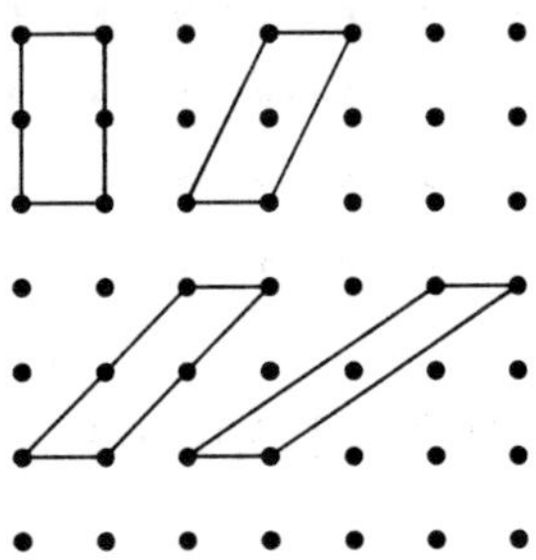

- 왜 그런지 이유를 생각해보고 설명하게 해본다.

구성한 평행사변형의 밑변과 높이 각각을 가로와 세로로 하는 직사각형을 구성하게 해보고 평행사변형과 직사각형의 넓이 사이에 어떤 관계가 있는지 알아보게 한다. 구성한 직사각형과 평행사변형의 비교 관찰로부터 넓이가 변하지 않는 등적변형 관계임을 알아낼 수 있다.

활동 3 삼각형의 구적 공식의 발견

• 기하판 위에 아래와 같은 삼각형을 만들어보게 한다.

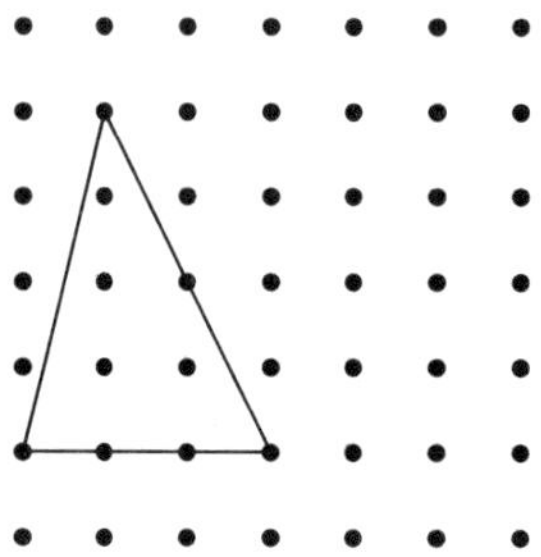

• 삼각형의 넓이를 나름대로 구해보고 그 방법을 이야기한다.
• 삼각형의 넓이를 식으로 표현해보고 식을 설명한다.
• 둔각삼각형의 경우는 어떠한지 넓이를 구해보고 설명한다.

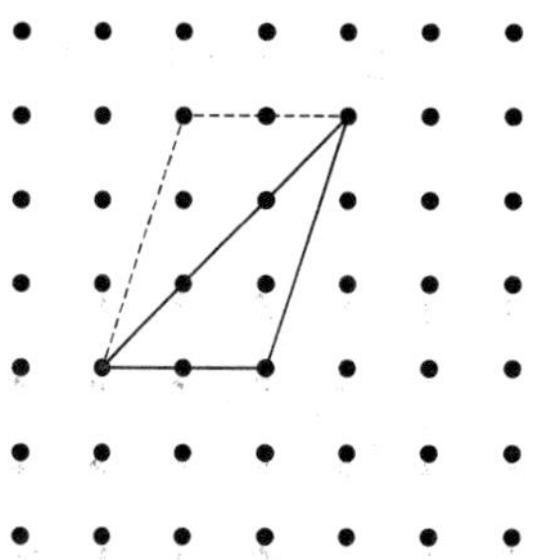

• 둔각삼각형의 넓이도 식으로 표현하여 설명한다.

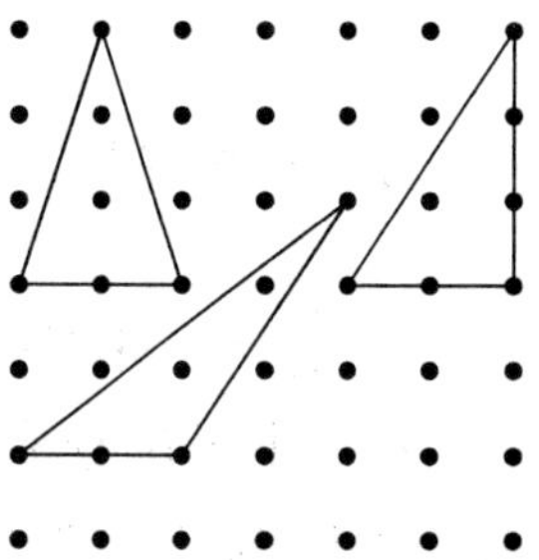

• 아래 삼각형들의 넓이를 구해보고 발견한 점들을 이야기하게 해본다.

• 왜 그런지 이유를 생각해보고 설명한다.

구성한 삼각형의 밑변과 높이를 각각 가로와 세로로 하는 직사각형이나 평행사변형을 구성하여 삼각형의 넓이와 직사각형 또는 평행사변형의 넓이를 비교해보게 한다. 구성한 삼각형의 밑변과 높이를 각각 가로와 세로로 하는 직사각형 또는 평행사변형을 구성해보는 배적변형뿐 아니라, 그 삼각형의 밑변과 가로의 길이가 같으면서 그 삼각형과 넓이가 같은 직사각형을 구성해보는 등적변형 활동도 하게 해봄으로써, 직사각형과 삼각형의 넓이에 대한 관계를 이해할 수 있는 계기가 될 수 있으며, 그리하여 삼각형의 넓이를 구하는 공식의 발견에 이를 수 있다.

활동 4 사다리꼴의 구적 공식 발견

기하판 위에 여러 가지 모양의 사다리꼴을 제시해주고 제시된 여러 가지 사다리꼴의 아랫변과 윗변의 길이, 높이 및 넓이를 구해보고 어떠한 패턴이 있는지를 찾아보게 한다. 주어진 사다리꼴의 높이를 세로로 하고 넓이는 같은 직사각형을 구성해보게 한다. 그리고 사다리꼴의 넓이의 2배의 넓이를 갖는 평행사변형을 구성하게 해본다. 또 높이와 넓이가 각각 같은 삼각형을 구성하여 어떤 규칙을 발견할 수 있는지 관찰해보게 한다.

주어진 사다리꼴의 높이를 세로로 하며 사다리꼴의 넓이와 같은 넓이를 갖는 직사각형을 구성했을 때 이 직사각형의 가로는 원래 주어진 사다리꼴의 윗변과 아랫변에 따라 변한다는 사실을 발견할 수 있으며 이와 같은 관찰로부터 사다리꼴의 넓이는 '(윗변 + 아랫변) × (높이) ÷ 2'임을 발견할 수 있다.

지금까지의 평면도형의 구적 공식을 알아보는 과정을 요약해보면, 새로운 어떤 도형의 넓이에 대한 학습을 할 때마다 그 도형을 이미 학습하여 넓이를 구할 수 있는 다른 도형으로 등적(또는 배적)변형해야 한다는 사실과 또한 등적변형을 할 때 구적 공식이 미지인 도형의 넓이에 관련된 중요한 길이를 달리 변형한 도형에도 반드시 남겨야 한다는 점이다. 이 점은 넓이에 대한 학습 지도에서 반영해야 할 가장 중요한 사항이다.

활동 5 넓이가 2배인 정사각형의 구성

기하판 위에 가로, 세로가 2인 정사각형을 주고 주어진 정사각형의 넓이의 2배와 1/2의 넓이를 갖는 정사각형을 각각 구성해보게 한다.

이는 초등학생 수준에서 구체적인 교구(기하판, 점종이, 모눈종이 등)를 활용하지 않고서는 생각하기 어려운 문제이다. 즉, 주어진 정사각형의 대각선을 한 변으로 하는 정사각형의 넓이가 처음 정사각형의 넓이의 2배임을 발견·확인하는 좋은 계기가 될 수 있다. 따라서 이와 같은 사실은 나중에 중등에서 학습하게 될 피타고라스 정리의 기초가 된다고 볼 수 있다.

활동 6 넓이가 정해진 도형 만들기

아래와 같이 1cm 간격으로 점이 9개 그려져 있는 종이가 있다. 보기와 같이 점을 가로, 세로, 비스듬하게 이어서 넓이가 $2cm^2$가 되도록 모양을 만들어보자.

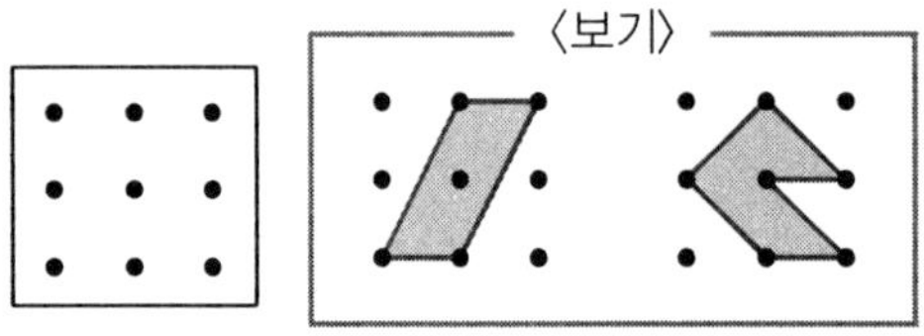

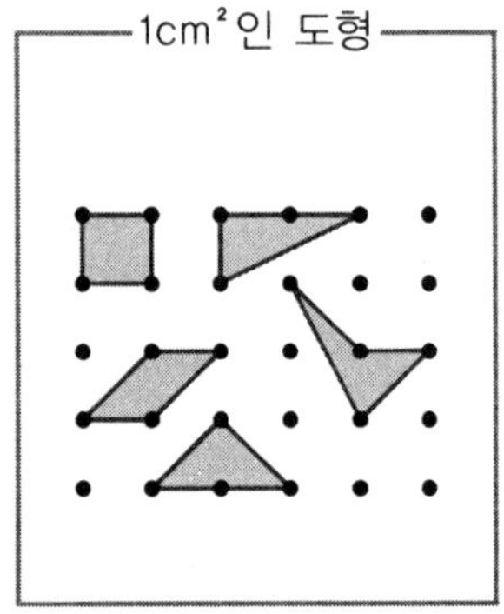

[그림 2-8]

[해답의 예]

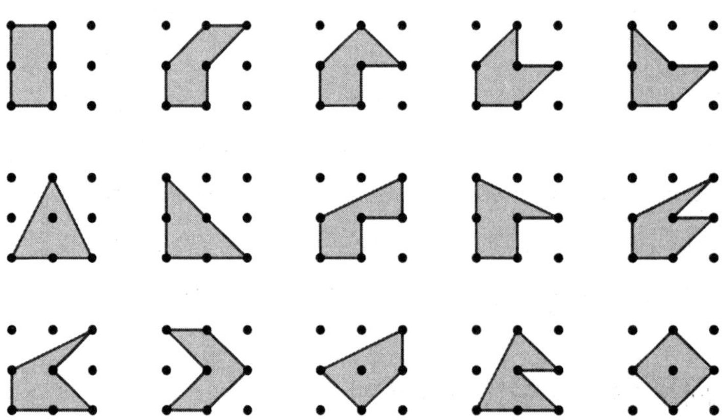

활동 7 **패턴 찾기**[4)]

- 넓이가 4와 9 사이인 정사각형을 만들어보자.
- 다음 도형에서 색칠한 부분의 넓이는 얼마인가?

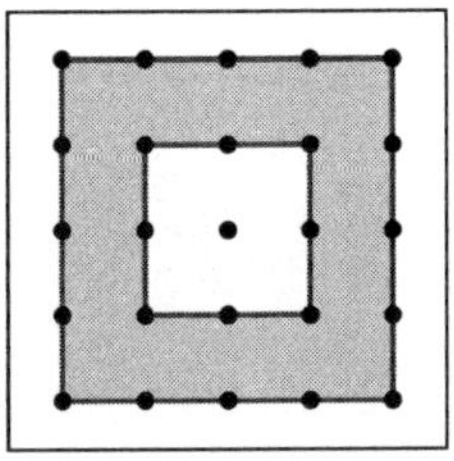

- 다음과 같은 도형 패턴을 10×10 기하판에 계속 해보고 다음 표를 완성해보자(대수적인 패턴 관계식을 찾는 활동으로 연결지을 수 있다).

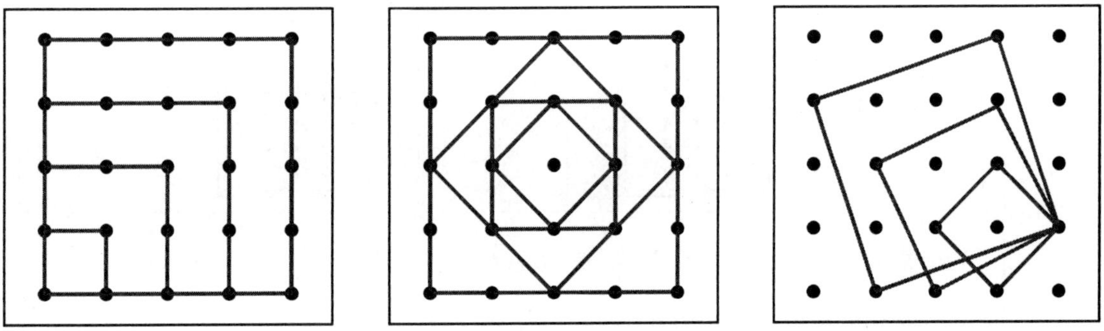

길이	1	2	3	4	5	6	7	8	9
넓이									
경계에 있는 못의 수									
내부에 있는 못의 수									

4) 교구를 통한 수학적 활동(I)(이인환·전왕건·김남균, 2000)

다음 도형의 넓이를 알아보자.

1) 보기를 넓이 1로 하고, 도형의 넓이를 구해보자.

보기	도형	넓이	도형	넓이
단위 ㅁ 	도형 1 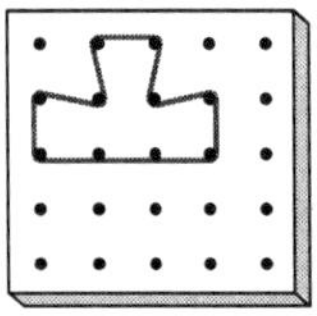		도형 2 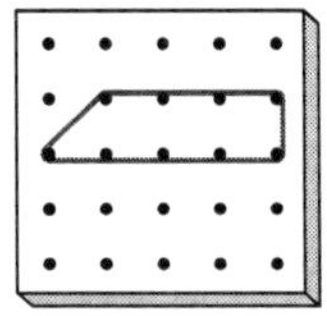	
단위 ㅅ 	도형 2 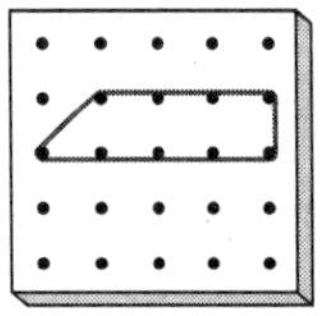		도형 1 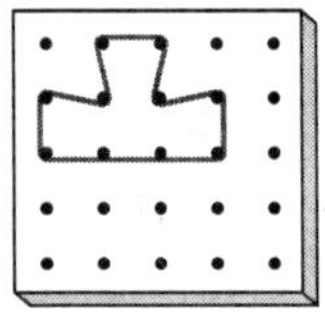	
단위 ㄱ 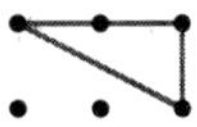	도형 3 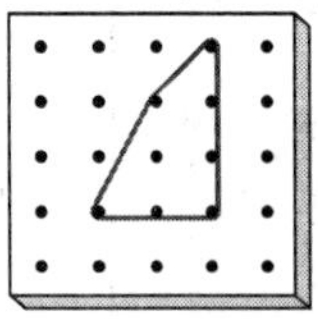		도형 1 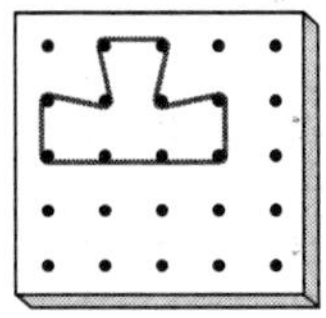	

2) 도형 1의 넓이는 얼마라고 할 수 있는가?

3) 도형 2의 넓이는 얼마인가?

4) 단위에 따라 도형의 넓이는 어떻게 변하는가?

5) 넓이를 구한 수만을 보고 서로 다른 도형을 비교할 수 있는가?
도형의 넓이를 정확하게 비교하려면 어떻게 하면 될까?

6) 우리가 사용하는 넓이의 단위 cm^2와 같은 단위는 어떤 것인가?

[그림 2-9]

활동 8 피크의 정리[5)]

[활동 7]을 바탕으로 기하판을 이용하여 내부에 포함되는 점의 수, 경계에 놓이는 점의 수를 다양하게 변화시킬 수 있는 도형을 구성하게 하고 이들 점의 수와 넓이 사이에 어떤 관계가 있는지를 주목하도록 하여, 유명한 피크의 정리(Pick's Theorem)[6)]를 발견하게 할 수 있다.

• 아래에 도형들을 보고, 둘레에 점의 개수와 넓이를 조사하자.

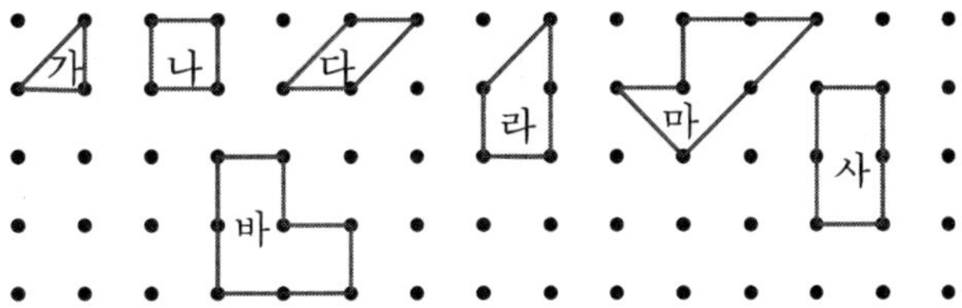

[표 2-2] 점의 수와 넓이 사이의 관계

	가	나	다	라	마	바	사
둘레에 걸친 점의 수	3	4					
내부에 있는 점의 수	0	0					
도형의 넓이(cm^2)	$\frac{1}{2}$	1					

• 둘레에 걸친 점의 수와 내부에 있는 점의 수와 도형의 넓이 사이에 규칙을 찾아보자.

5) 초등학교 수학 수업에서 기하판의 활용(최창우, 2002)

6) 이 정리는 복잡한 도형의 넓이를, 알고 있는 도형으로 분할하여 알아보는 방법을 사용하지 않고서도 편리하게 구할 수 있는 방법으로, 독일의 수학자 피크가 창안해 낸 정리이며 그 내용은 아래와 같다.
피크의 정리: 정사각격자 기하판 위에서 만들어지는 도형의 넓이를 A, 고무줄과 닿은 경계에 위치한 격자(경계점)의 수를 B, 그리고 도형의 내부에 위치한 격자(내부의 점)의 수를 I라 하면, 이들 사이에는 아래 관계식 ①이 성립한다. 또 어떤 도형의 내부에 다른 폐 도형이 들어 있을 경우, 그 폐 도형을 구멍으로 볼 수 있으며, 이때 구멍의 수를 H라 하면 그 폐 도형 부분을 제외한 도형의 넓이 A′는 아래 관계식 ②와 같다.

$A=(1/2)B+I-1$ …… ①　　　　$A'=(1/2)B'+I'+H-1$ …… ②

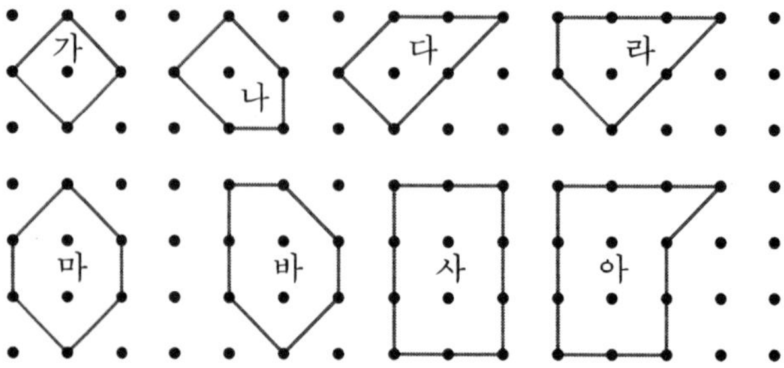

	가	나	다	라	마	바	사
둘레에 걸친 점의 수							
내부에 있는 점의 수							
도형의 넓이(cm²)							

둘레에 걸친 점의 개수와 내부에 있는 점의 개수와 도형의 넓이 사이에는 어떤 규칙이 있는가?

(4) 도형 탐구활동

- 학습대상: 중학년, 고학년
- 준비물: 기하판, 고무줄, 입체도형
- 수준: 심화과정
- 학습목표: 수학적 사고력, 도형의 조작력을 기른다.

활동 1 회전한 모양 그리기

① 포개어진 도형의 수 찾기

제시된 도형

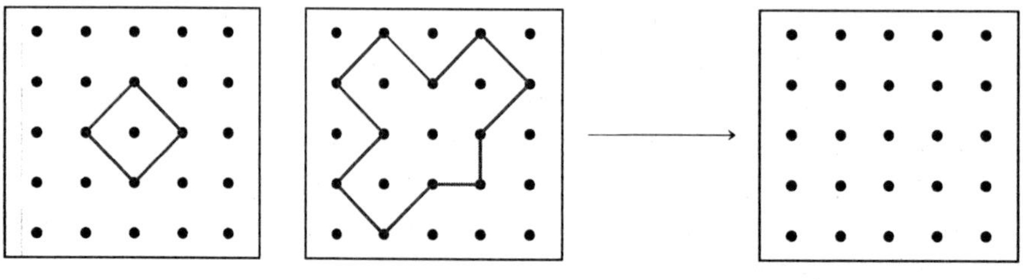

문 포개어진 도형의 수는 몇 개일까?

② 회전한 모양 그리기

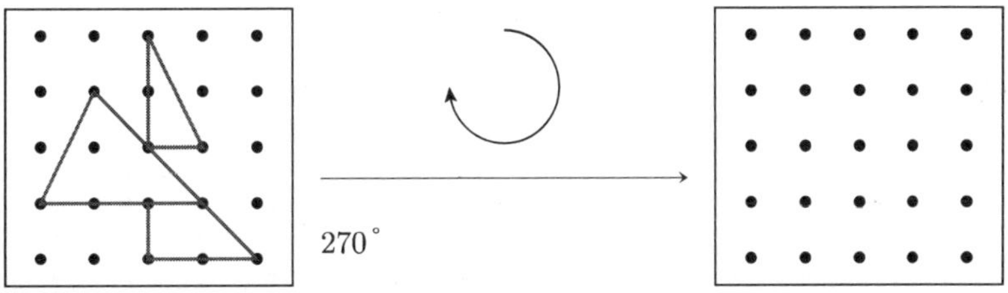

문 화살표 방향으로 주어진 각도만큼 회전시켰을 때의 모양을 그려보자.

③ 입체도형 탐구

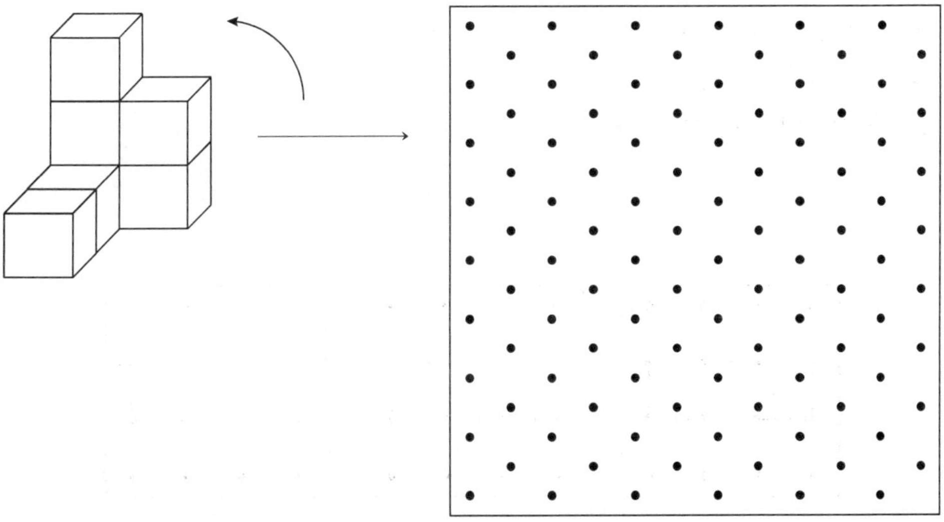

문 화살표 방향으로 도형을 넘어뜨렸을 때의 모양을 그려보자.

(5) 분수 탐구활동

▎학습대상: 중학년

▎준비물: 기하판, 고무줄, 색연필

▎수준: 기본과정

▎학습목표: 기하판을 이용하여 단위분수의 크기 비교, 대소 관계를 판별할 수 있다.

활동 1 분수만큼 색칠하기[7)]

※ 다음을 잘 읽고 알맞은 답을 찾아보자.

• 기하판에 그려진 도형에 주어진 분수만큼 색칠해보자.

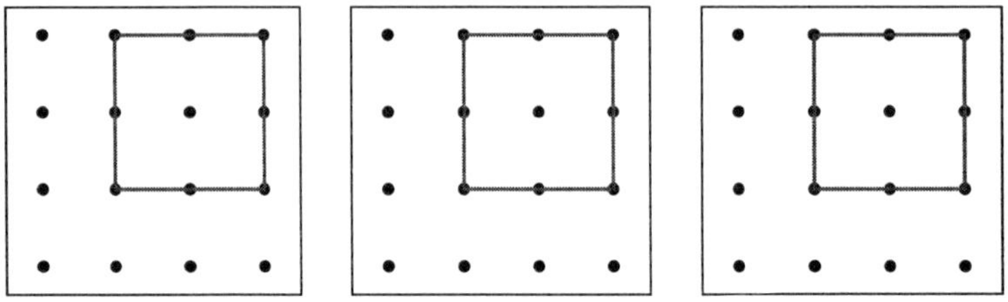

$\frac{1}{2}$ $\frac{1}{4}$ $\frac{1}{8}$

① 가장 큰 분수는 어느 것인가?
② 가장 작은 분수는 어느 것인가?
③ 큰 순서대로 분수를 써보자.

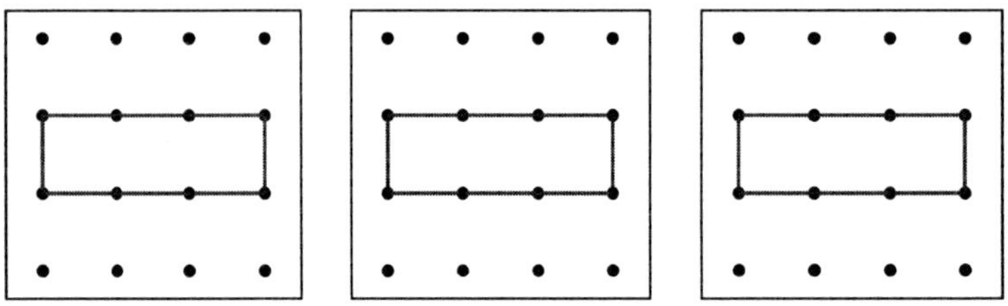

$\frac{1}{3}$ $\frac{1}{6}$ $\frac{1}{2}$

① 가장 큰 분수는 어느 것인가?
② 가장 작은 분수는 어느 것인가?
③ 큰 순서대로 분수를 써보자.

---

7) 초등학교 수학 수업에서 기하판의 활용(최창우, 2002)

※ 다음을 잘 읽고 알맞은 답을 찾아보자.

• 기하판에 그려진 도형에 주어진 분수만큼 색칠해보자.

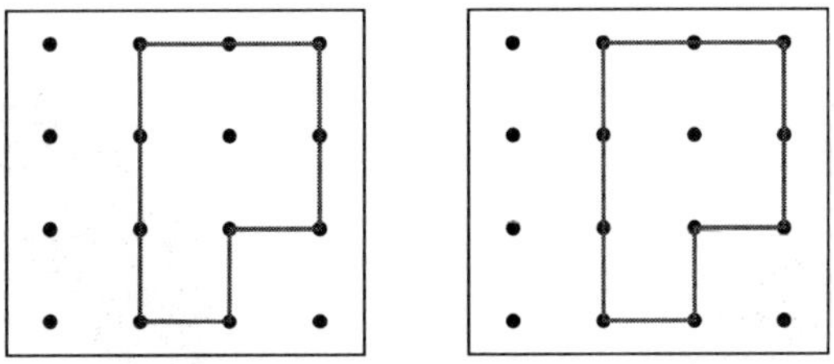

$\frac{1}{5}$ $\frac{1}{10}$

• 분수의 크기를 대소 관계로 나타내어보자.

☐ > ☐

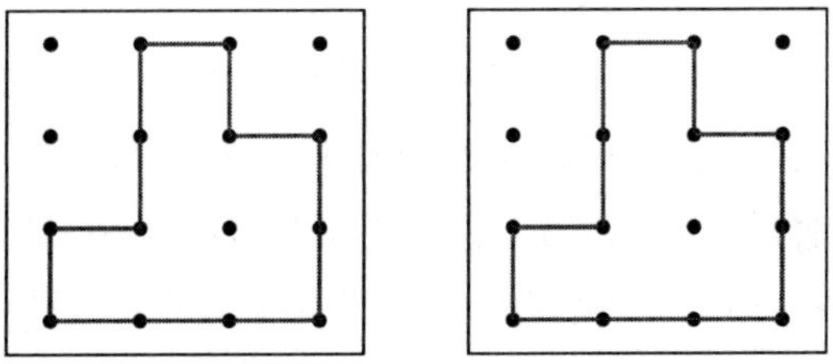

$\frac{1}{6}$ $\frac{1}{12}$

• 분수의 크기를 대소 관계로 나타내어보자.

☐ > ☐

2 탱그램(Tangram)

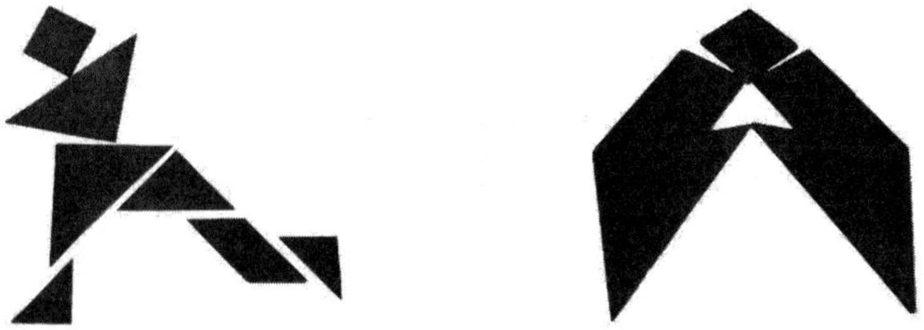

1) 탱그램이란 어떤 교구인가?

탱그램은 칠교판이라고도 하며 수학교육에서 매우 빈번하게 다루어지고 있는 교구이다. 그러나 실제 현장에서는 대부분 단순히 학습지에 주어진 모양을 맞추는 활동 정도로만 활용되어 단순한 퍼즐놀이로 인식되고 있다. 칠교놀이를 통해 직각삼각형, 직사각형, 평행사변형, 사다리꼴, 오각형, 육각형 등 여러 가지 다각형을 만들어보게 하고 다각형의 성질을 탐구할 수 있으며, 주어진 모양을 여러 가지 방법으로 만들어보게 하고, 각 변의 길이, 각의 크기, 넓이 관계 등을 알아보게 하며 각 조각들 사이의 관계를 찾아보게 할 수 있다. 칠교놀이 조각들의 변의 길이와 넓이를 비교하고 이를 바탕으로 새로운 도형을 구성하는 활동들은 공간감각과 측정 개념, 추론적 사고가 발달될 수 있는 풍부한 경험을 제공할 수 있다.

또한 칠교놀이가 가지고 있는 수학적 성질들을 찾아보는 활동을 통해 학생들에게 체계적으로 탐구하는 태도를 기르도록 하고, 문제를 해결하기 위한 시행 착오과정 속에서 문제를 끝까지 해결해보려는 끈기와 집중력을 향상시킬 수 있다. 아울러 학생들은 이러한 시각, 촉각을 이용한 활동을 해보면서 수학에 대한 즐거움을 느낄 수 있다.

2) 탱그램의 조각 탐구하기

활동 1 **탱그램 만들기**

탱그램을 활용하기 위해서는 상품화되어 있는 탱그램을 구입하거나 직접 만들어볼 수 있다. 초등학생의 경우는 간단한 종이접기로, 중학생의 경우에는 작도로 만들어볼 수 있다.

(1) 아래의 순서에 따라 탱그램을 직접 만들어보자.

〈만드는 과정〉

① 색마분지 뒷면의 모눈에 가로, 세로가 12cm인 정사각형을 그린다.
② 3cm 간격으로 예비선(점선)을 그으면 작은 정사각형 16개가 만들어진다.
③ 아래 그림을 보고 굵은 선으로 대각선을 그려놓고, 가위로 선을 따라 자른다.

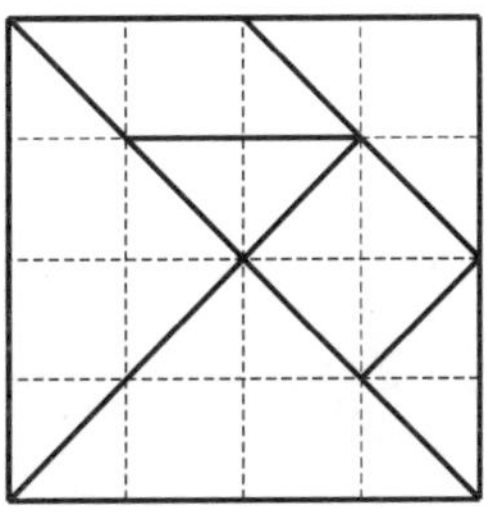

〈방법1〉

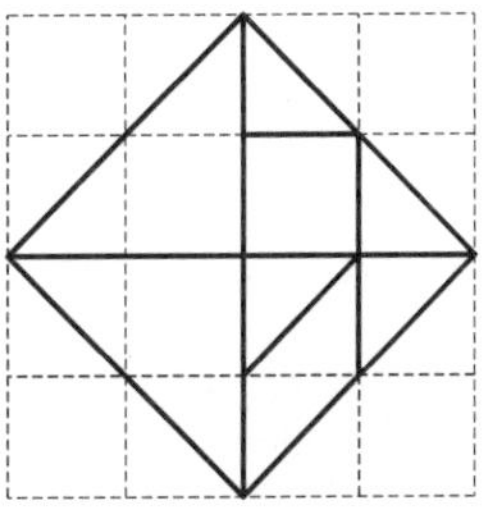

〈방법2〉

(2) 탱그램의 구성

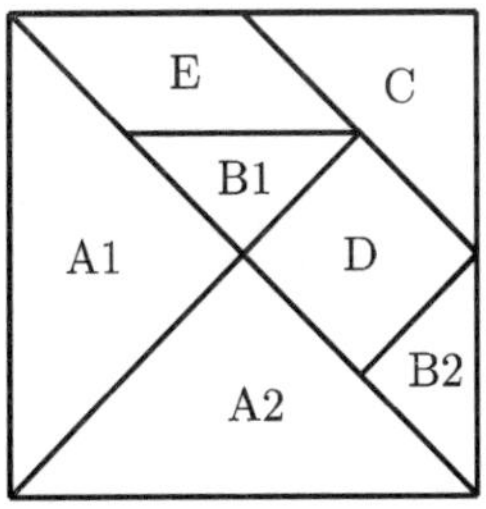

〈탱그램의 구성〉

- A1, A2 : 큰 직각이등변삼각형 2개
- B1, B2 : 작은 직각이등변삼각형 2개
- C : 중간 크기의 직각이등변삼각형 1개
- D : 작은 정사각형 1개
- E : 평행사변형 1개

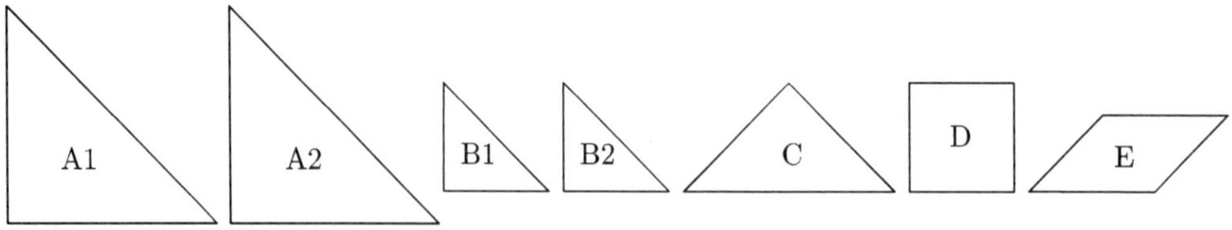

• 탱그램을 구성하고 있는 7개의 조각들을 관찰해보고, 각각의 성질을 있는 대로 적어보자.

① 5개의 직각이등변삼각형(A1, A2, B1, B2, C)의 성질들을 각각 적어보자.

② 정사각형(D)의 성질을 적어보자.

③ 평행사변형(E)의 성질을 적어보자.

활동 2 **탱그램의 성질 탐구**8)

(1) 탱그램 조각의 길이 비교

① 탱그램 조각들의 변의 길이를 서로 비교해보고, 길이가 같은 변끼리는 똑같은 색으로 표시해보자. 모든 변을 표시하려면 몇 가지 색이 필요한가? (　　　)가지

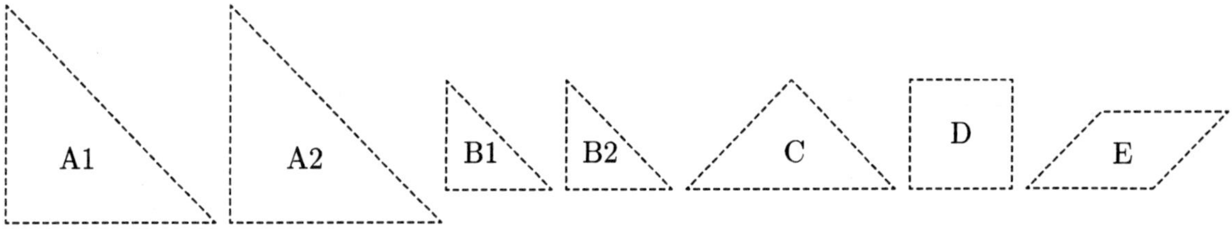

② 'B1' 조각의 각 변의 길이만 알면, 다른 모든 칠교 조각의 변의 길이를 구할 수 있다. 그 이유를 설명해보자.

8) 3학년 수학영재 프로그램, 대구광역시 교육청(2010)

③ 아래 그림과 같이 'B1' 조각의 짧은 변을 1, 긴 변을 a라고 할 때, 각 조각들의 둘레를 덧셈 식으로 나타내보자.

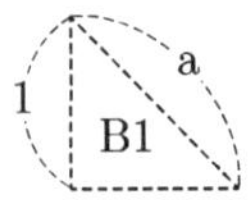

• 둘레 = 2 + a

탱그램 조각	A1	A2	B1	B2	C	D	E
둘레			2+a	2+a			

④ 둘레가 짧은 것부터 순서대로 칠교 조각의 이름을 적어보자.

(　　)

⑤ 둘레가 'B1' 조각보다 2배 더 긴 칠교 조각은 어느 것인가?

(　　)

(2) 탱그램 조각의 크기 비교

① 'B1' 조각을 사용하여 모양과 크기가 똑같은 다른 칠교 조각들을 만들려고 한다. 각각을 만드는 데 필요한 'B1' 조각의 개수를 아래 빈칸에 적어보자.

탱그램 조각	A1	A2	B1	B2	C	D	E
필요한 'B1' 조각의 개수			1개	1개			

② 'B1' 조각 2개로 만들 수 있는 칠교 조각은 무엇인가?

(　　)

③ 'C' 조각 2개로 만들 수 있는 칠교 조각은 무엇인가?
(   )

④ 크기가 작은 순서대로 칠교 조각의 이름을 적어보자.
(   )

⑤ 아래 그림의 정사각형 칠교판은 작은 정사각형 'D' 조각보다 몇 배 더 큰지 알아보고, 각자의 해결 과정을 설명해보자. (   ) 배

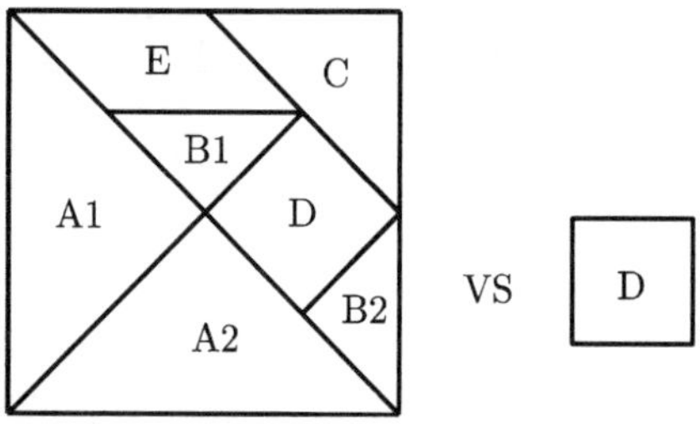

3) 탱그램의 활용[9]

(1) 탱그램에서 숨은 직각 찾기와 직각 만들기

탱그램의 각 조각에서 직각을 찾고, 각각의 조각을 이용하여 직각을 만들 수 있다.

활동 1 **탱그램의 각 조각에서 직각 찾기**

탱그램은 두꺼운 종이나 나무판을 직선으로 잘라 7조각의 기본 도형을 만들어 다양한 모양의 도형을 만들 수 있다. 각 조각들의 특징을 살펴보도록 하자.

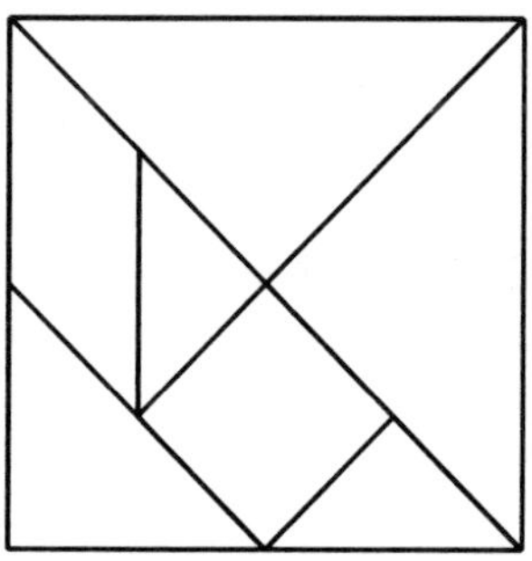

9) 3학년 수학영재 프로그램, 대구광역시 교육청(2010)

- 탱그램을 구성하고 있는 7개 조각들의 특징을 말해보자.

  특징 1:

  특징 2:

  특징 3:

- 조각 모양에 따라 직각이 몇 개 있는지 말해보자.

활동 2 탱그램 조각을 이용하여 직각 만들기

① 7가지 모양의 탱그램 조각에는 다양한 각이 숨어 있다. 이를 이용하여 탱그램 조각 몇 개를 사용하여 다양한 개수의 직각을 만들어보자.

- 탱그램 조각 2개를 사용하여 직각의 개수가 2개가 되도록 만들어보자.

- 탱그램 조각 2개를 사용하여 직각의 개수가 3개가 되도록 만들어보자.

- 탱그램 조각 2개를 사용하여 직각의 개수가 4개가 되도록 만들어보자.

② 탱그램 조각 3개를 사용하여 여러 개의 직각을 만들어보자.

- 탱그램 조각 3개를 사용하여 직각의 개수가 3개가 되도록 만들어보자.

- 탱그램 조각 3개를 사용하여 직각의 개수가 4개가 되도록 만들어보자.

- 탱그램 조각 3개를 사용하여 직각의 개수가 5개가 되도록 만들어보자.

(2) 도형의 합성 분해를 통한 공간감각 기르기

활동 1 **새로운 도형 만들기**

① 주어진 칠교 조각을 사용하여 아래의 [조건]에 따라 만들 수 있는 도형을 모두 찾아 그려보자.

[조건 1] 길이가 같은 변끼리만 연결할 수 있다.

보기)

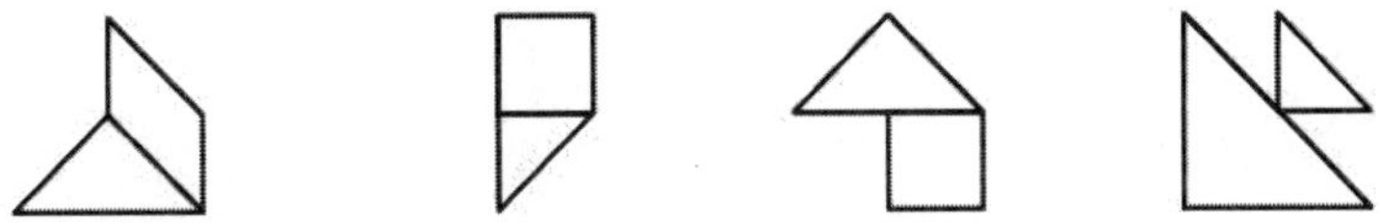

(○) (○) (×) (×)

[조건 2] 뒤집거나 돌렸을 때 모양이 같으면 한 가지로 본다.

보기) 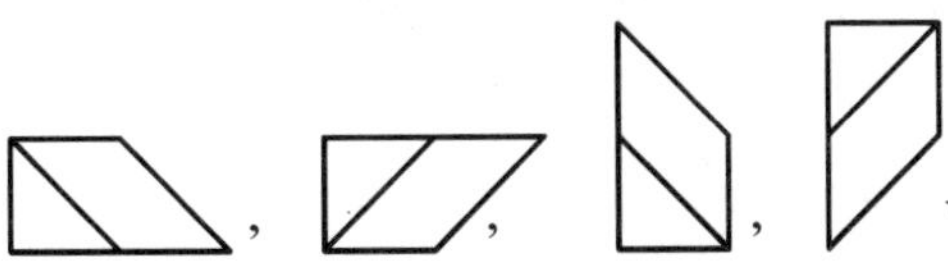 은 모두 같은 모양으로 본다.

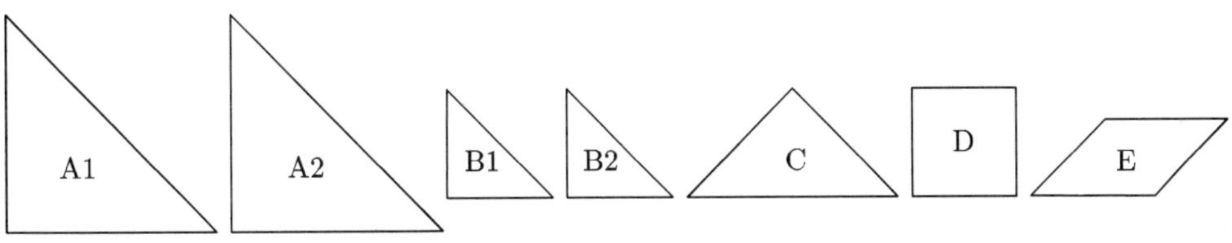

〈칠교놀이 7조각〉

② ‘A1’, ‘A2’ 조각으로 만들 수 있는 도형을 모두 찾아보자.

③ ‘C’, ‘E’ 조각으로 만들 수 있는 도형을 모두 찾아보자.

④ ‘B1’, ‘B2’, ‘D’ 조각으로 만들 수 있는 도형을 모두 찾아보자.

활동 2 여러 가지 다각형 만들기

탱그램을 이용하여 직각삼각형, 직사각형, 정사각형, 평행사변형, 사다리꼴, 오각형, 육각형 등 여러 가지 다각형을 만들어 보고 다각형의 성질을 조사하게 한다.

① 칠교 조각을 사용하여 주어진 도형을 만들어보자.

- 2개의 탱그램 조각을 사용하여 정사각형을 만들어보자.

- 4개의 탱그램 조각을 사용하여 정사각형을 만들어보자. 5개의 탱그램 조각을 이용하여 정사각형을 만들 수 있을까?

- 탱그램 조각을 사용하여 만들 수 있는 정사각형은 모두 몇 개일까?

② 아래 조건에 따라 주어진 도형을 만들어보자.

- 3개의 조각을 사용하여 직각삼각형을 다양한 방법으로 만들어보자.

- 4개, 5개의 조각을 사용하여 등변사다리꼴을 만들어보자.

• A1, A2를 제외한 5개의 조각을 사용하여 직각삼각형, 직사각형, 정사각형을 만들어보자.

(3) 숫자 만들기와 그림자 덮기

① 칠교 조각 7개를 모두 사용하여 아래의 숫자 모양을 덮어보자.

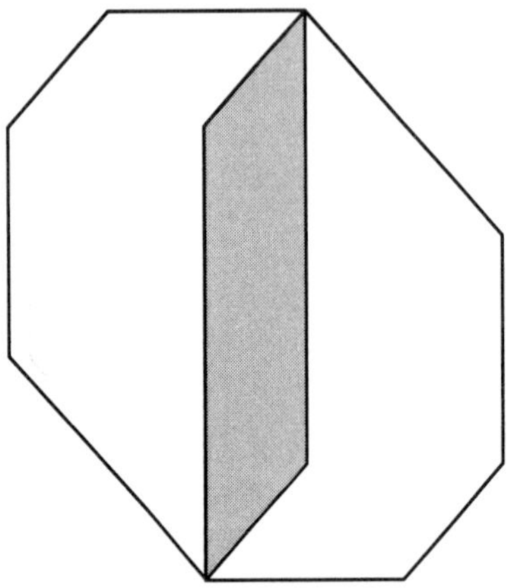

〈숫자 0〉

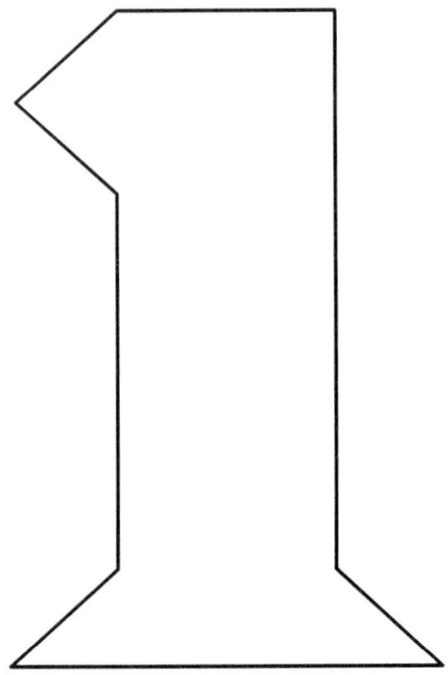

〈숫자 1〉

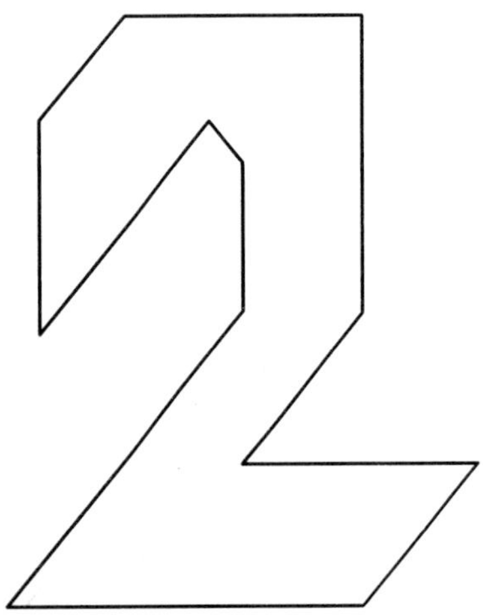

〈숫자 2〉

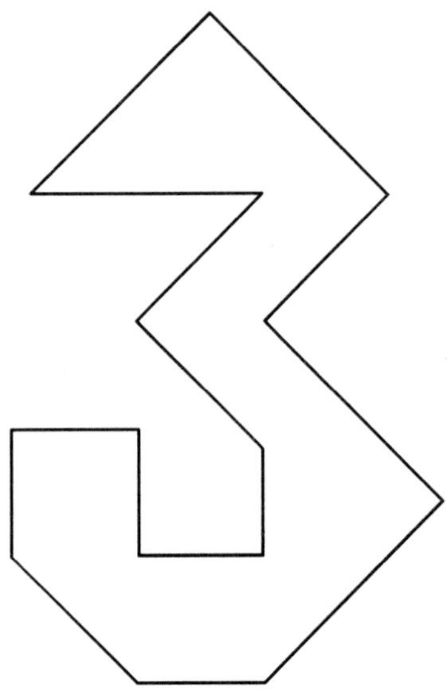

〈숫자 3〉

② 다음 그림자에 맞도록 탱그램 조각을 맞추어보자.

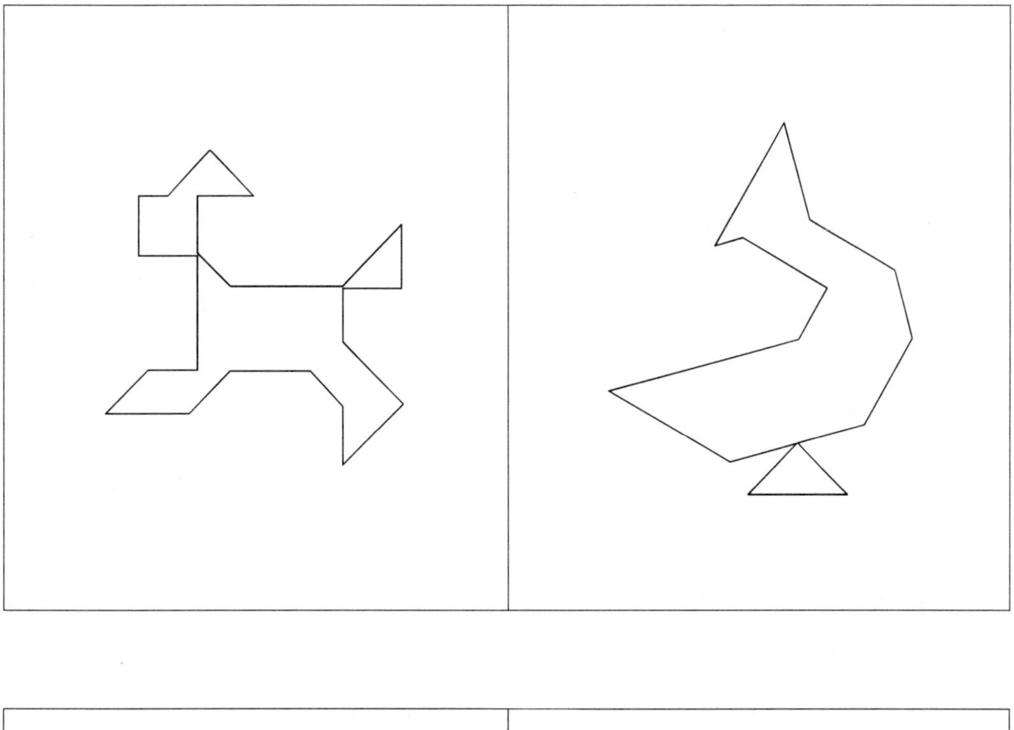

(4) 둘레와 넓이 지도[10)]

활동 1 주어진 둘레를 가진 도형 만들기

㉠

칠교판은 퍼즐의 일종으로 3종류의 직각이등변삼각형과 평행사변형, 정사각형으로 이루어진 7조각의 퍼즐이다. 우리나라에서는 '칠교놀이'라는 이름으로 알려져 있다. 중국에서는 이미 5천 년 전부터 놀이로 이용되고 있으며 '지혜판', '유객판'이라고도 한다.

㉡

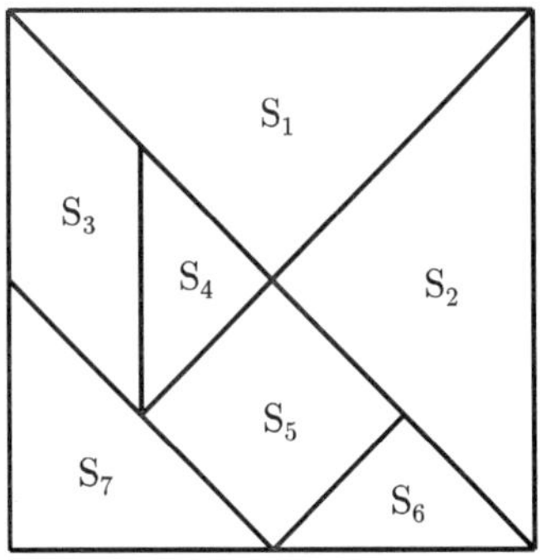

① 칠교판 조각 중 정사각형(S_5)의 한 변의 길이를 단위 길이(1)로 하여 주어진 둘레를 가진 도형을 만들어보자.

- 2조각 이상 사용하여 둘레가 4인 도형을 만들어보자.

- 2조각 이상 사용하여 둘레를 2씩(6, 8 …) 늘여 가며 도형을 만들어보자.

② 모든 조각을 사용하여 둘레가 가장 긴 도형을 만들어보자.

10) 5학년 수학영재 프로그램, 대구광역시 교육청(2010)

활동 2 **가장 작은 단위 삼각형(S_4)의 넓이를 단위(1)로 하여 주어진 넓이의 도형 만들기**

① 둘레는 다르지만 넓이가 2인 도형을 만들어보자.

② 둘레는 다르지만 넓이가 3, 4, 5, 6… 인 도형을 만들어보자.

읽을거리

고대 중국의 퍼즐 게임인 탱그램은 지그소(jigsaw, 끼워 맞추어 본래의 그림을 만드는 어린이 장난감, 놀이, picture puzzle) 퍼즐의 한 종류이다. 기본적으로 5개의 삼각형, 1개의 평행사변형, 1개의 정사각형으로 이루어진 모두 7개의 조각 퍼즐이다. 이를 통하여 크기와 모양 비교, 도형의 성질, 합동, 닮음, 대칭, 변환, 공간지각력 등을 기를 수 있다.

일곱 조각이라 '칠교판'이라 부르기도 하며, 교과서에는 도형판으로 표기되어 있다. 이런 탱그램의 역사는 아주 오래되어, 중국에서는 5천 년 전부터 즐겨왔다고 한다.

중국에서 5천 년 전 탄에 의하여, 각각 1000개의 모형을 수록한 탱그램 7권이 편찬되었다. 탱그램의 목적은 45도나 90도 각도로 자른 각 변이 직선인 7개의 조각을 가지고 하나의 모형을 만드는 것이다. 많은 수학자들은 '그 단순한 그림들은 일정한 수의 평면기하학의 도형을 예시하는 데는 아주 적합하다'고 말하고 있다.

한정된 같은 수의 조각을 가지고 어떤 새로운 독창적인 모형을 고안할 수 있는 것인가가 탱그램의 매력이라 할 수 있다. 이와 같이 중국에서 5천 년 전부터 즐겨왔던 이 칠교놀이는 우리나라에도 전래되어 우리들의 조상들이 그 놀이를 즐겨한 것으로 전해져 오고 있다.

3 폴리아몬드(Polyamond)

1) 폴리아몬드는 어떤 교구인가?

폴리아몬드란 몇 개의 정삼각형을 붙여서 다양한 모양을 만드는 것을 말한다. 초등학교의 도형영역의 지도에서 학생들에게 이러한 폴리아몬드를 조작하는 활동을 함으로써 학생들의 도형감각과 공간감각 및 공간추리력을 키울 수 있고, 흥미와 동기 유발에 유익한 소재가 될 수 있다. 또한 초등학교 정규 수업시간에 배운 도형에 관한 지식을 폴리아몬드의 조작을 통해 다양하게 활용할 수 있는 기회도 제공할 수 있다.

2) 폴리아몬드 만들기

▎준비물: 색종이, 가위, 풀, 도화지

3) 폴리아몬드의 활용

(1) 새로운 도형 만들기로 공간감각 기르기

① 정삼각형 조각 5개를 사용하여 [보기]처럼 변과 변이 서로 일치하게 붙여서 만들 수 있는 서로 다른 모양을 모두 만들어서 붙여보자. 그리고 그 결과를 뒤에 주어진 [보충학습지]에 그려 넣어보자.

〈보기〉

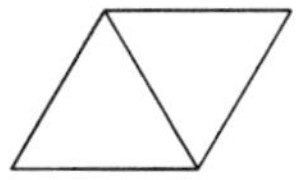

돌리기, 뒤집기의 조작으로 일치하면 같은 모양으로 취급한다. 정삼각형 5개를 서로 붙여서 만든 도형을 펜티아몬드라고 한다.

② 펜티아몬드 조각을 사용하여 사다리꼴 모양을 만들어 보고 그려보자.

③ 크기가 같은 정삼각형 4개를 이용하여 각각의 변끼리 서로 연결하여 만들 수 있는 도형이 몇 개 있는지 모두 구해보자.

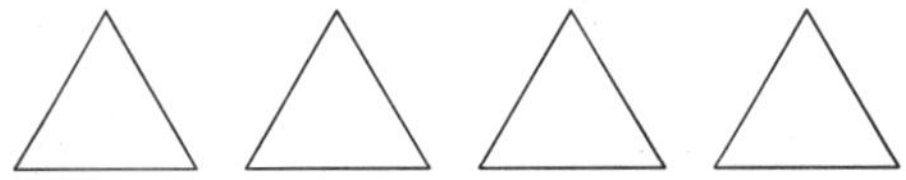

(2) 도형의 합성과 분할을 통해 넓이의 보존개념 이해하기

① 정삼각형 12개를 붙여 다음과 같은 그림을 만들었다. 크기와 모양이 같은 4부분으로 나누어보자.

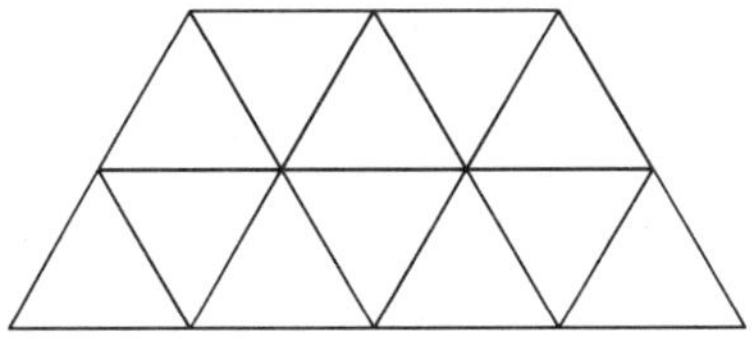

② 정삼각형 20개를 붙여 다음과 같은 그림을 만들었다. 다음을 크기와 모양이 같은 2부분으로 나누어보자.

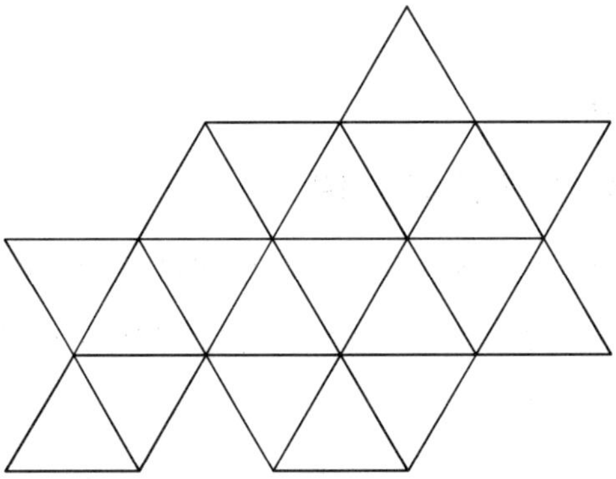

(3) 합동인 도형으로 퍼즐 만들기

① 합동인 정삼각형 4개를 대응변끼리 붙여 서로 다른 모양이 모두 몇 가지 나오는지 구하고, 그 모양을 그려보자.

답: ________ 가지

합동인 정삼각형 4개를 대응변끼리 붙여 만들 수 있는 모양

② 합동인 정삼각형 5개를 대응변끼리 붙여 서로 다른 모양이 모두 몇 가지 나오는지 구하고, 그 모양을 그려보자(단, 뒤집거나 돌려서 모양이 같은 것은 한 가지로 생각한다).

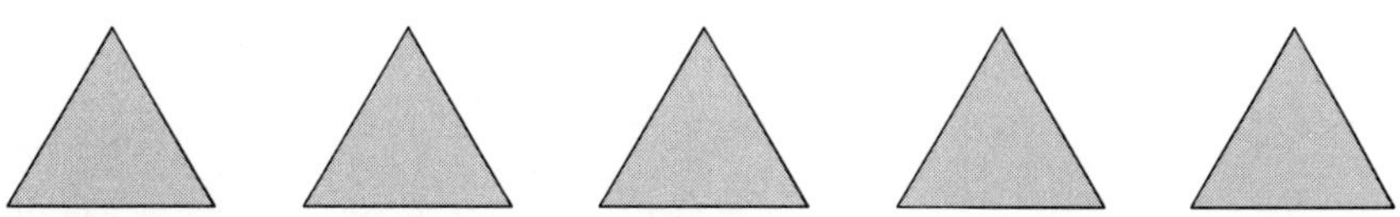

보충학습지

4 도미노(Domino)

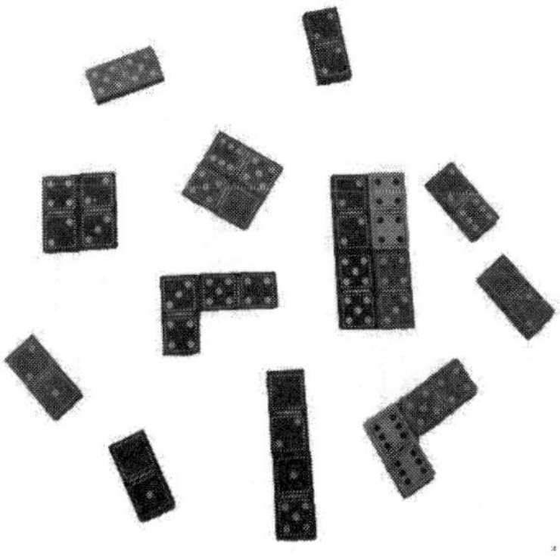

1) 도미노는 어떤 교구인가?

도미노는 18세기 이탈리아에서 유래한 놀이의 일종이다. 오늘날 흔히 말하는 조그만 조각들을 연달아 늘어놓았다 한번에 넘어뜨리는 놀이는 이 도미노 놀이의 변형이다. 도미노는 작은 직육면체 조각 위에 정사각형 2개가 그려져 있고, 그 위에 주사위의 눈금과 같은 모양의 눈금이 그려져 있다. 정사각형 안의 눈금의 모양에 따라 6-6 도미노, 9-9 도미노, 그림-그림 도미노 등의 여러 가지가 있으나 일반적으로는 주사위 모양의 눈금이 그려진 6-6 도미노가 가장 많이 이용된다. 단, 주사위 눈금과의 다른 점은 눈금이 없는 경우(0)도 생각한다는 것이다.

(1) 6-6 도미노를 찾아보자. 모두 몇 가지가 있을까? 아래의 네모 칸 안에 직접 그려가며 찾아보자. 단, 정사각형 안에 최대 6개의 점이 들어 있다.

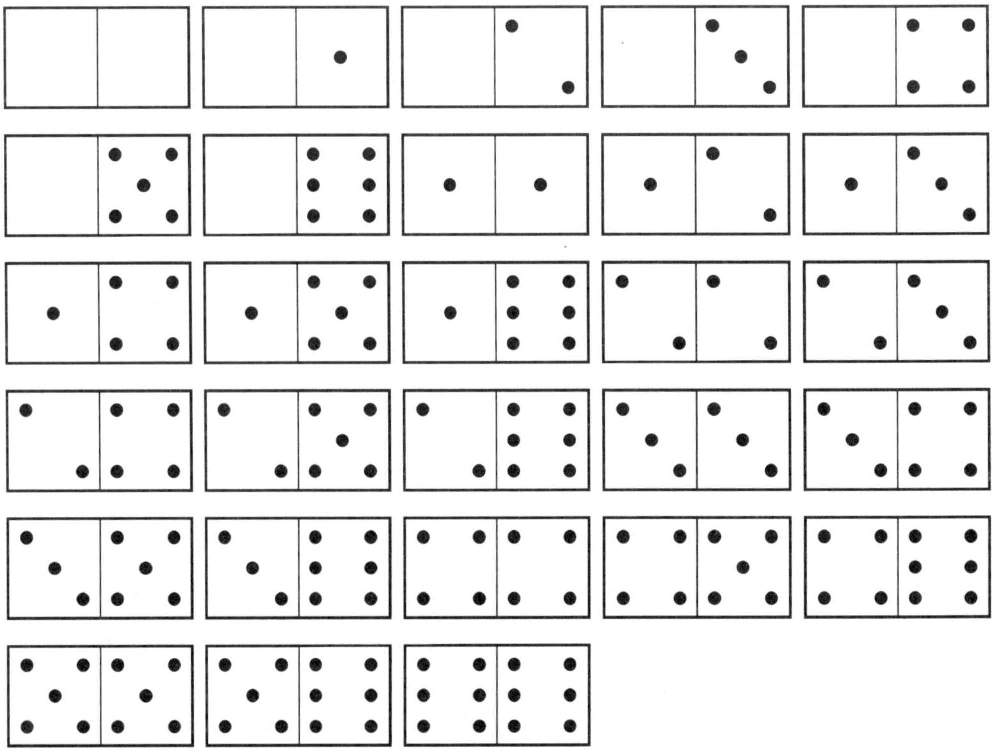

[참고] 위의 그림에서 알 수 있는 것처럼 예를 들어 2-6 도미노와 6-2 도미노는 같은 모양으로 취급하여 중복되는 도미노가 없도록 하면 총 28개의 6-6 도미노를 찾을 수 있음을 알 수 있다.

(2) 9-9 도미노를 찾아보자. 모두 몇 가지가 있을까? 아래의 네모 칸 안에 직접 그려가며 찾아보자. 단, 정사각형 안에 최대 9개의 점이 들어 있다.

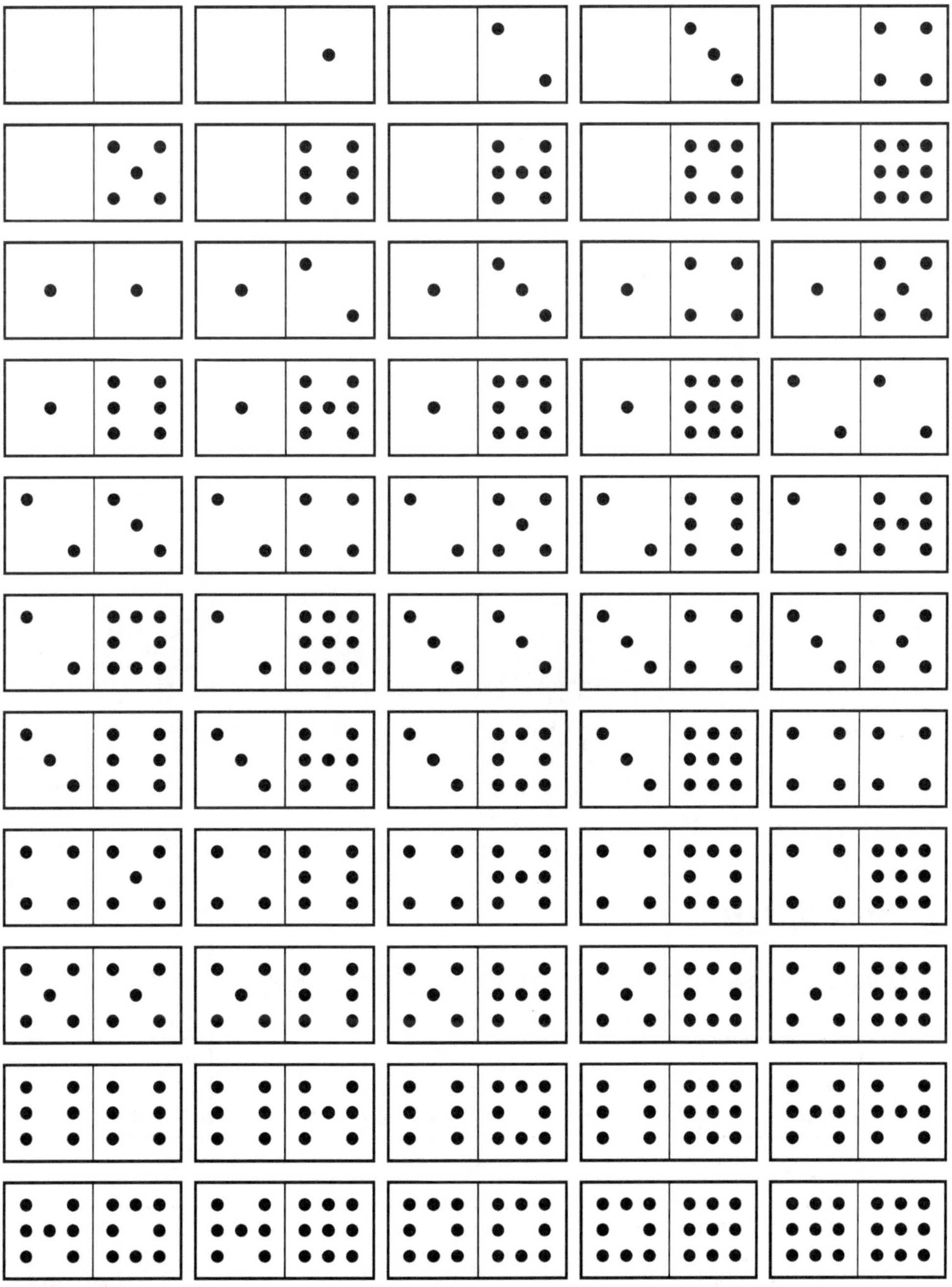

[참고] 위의 그림에서와 같이 총 55개의 9-9 도미노를 찾을 수 있음을 알 수 있다.

2) 도미노를 활용한 수업에서의 유의점

(1) 수업 방법

도미노를 활용할 시에는 사전에 아이들에게 0-0(합0)부터 6-6(합12)의 순서로 도미노를 배열시키는 활동을 먼저 해봄으로써 도미노를 활용한 각 활동에서 특정한 도미노를 빠르고 쉽게 찾을 수 있게 된다.

도미노의 원리를 파악하는 활동을 하기 위하여 초등학교에서는 쉽게 접근할 수 있는 6-6 도미노를 활용하는 것이 편리하다. 그리고 도미노로 간단하게 의미를 부여하여 수학적 계산이 가능하다는 것을 보여주도록 한다.

(2) 수업의 주안점

도미노 실물 자료를 비치하여 실제로 사용하면서 문제를 해결해보는 활동이 바람직하나 여건이 여의치 않을 때는 다른 자료에 첨부되어 있는 도미노를 잘라서 활용할 수도 있다. 도미노를 사용하여 능숙하게 문제해결이 가능하면 실물자료를 사용하지 않고도 문제를 해결할 수 있도록 하는 것도 좋은 방법이 된다.

(3) 교사의 역할

학생들이 스스로 도미노의 원리를 파악하여 활동적인 수업이 되도록 해야 한다. 혹시 교사가 도미노를 사용한 문제해결방법에 적극적으로 참여하여 활동에 방해가 되지 않도록 해야 할 것이다. 먼저 도미노를 관찰할 수 있는 시간적인 여유를 제공하고 원리를 스스로 파악할 수 있도록 한다.

3) 도미노의 활용

(1) 도미노의 점을 그려 넣어 한 자리 수의 덧셈식과 뺄셈식을 완성해보자.

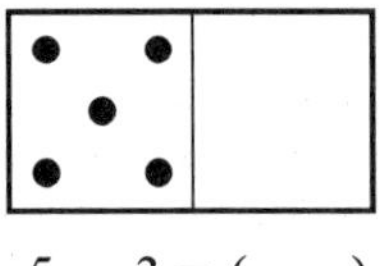

5 − 3 = (　　)

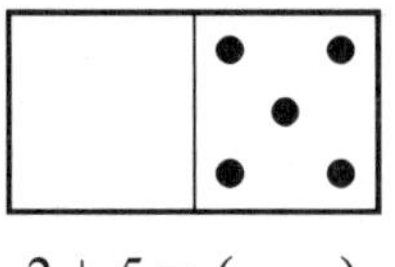

2 + 5 = (　　)

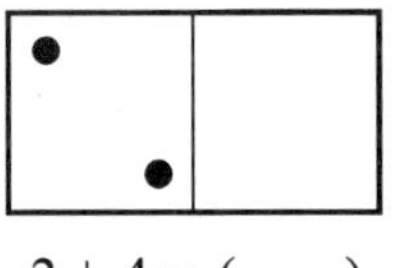

2 + 4 = (　　)

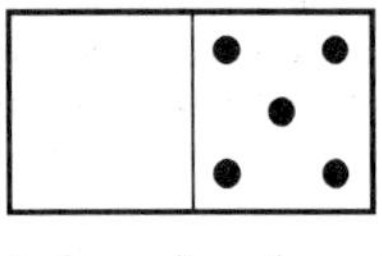

3 + (　　) = (　　)

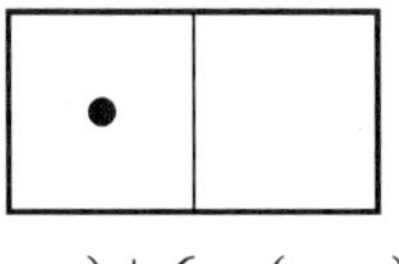

(　　) + 6 = (　　)

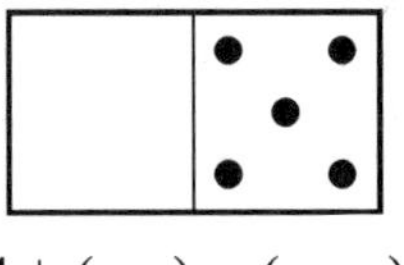

4 + (　　) = (　　)

(2) 차가 4인 도미노 그리기

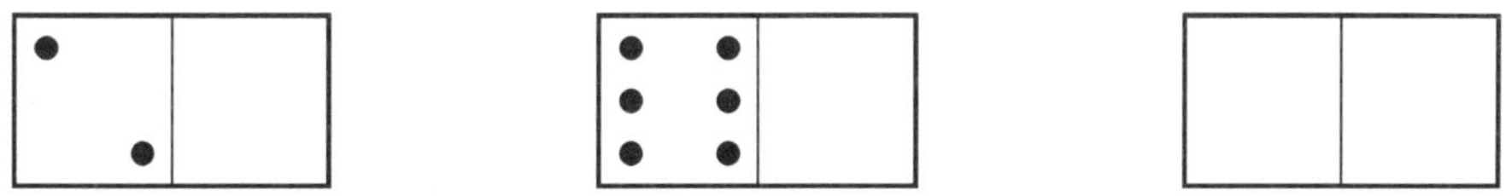

(3) 두 자리 수의 자릿값 지도와 덧셈 뺄셈

① 6-6 도미노에서 두 자리 수의 자릿값 지도

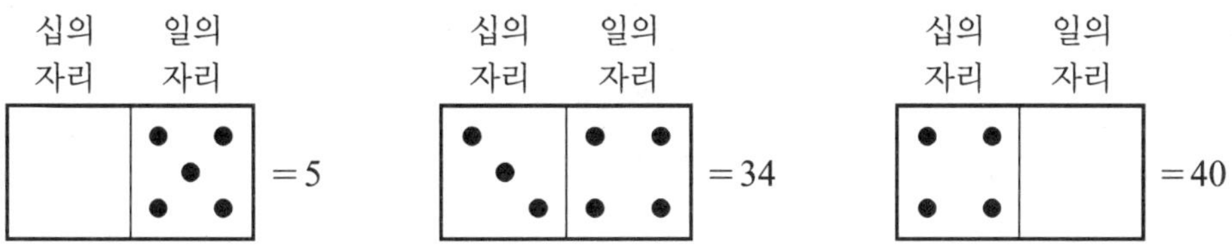

② 세로셈 식에서의 덧셈, 뺄셈

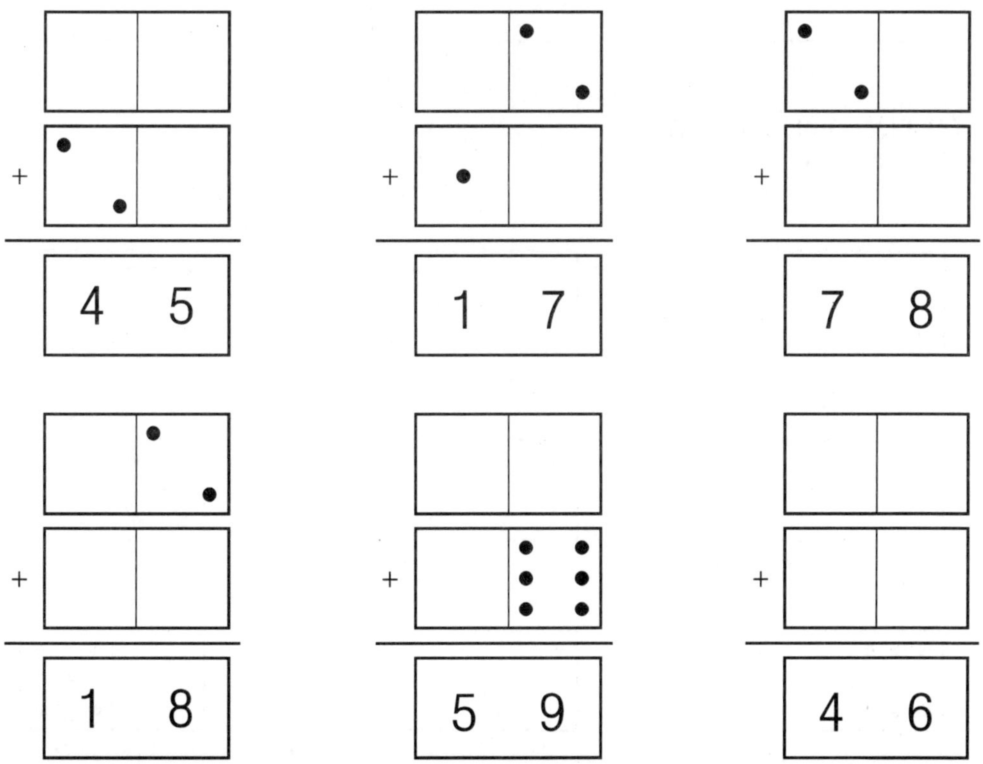

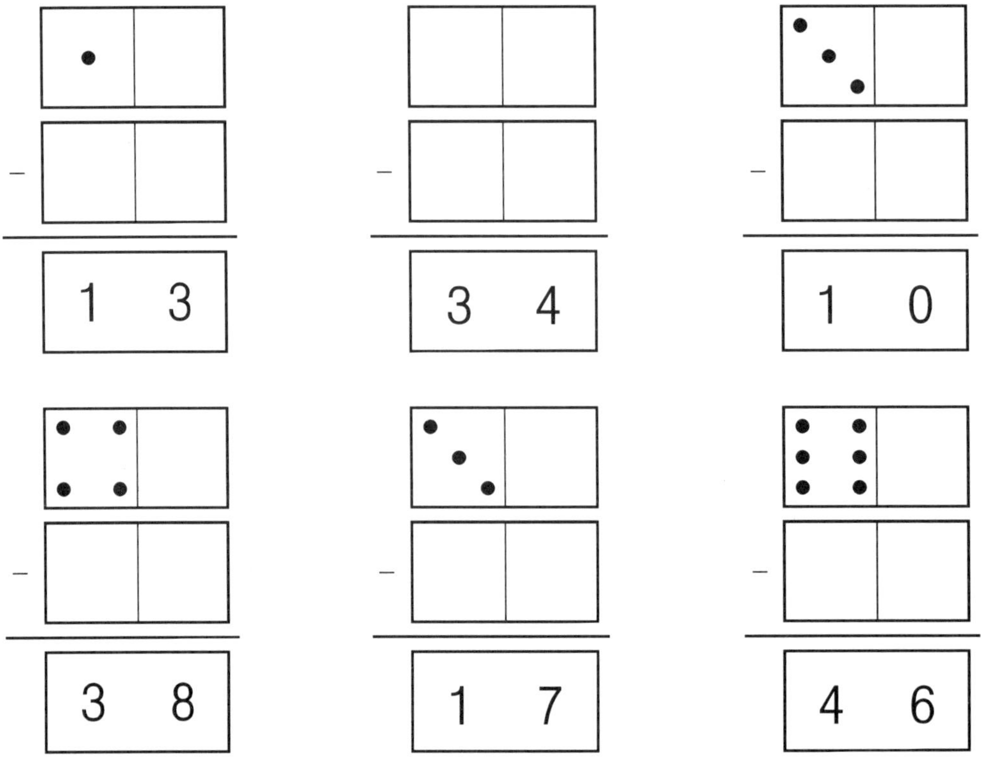

(4) 이상, 이하, 초과, 미만

다음 문제에 적합한 도미노를 찾아 점을 그려 넣고, 식을 완성해보자.

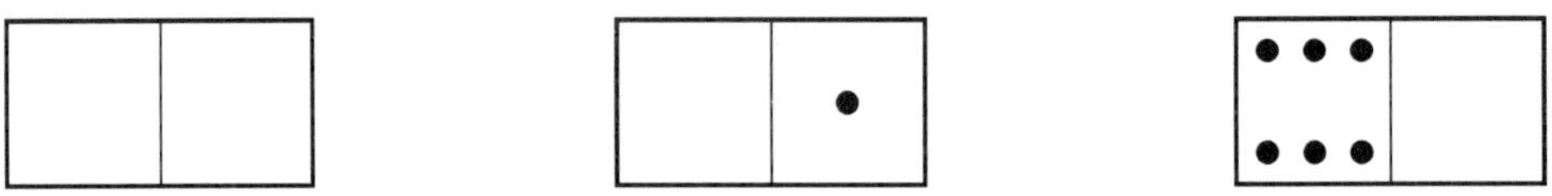

___ + ___ < 1　　　　___ + ___ ≤ 1　　　　___ + ___ > 8

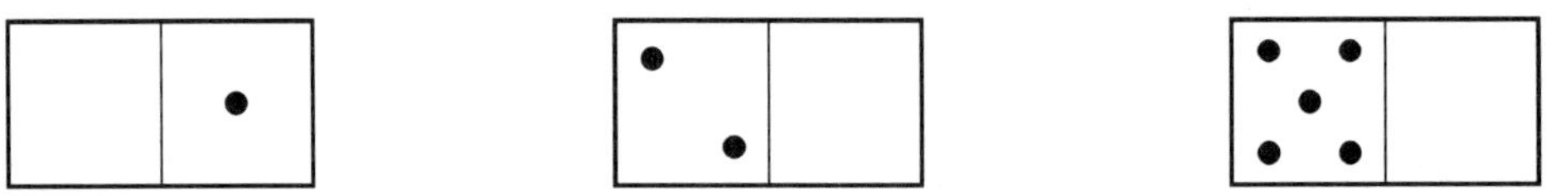

___ + ___ < 5　　　　___ + ___ < 3　　　　___ + ___ ≥ 7

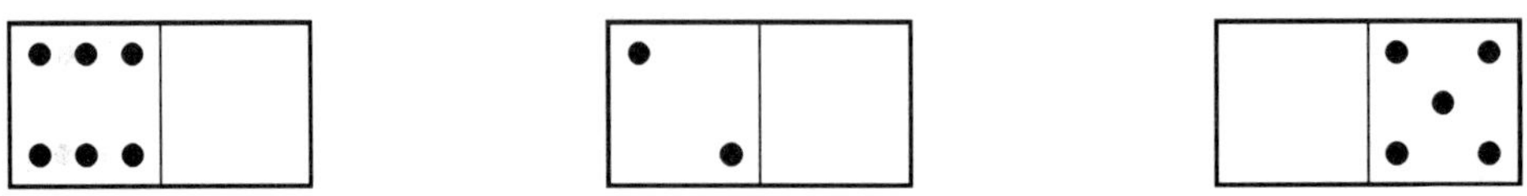

___ + ___ ≥ 11　　　　___ + ___ < 4　　　　___ + ___ > 9

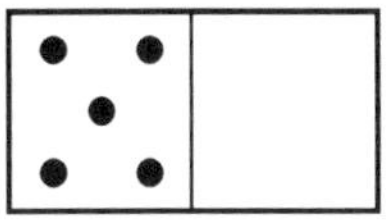

$4 < \_\_ + \_\_ < 6$

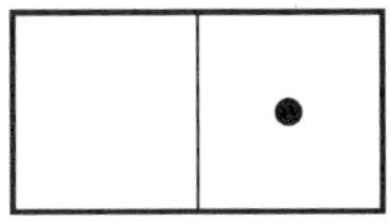

$4 < \_\_ + \_\_ < 7$

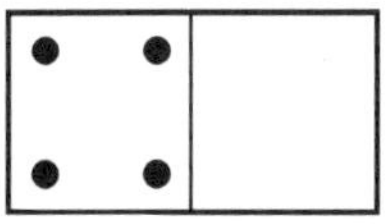

$7 < \_\_ + \_\_ < 10$

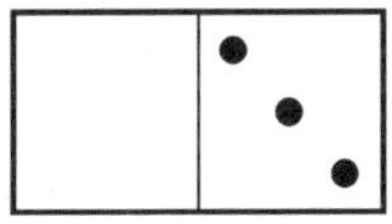

$6 < \_\_ + \_\_ < 9$

(5) 분수에의 활용

도미노를 이용하여 분수 읽기, 분수의 크기 비교, 분수의 사칙연산을 할 수도 있다. 이 경우 도미노를 이용하여 어떻게 분수를 나타낼 것인가가 문제이다. 도미노를 가지고 분수를 표현하는 방법은 여러 가지로 생각할 수 있는데 도미노를 세로로 놓고 아래 부분이 분모, 윗부분이 분자가 되게 읽을 수 있다. 또한 도미노를 아래위로 가로로 2개를 놓고 그 합을 구하여 아래의 합을 분모로 위의 합을 분자로 하여 분수를 표현하거나 도미노 하나를 두 자리 수로 보고 분수를 표현할 수도 있다.

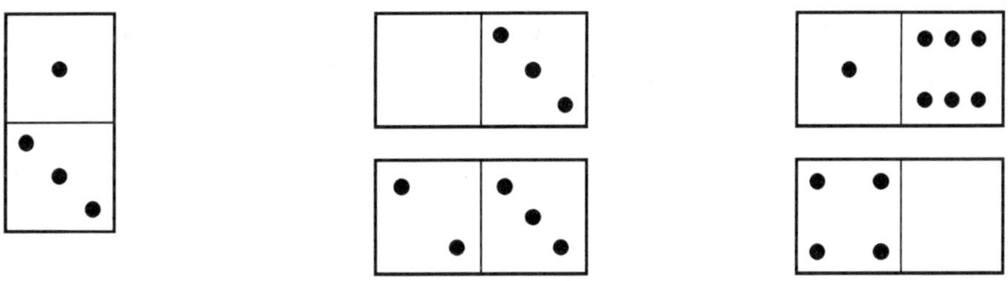

$\frac{1}{3}$ $\frac{3}{5}$ $\frac{16}{40}$

[그림 2-10] 도미노의 분수 표시

① 동치 분수 찾기

$\frac{1}{2}$과 크기가 같은 분수를 나타내는 도미노를 3개 찾고 그 도미노가 나타내는 분수를 써 보자.

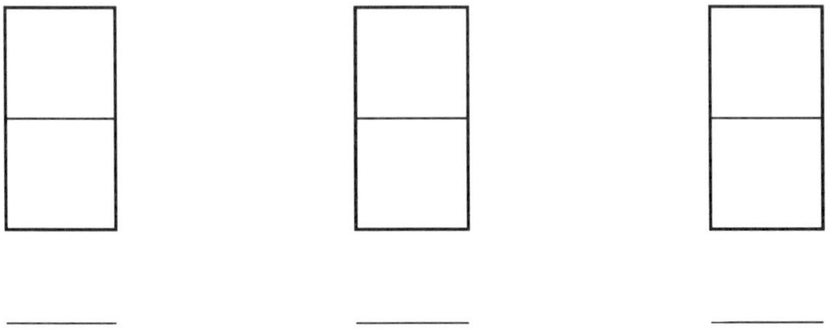

② 분수의 크기 비교

$\frac{1}{4}$보다 크거나 같고 $\frac{3}{4}$보다 작은 분수를 나타내는 도미노 6개를 찾아보자.

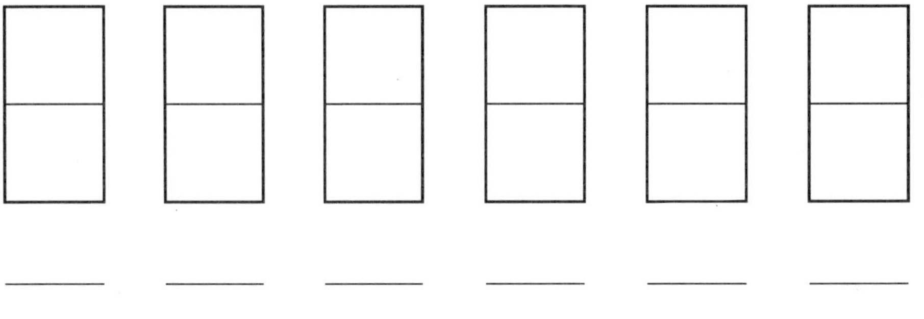

③ 분수의 사칙 연산

도미노를 이용한 분수의 사칙연산은 아이들이 분수의 덧셈, 뺄셈, 곱셈, 나눗셈 알고리즘을 학습한 후에 가능하다. 이를테면, 도미노를 3개 주고 아이들에게 이 3개의 도미노로 문제와 계산결과가 나올 수 있는 분수의 덧셈, 뺄셈, 곱셈, 나눗셈을 만들고 식을 세우게 한다. 이때 도미노를 이용하여 계산결과를 나타내는 경우에는 가분수가 나오는 경우도 있음을 사전에 알려준다.

(예) 아래의 3개의 도미노를 사용하여 등식이 성립하도록 만들어보자.

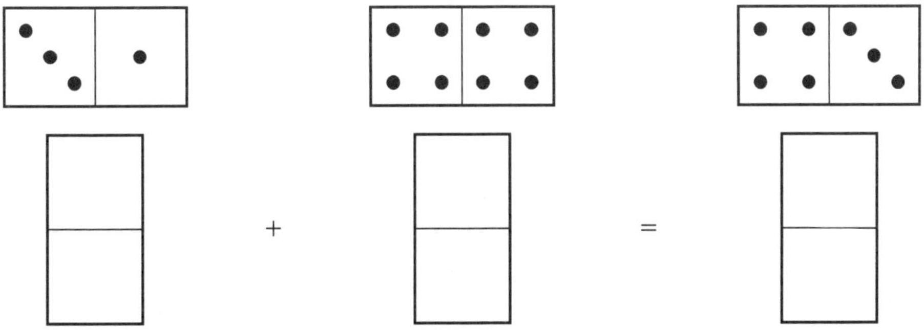

(6) 도미노 배열하기를 통한 문제해결[11]

도미노를 사용하여 주어진 모양에 가로와 세로 방향의 합이 같도록 배열하여 합을 찾아보자. 아래 그림의 예는 가로, 세로의 합이 22임을 나타낸다. 단, 정답은 여러 가지가 있다.

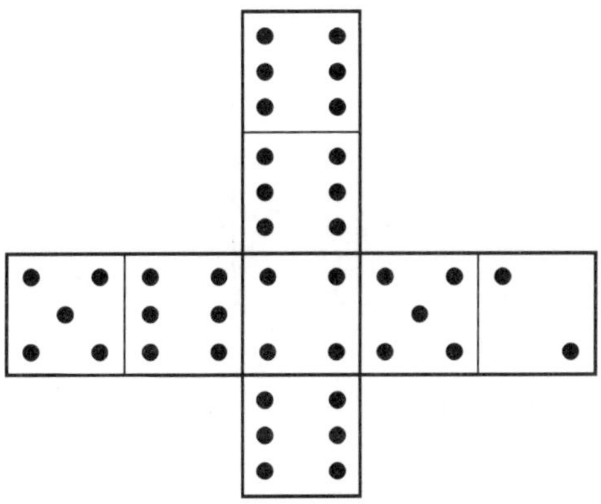

①

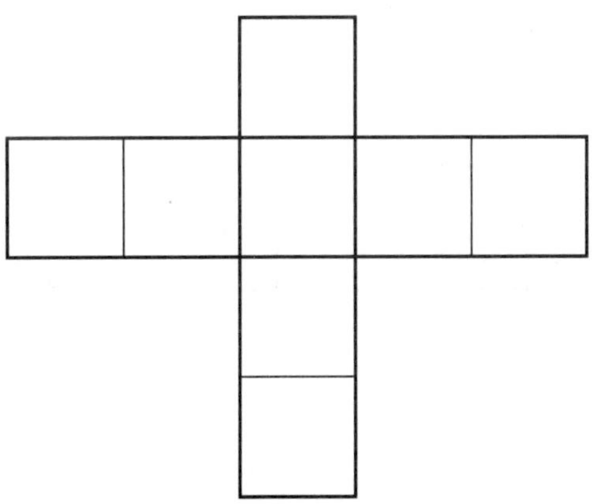

11) 4학년 수학영재 프로그램, 대구광역시 교육청(2010)

②

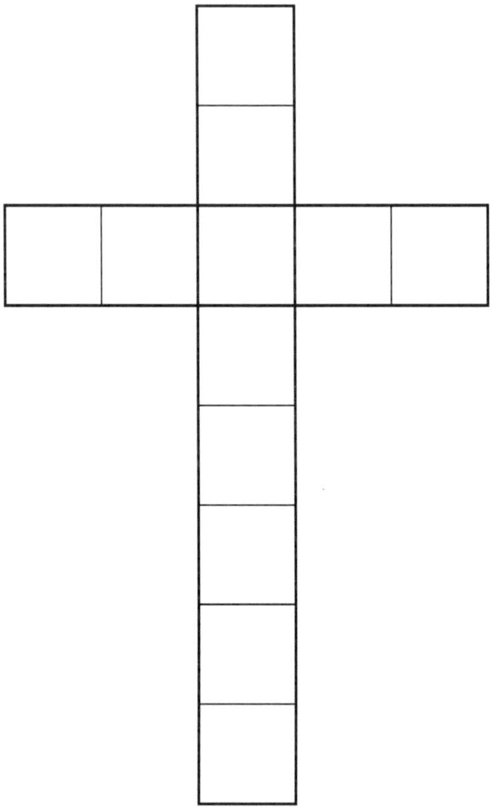

[참고] 여러 가지 배열이 나올 수 있으므로 문제해결 후 발표를 통하여 사고를 확장시킬 수 있도록 한다.

③ 아래 주어진 도미노의 배열과 같이 10개의 도미노를 사용하여 점의 합이 72가 되도록 배열해보자.

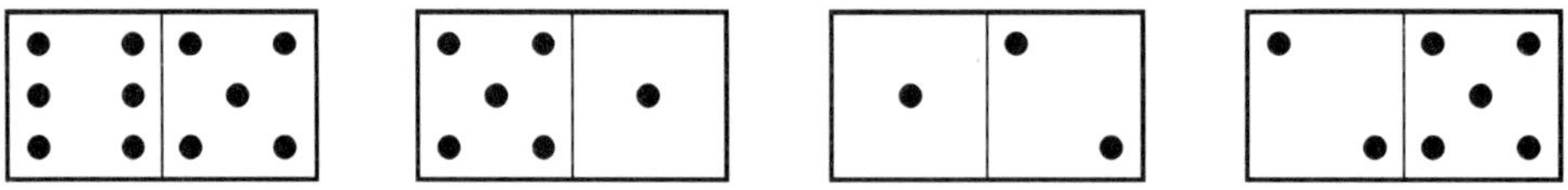 …

단, 바로 옆에 붙어 있는 도미노의 정사각형 안의 점의 수와 같도록 붙여나가야 한다. 그리고 정답은 여러 가지가 있다.

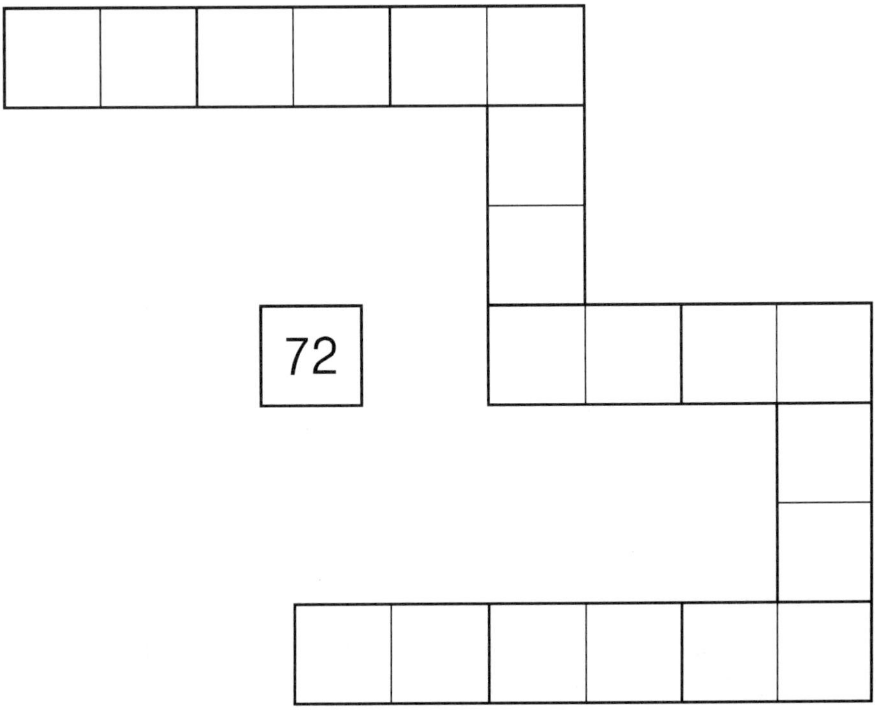

④ 10개의 도미노를 사용하여 점의 합이 66이 되도록 배열해보자.

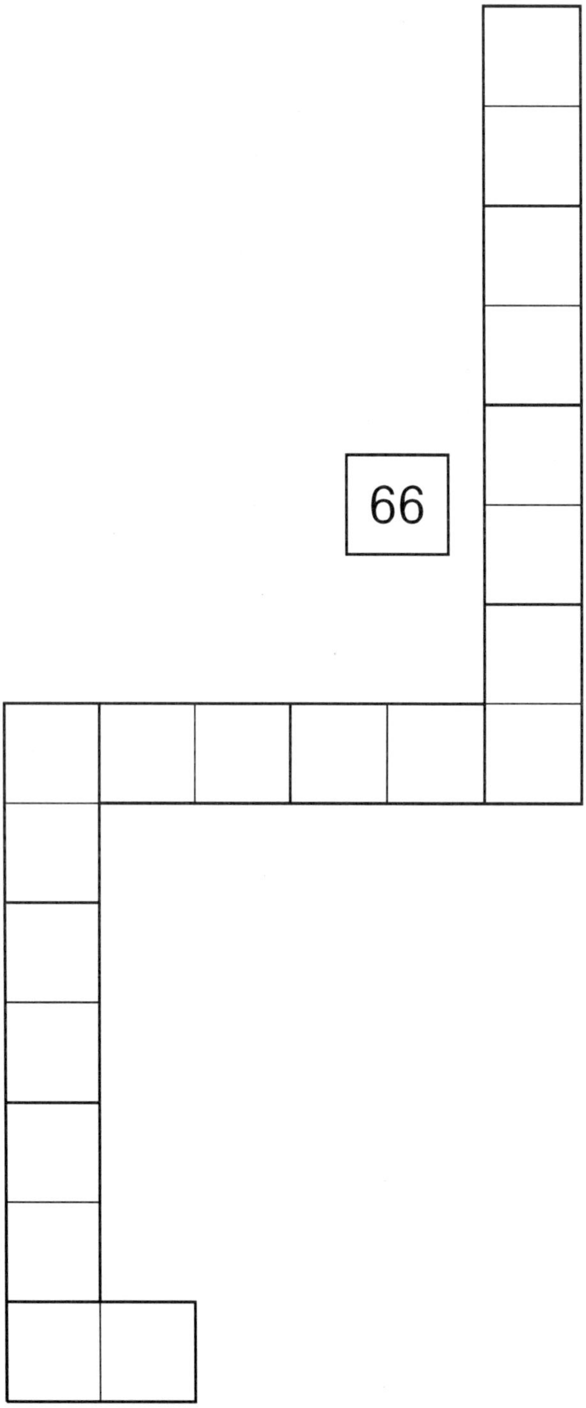

⑤ 28개의 도미노를 모두 사용하여 도미노를 배열해보자. 단, 바로 옆에 위치한 도미노정사각형 점의 수와 같도록 놓아야 한다.

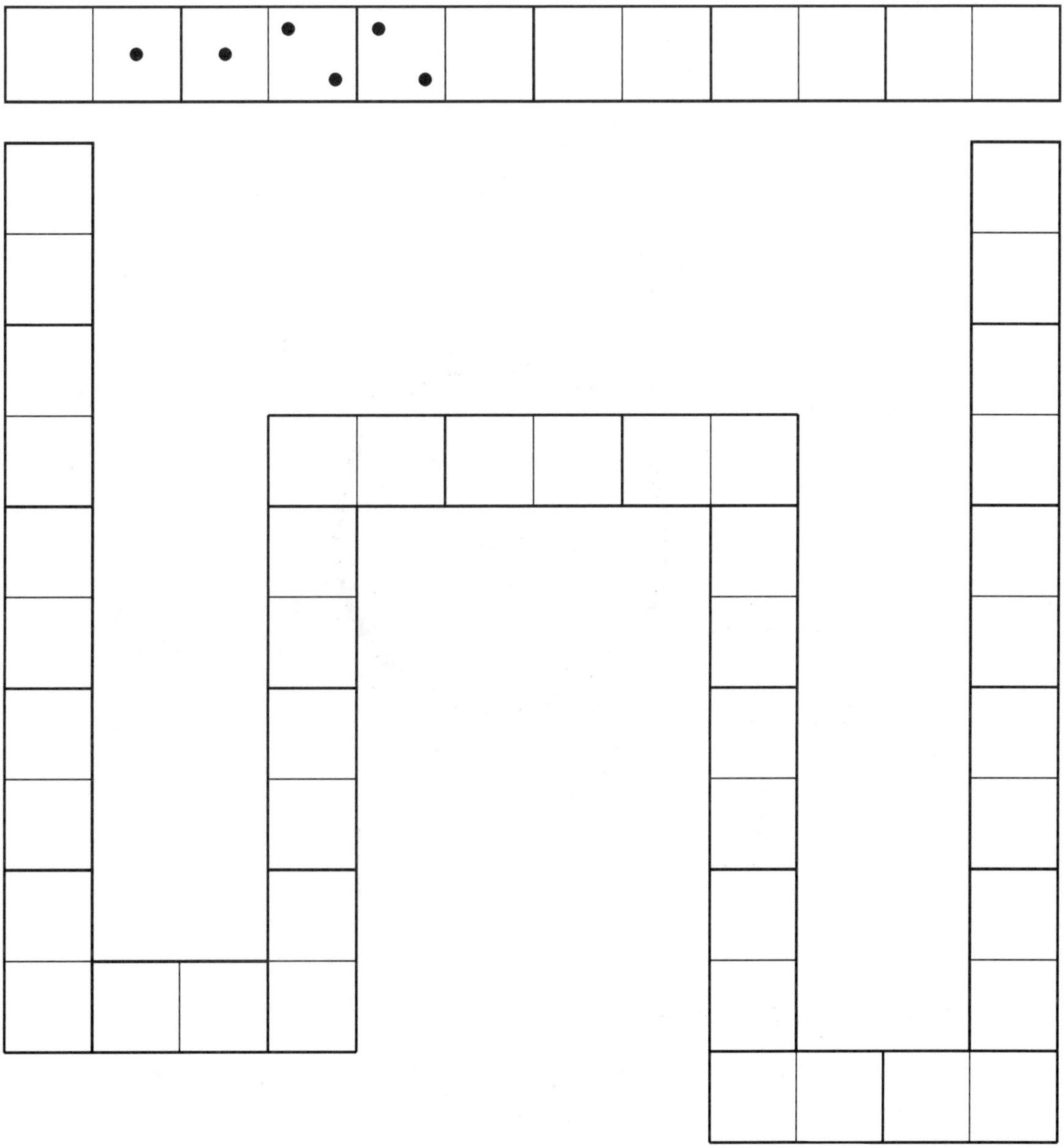

⑥ 도미노 피자 만들기

아래 그림의 도미노 12개를 이용하여 그 합이 피자 모양의 원 안의 수가 되도록 만들어 보자.

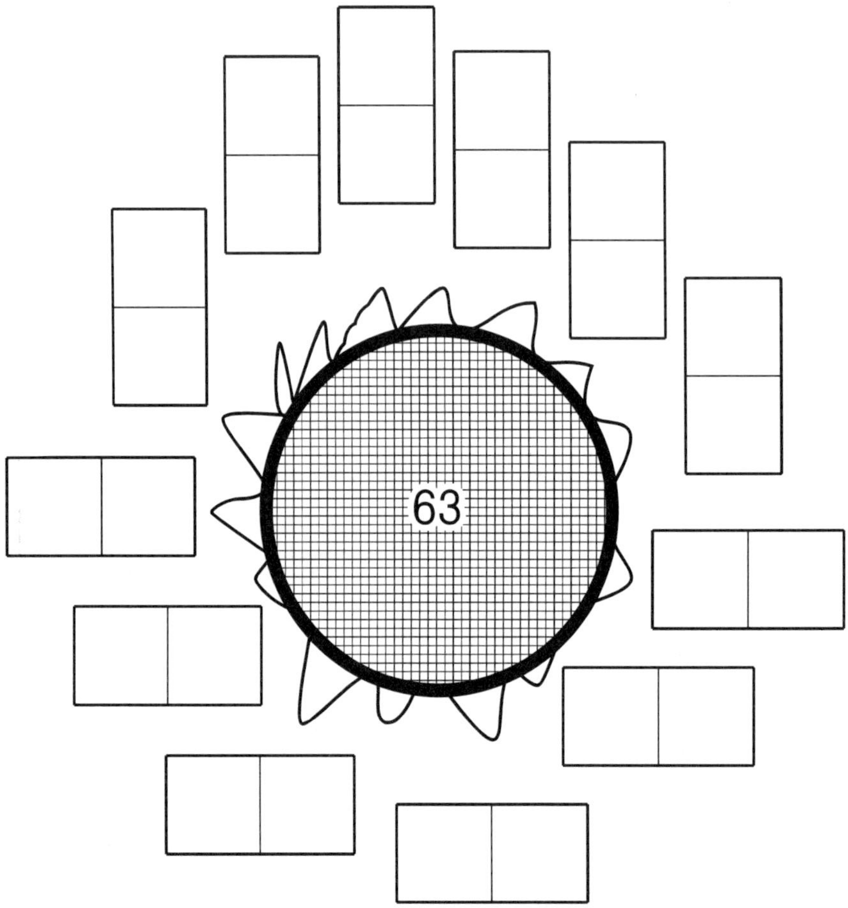

(7) 도미노 퍼즐을 활용한 문제해결[12)]

도미노를 활용하여 가로, 세로의 눈의 합이 주어진 수가 되도록 도미노를 놓아보자. 단, 28개의 도미노 중 각 1개씩만 사용할 수 있다.

12) 4학년 수학영재 프로그램, 대구광역시 교육청(2010)

①
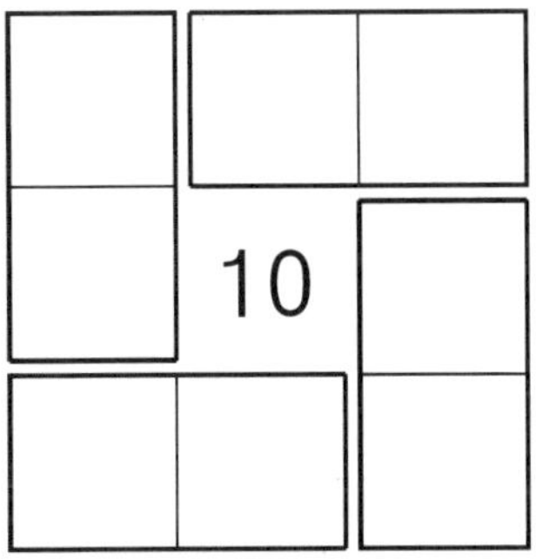

②
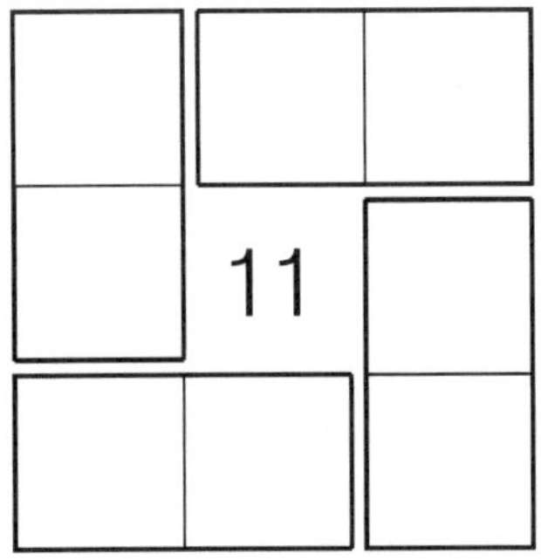

③
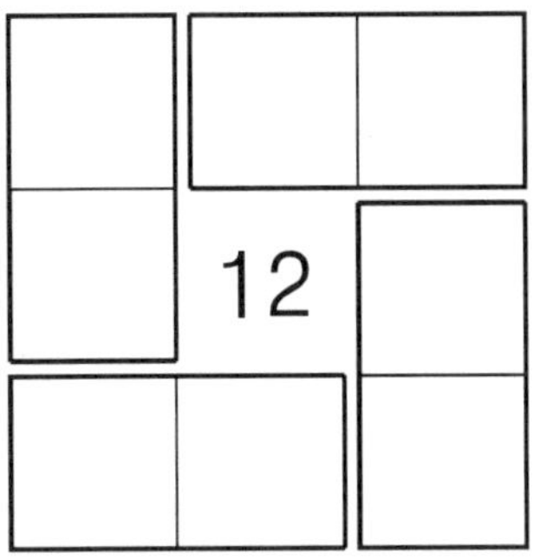

④
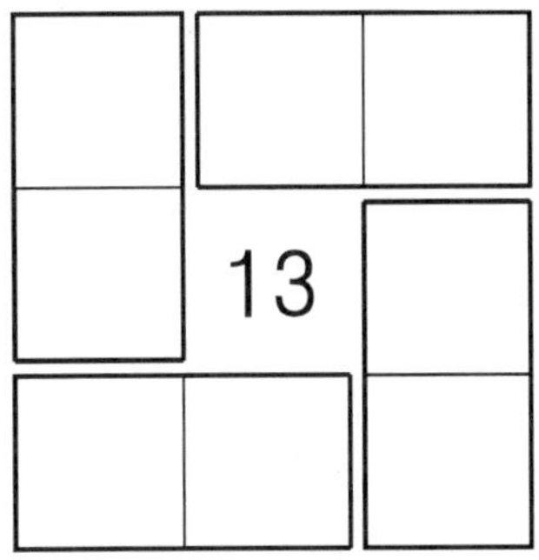

(8) 도미노 마방진[13)]

마방진이란 아래 그림과 같이 가로, 세로, 대각선 어느 방향으로 더해도 합이 같은 사각형을 말한다. 가로, 세로의 칸수에 따라 "?차 방진"이라고 부른다. 각 방진의 빈칸 안에 알맞은 도미노를 그려 넣자. 단, 28개의 도미노를 사용할 수 있고 각 1번씩 사용해야 한다.

4	9	2
3	5	7
8	1	6

13) 4학년 수학영재 프로그램, 대구광역시 교육청(2010)

① 합이 15인 3차(3×3) 방진을 해결해보자. 단, 도미노 1개를 하나의 숫자로 계산한다.

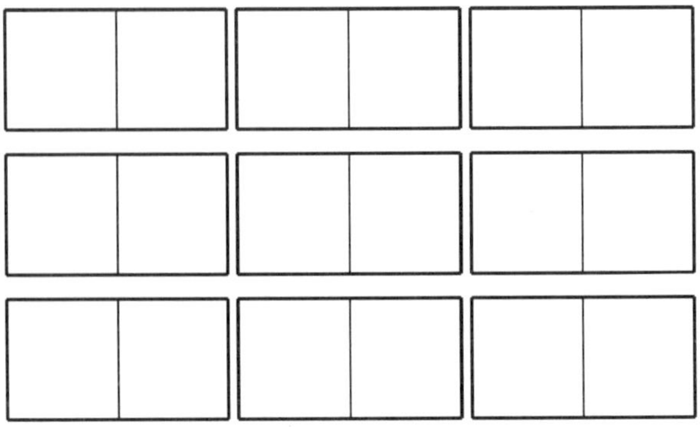

② 합이 18인 3차(3×3) 방진을 해결해보자. 단, 도미노 1개를 하나의 숫자로 계산한다.

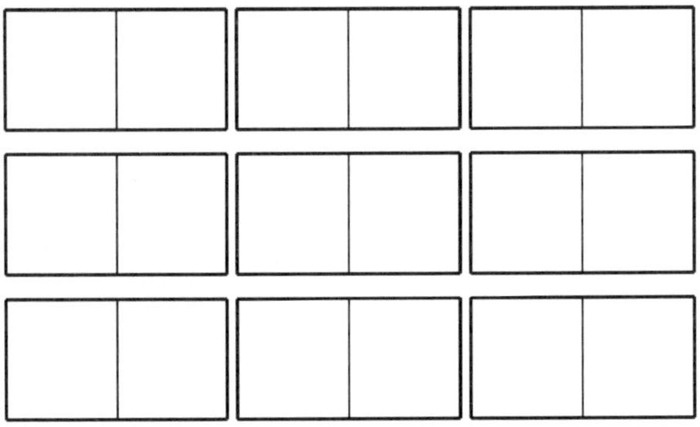

보충자료 도미노 도안

- 아래의 도미노 도안을 마분지에 붙인 후 오려내어 사용하면 된다.
- 더 큰 도미노가 필요하면 확대 복사하여 만들어 쓰면 된다.

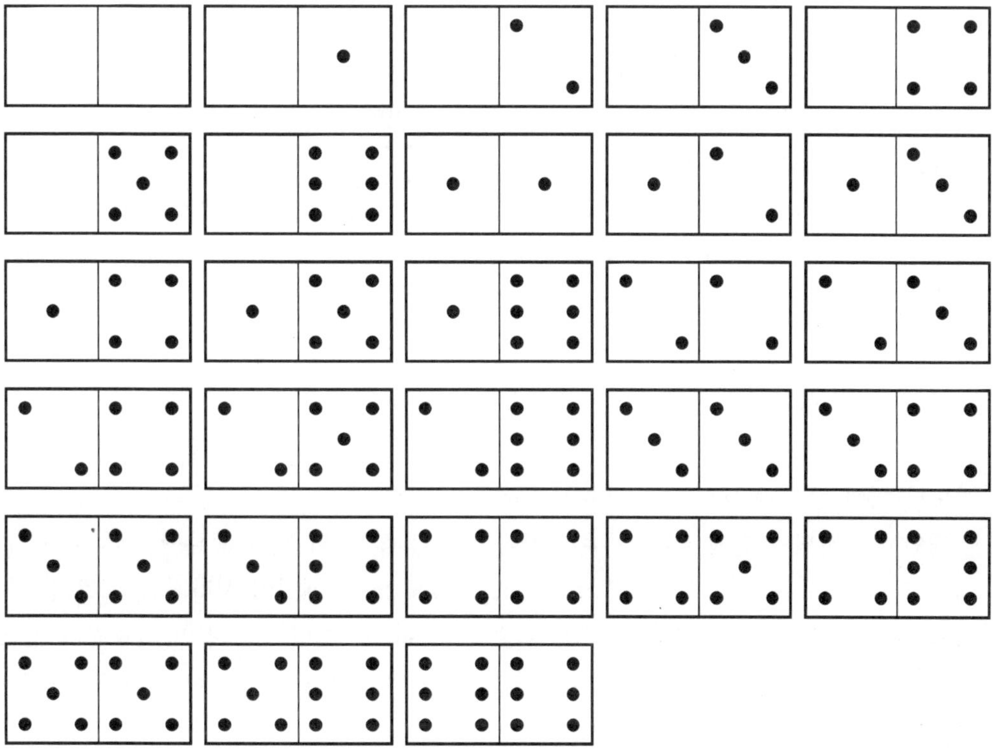

읽을거리

도미노라는 말은 원래 법의를 뜻하며, 뒷면이 고대 사제가 추운 겨울에 사용한 두건이 달린 법의를 연상케 한다는 데에서 비롯되었다고 한다. 이와 비슷한 골패 놀이는 중국에서도 옛날부터 행해졌으나, 서양식 도미노는 18세기에 이탈리아에서 고안되었으며 다이스(dice) 놀이에서 유래되었다고 한다.

도미노는 여러 가지 활용 방안이 있는데 도미노를 활용한 게임의 경우 직사각형의 패에 6개의 눈을 최고로 하는 28개의 패를 1조로 사용하는 것이 원칙이지만, 최고 9개의 눈이 있는 55개의 패를 사용하는 것도 있다. 패는 보통 앞면이 상아 · 뼈, 뒷면이 검은 나무로 되어 있다. 게임의 종류는 다양하지만 일반적으로 블록·풀·드로·세바스토폴·메타도어·올스리·올파이브 등이 있다. 게임 방법은 메타도어를 제외하고 패의 눈 수를 맞추어 종횡 1자형 또는 T자형으로 나열시키고, 갖고 있는 패를 먼저 모두 내놓는 사람을 도미노라 하며 승자가 된다.

게임이 시작되기 전에 패를 전부 뒤집어놓고 잘 섞은 뒤 게임 종류에 따라 일정 수의 패를 각자 뽑아 들고 나머지는 본야드(boneyard)에 둔다. 게임이 시작되면, 같은 눈 수가 겹친 패를 더블릿이라 하여 6-6이 최고점으로서 선수가 되며, 최고점인 더블릿이 없으면 눈 수가 많은 더블릿 소지자가 선수가 된다. 물론 자기 패를 상대방이 보지 못하도록 해야 한다.

메타도어 게임

앞 사람 패의 끝 눈 수와 합계가 7이 되도록 나열하는 게임을 말한다. 예컨대 6의 눈 수에는 1, 5의 눈 수에는 2, 4의 눈 수에는 3을 나열한다. 게임에서는 6-1, 5-2, 4-3, 0-0의 패는 메타도어 또는 트럼프라고 하여 어떤 눈 수를 가진 패 다음에도 놓을 수 있고, 선(線)이 늘어나는 것을 방해하기 위해 사용하는 특전도 있다.

0-0과 7이 되는 도미노(1-6, 2-5, 3-4)를 으뜸 패 즉 메타도어라고 한다. 일종의 행운(조커)의 도미노 패가 되는 것이다.

메타도어 게임 방법

① 도미노 패를 나누어 가진다. (2명-7개씩, 3명-6개씩, 4명-5개씩)

② 게임은 시계 방향으로 돌아가며 진행한다.

③ 타일을 내려놓을 때는 7이 되게 놓거나(방금 놓은 도미노의 반대쪽 숫자와 지금 연결하려는 패의 도미노 숫자의 합) 메타도어 타일(조커)을 내려놓을 수 있다.

④ 내려놓을 타일이 없다면 본야드(남은 패를 모아놓은 곳)에서 패를 1개 가져 온다.

⑤ 한쪽이 궁지에 몰리거나 한쪽이 먼저 패를 모두 내놓고 도미노가 되면 끝나는데, 승패는 7이 만들어진 수와 도미노의 완성으로 결정된다.

⑥ 갖고 있는 패로 7의 눈 수를 만들 수 없는 경우는 본야드에 있는 패 하나와 바꿀 수 있다.

⑦ 가장 먼저 자신의 도미노 패를 내려놓은 사람이 승자가 된다.

[출처] 도미노 | 두산백과

5 펜토미노(Pentominoes)

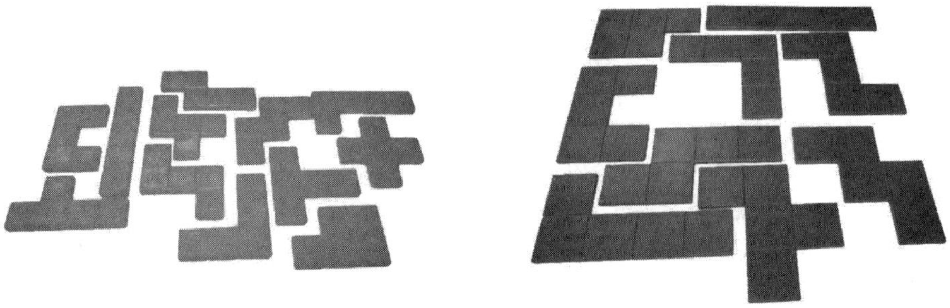

1) 펜토미노는 어떤 교구인가?

우리에게 잘 알려진 '테트리스'라는 게임이 있다. '테트리스'는 4개의 정사각형들을 모서리와 모서리를 연결하여 다양하게 배합한 2차원 모양을 가지고 공간을 덮는 게임이다. 이와 유사하게 5개의 합동인 정사각형들을 모서리와 모서리를 연결하여 다양하게 만든 도형을 우리는 펜토미노라고 부른다. 정사각형 5개를 이용하여 적어도 한 변이 맞닿게 하여 만들 수 있는 모양에는 12가지의 기본형이 존재한다.

이 12가지 기본 도형을 이용하여 직사각형 덮기, 길이와 넓이의 관계 알아보기, 선대칭과 점대칭 알아보기 등의 도형에 관한 학습과 퍼즐에 관한 탐구 등을 할 수 있다. 펜토미노 조각들은 재미있는 수학 활동을 하면서 도형학습 및 공간감각을 기를 수 있는 좋은 교구가 될 수 있다.

2) 펜토미노 만들기

▎준비물: 풀, 카드/가위, 정사각형의 점종이, 정삼각형의 점종이, 연결시킬 수 있는 육면체

펜토미노를 체계적으로 만드는 방법은 색마분지를 절단하여 사용할 수 있으며 최근에는 상품화된 평면 또는 입체 펜토미노 또한 얼마든지 시중에서 구할 수 있다.

3) 펜토미노의 활용

아래에 제시된 탐구활동들은 초등학교 고학년 정도의 수준에서 지도할 수 있는 프로그램이다. 학습자의 선수 지식으로 대칭에 관한 경험을 가지고 있어야 하며, 수학의 관련범위는 문제해결, 바닥 메우기(tessellations), 대칭, 논리 및 추론 등과 관련되며, 내용은 아래와 같다.

(1) 문제해결

① 펜토미노 찾기

펜토미노는 5개의 정사각형을 서로 연결해서 만들어지는 편평한 모양으로 각 정사각형은 아래 그림과 같이 적어도 다른 정사각형과 한 변을 공유해야만 한다.

펜토미노의 예　　　　　펜토미노가 아닌 예

[그림 2-11] 펜토미노의 예

다섯 개의 정사각형 카드를 가지고 여러분들이 만들 수 있는 서로 다른 모양의 펜토미노를 가능한 한 많이 만들어보자. 자신이 발견한 각각의 서로 다른 펜토미노를 주어진 모눈종이의 양식 위에 그려보자. 주어진 시간 40분 안에 얼마나 많은 서로 다른 펜토미노를 찾을 수 있는지 알아보자. 40분이 지난 뒤 각자가 모든 펜토미노를 찾았는지 선생님과 함께 체크해보자.

단, 아래 그림과 같이 어느 한쪽의 펜토미노를 돌리거나 뒤집어서 다른 것에 정확히 겹치게 되는 경우의 두 펜토미노는 같은 것으로 간주한다. 이를테면, 다음과 같은 두 펜토미노는 서로 같은 것으로 간주한다.

[그림 2-12] 뒤집어서 겹치게 되는 펜토미노

• 아래 그림에서 펜토미노인 것은?

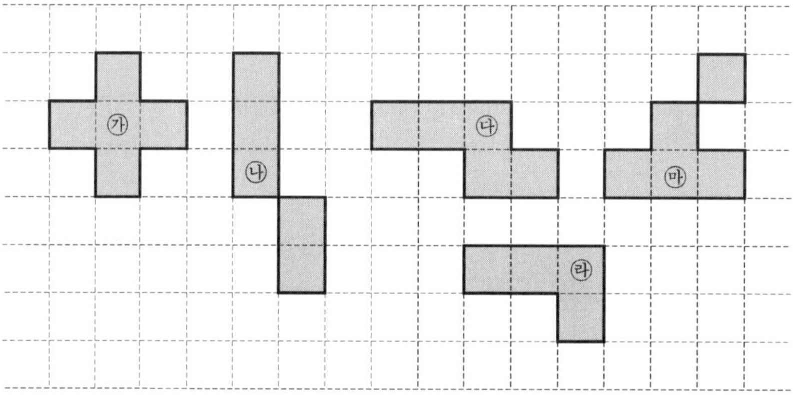

• 펜토미노가 아닌 것은?

• 펜토미노가 아닌 것은 왜 아닌지 그 이유를 적어보자.

• 서로 다른 모양의 펜토미노는 모두 몇 가지일까? 아래 모눈종이에 서로 다른 모양의 펜토미노를 그려보자. 단, 뒤집거나 돌려서 겹쳐지는 것은 같은 것으로 생각한다.

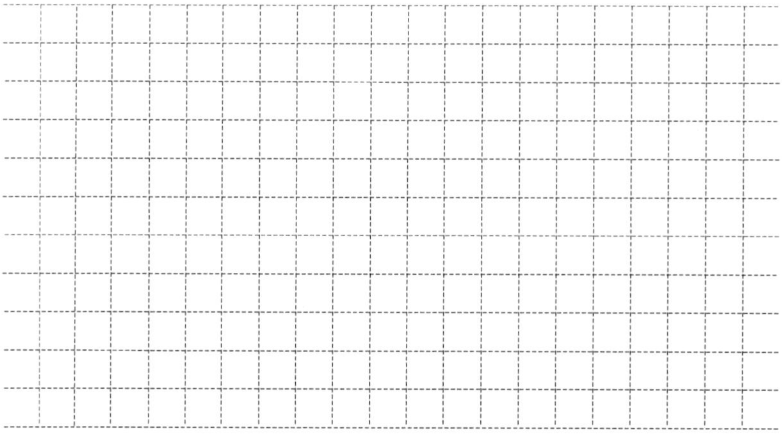

- 어떤 규칙을 이용하여 찾아냈다면, 그 규칙을 설명해보자.

② 펜토미노 퍼즐

- 펜토미노 퍼즐은 다양한 모양을 만들기 위하여 서로 다른 펜토미노를 배열하여 보는 것을 말한다. 여러분이 주어진 퍼즐을 맞추어 보기 위하여 자신이 가지고 있는 펜토미노 조각을 돌리거나 뒤집어도 상관없다. 아래 퍼즐을 해결하기 위하여 여러분의 펜토미노 세트를 사용해보자. 이 퍼즐을 완성하는 데 필요한 4개의 펜토미노를 찾아보자.

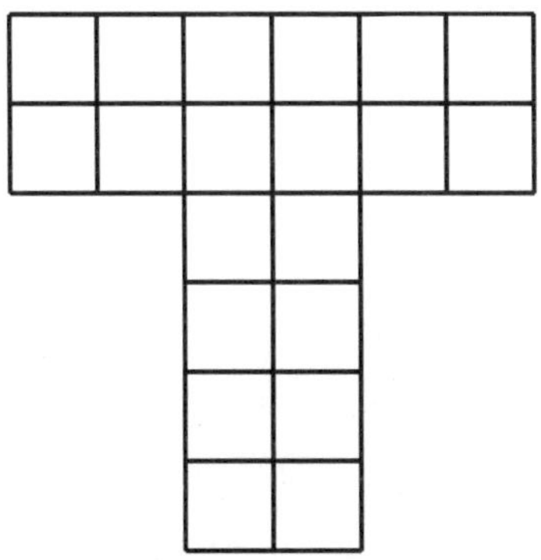

- 아래에 주어진 모양을 완성하기 위하여 역시 4개의 펜토미노 조각이 사용된다. 주어진 퍼즐들을 해결하기 위해 필요한 펜토미노를 찾아보고 아울러 여러분의 해결과정을 기록해보자.

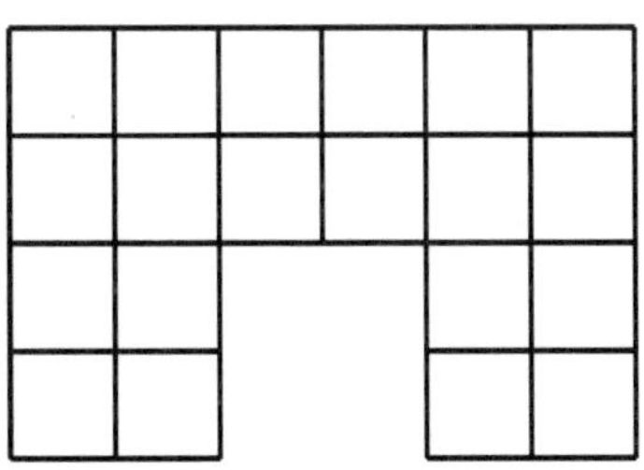

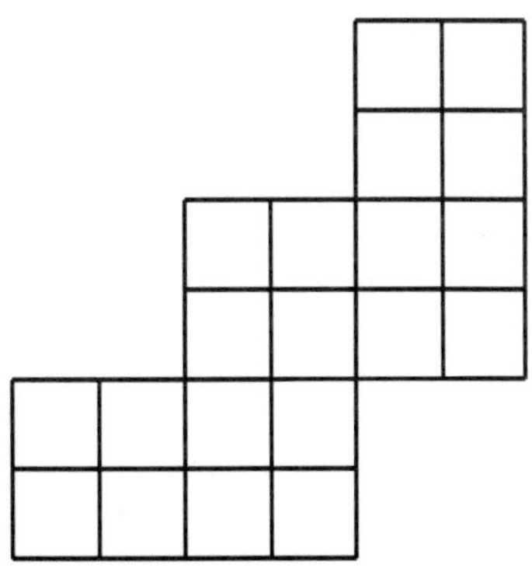

(2) 도형의 구성 및 문제 해결

① 뚜껑 없는 상자(open boxes) 만들기

펜토미노 중에 어떤 것은 접어서 아래와 같은 뚜껑 없는 상자를 만들 수 있다.

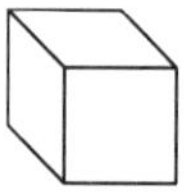

정사각형이 그려진 양식의 종이로부터 여러분이 만든 각각의 펜토미노를 자른 다음 어느 것이 접어서 뚜껑 없는 상자를 만들 수 있는가를 찾아보자.

접어서 뚜껑 없는 상자를 성공적으로 만들 수 있는 펜토미노를 종이 위에 기록해보자.

(3) 도형의 대칭

① 대칭축의 개수 찾기

일반적으로 도형은 자기 자신을 2개의 합동인 도형으로 나누는 축을 찾을 수 있을 때 대칭축을 가진다. 대칭축을 가지는 도형은 반으로 나누어진 2개를 정확히 일치시키도록 접을 수 있다. 한 세트의 펜토미노를 사용하여 각각의 펜토미노에 대하여 여러분이 발견할 수 있는 서로 다른 대칭축을 그려보자. 각 펜토미노를 아래의 적절한 빈 칸에 풀로 붙여보는 활동을 통해서 아래의 테이블을 완성해보자.

[표 2-3] 대칭축의 개수

0	1	2	3	4

② 선대칭 도형 찾기

펜토미노 12개를 잘 살펴보자. 선대칭 도형인 것이 있는가? 있다면 그 펜토미노를 그리고 대칭축도 그어보자.

- 대칭축이 1개인 조각은 몇 개인가?

- 대칭축이 2개인 조각은 몇 개인가?

③ 점대칭 도형인 것이 있는가? 있다면 그 펜토미노를 그리고 대칭점을 찍어보자.

(4) 바닥 메우기

① 펜토미노 중에 하나를 선택하여 종이를 사용하여 자신이 선택한 펜토미노와 똑같은 20개를 잘라 만들어보자. 그러고 나서 모두를 함께 짜맞추어 서로 빈틈이나 겹쳐짐이 없이 어떤 한 영역을 덮을 수 있는지를 알아보자. 적당한 한 장의 종이 위에 이들 펜토미노 모두를 위와 같이 하여 풀칠하여 붙여보자. 이와 같이 한 것을 바닥 메우기(tessellation)[14)]라고 부른다.

② ①에서 자신이 택한 것과는 다른 2개의 펜토미노를 선택하여라. 각각의 펜토미노에 대해 10개에 한 가지 색을, 나머지 10개에는 다른 색을 사용해보자. 그러고 난 다음 2개를 별도로 배열하여 풀칠하여 바닥 메우기를 해보자.

③ 다음의 펜토미노 4개를 이용하여 서로 다른 방법으로 아래의 모눈종이를 덮어보자.

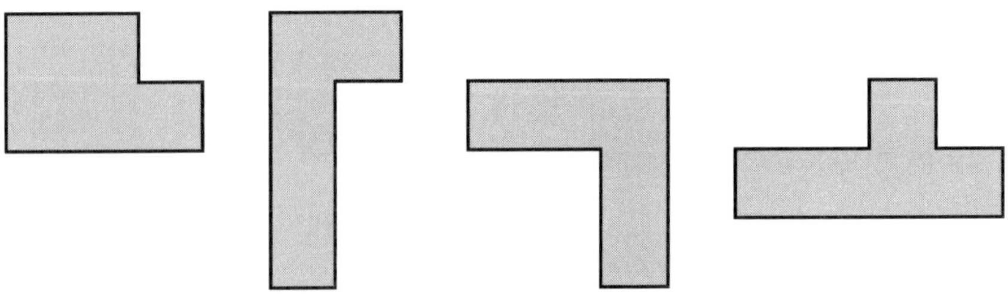

14) tessellation은 사람에 따라 바닥 메우기 또는 무늬 메우기 혹은 모자이크식 포장 등 여러 가지 용어로 사용하고 있으나 여기서는 바닥 메우기로 사용하였음.

④ 다음의 펜토미노 6개를 이용하여 아래 크기의 모눈종이를 완전히 덮어보자.

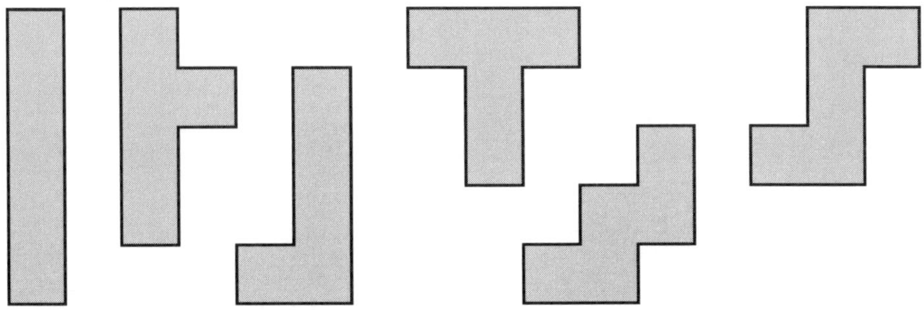

⑤ 12개의 펜토미노 중 위의 ④에서 사용하지 않은 조각들을 이용하여 아래의 모눈종이를 완전히 덮어보자.

⑥ 펜토미노 조각을 이용하여 직사각형을 만들어보자. 만들어진 결과를 아래의 모눈종이에 그림으로 나타내어 보자(단, 조각의 수는 상관이 없다).

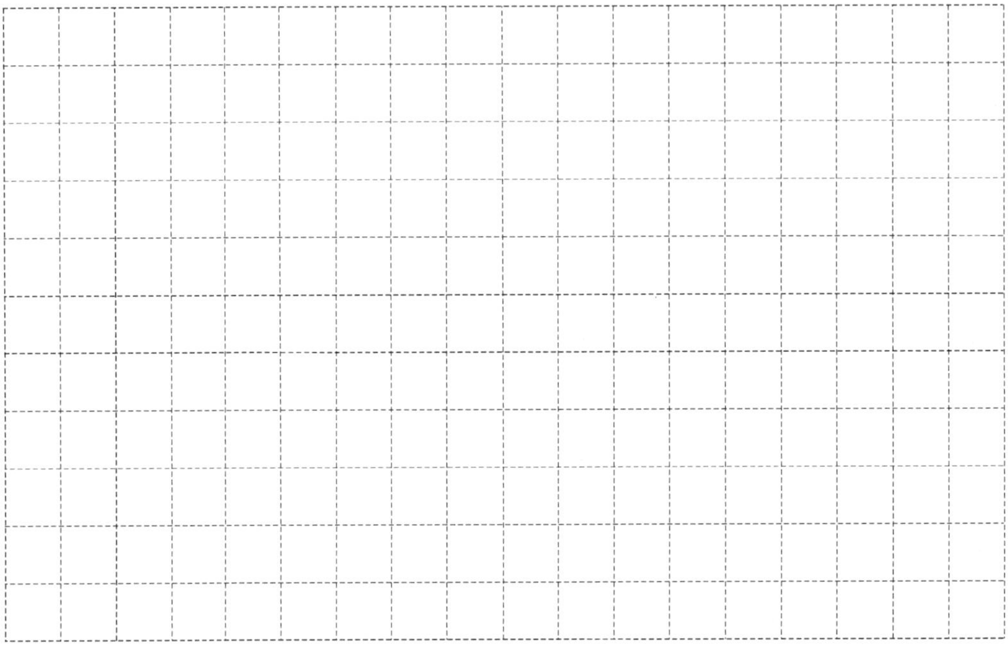

어떤 크기의 직사각형을 만들었는가? 다른 크기의 직사각형도 만들 수 있는가? 만들 수 있다면, 왜 그렇게 생각했는가?

(5) 닮은 도형 만들기

기준이 되는 펜토미노를 하나 정하고, 그 펜토미노 모양의 2배가 되는 펜토미노 모양을 만들어보자.

① 몇 개의 펜토미노 조각을 이용하여,  모양의 두 배가 되는 모양을 만들어보자. 몇 개의 펜토미노가 필요한가? 왜 그렇게 생각했는가?

② T, N, P, L 조각을 이용하여 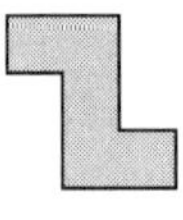 모양의 두 배가 되는 모양을 만들어보자.

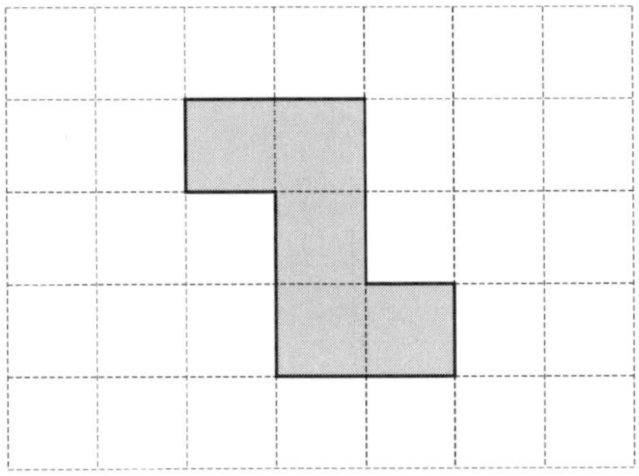

③ 다른 펜토미노 모양도 2배 큰 모양을 만들 수 있다. 하지만 두 배 큰 모양을 만들 수 없는 조각이 있다. 어떤 조각일까?

(6) 겹쳐지는 모양 만들기

① 펜토미노를 2개씩 쌍을 지어 접어서 겹쳐지는 모양을 만들어보자. 펜토미노를 2개씩 쌍을 지으면 몇 개의 쌍이 되는가?

② 종이를 접었을 때, 왼쪽에 있는 도형과 겹쳐지는 도형을 그려보자. 겹쳐지는 도형을 만들기 위하여 필요한 펜토미노 2개는 어떤 모양인지 그림으로 나타내보자.

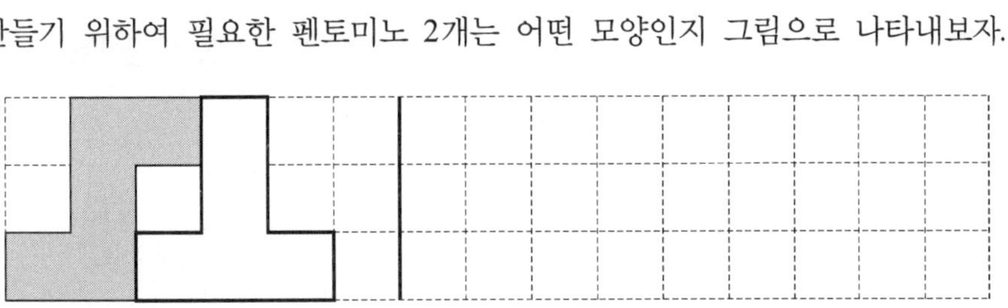

접는 선

③ 남아 있는 또 다른 펜토미노 2쌍을 이용해서 다음의 도형과 겹쳐지는 도형을 만들어 보자.

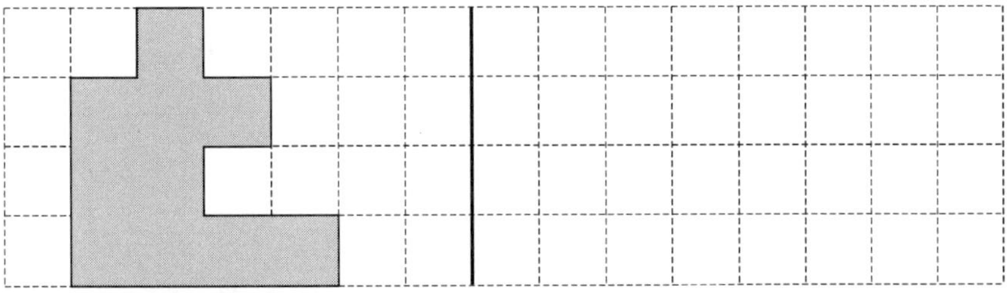

접는 선

④ 위의 ②, ③번에서 사용하고 남은 2쌍의 펜토미노를 이용해서 접어서 겹쳐지는 도형 2개를 만들어보자.

접는 선

⑤ 펜토미노를 2개씩 쌍을 지어 접어서 위와 다르게 겹쳐지는 모양 3쌍을 만들 수 있는지 알아보자.

(7) 둘레와 넓이 알아보기[15)]

활동 1 펜토미노 조각(단, 1변의 길이는 1이라고 약속함)들의 둘레 알아보기

① 각각의 조각들의 둘레는 얼마인가?

② 가장 작은 둘레를 가진 조각은 어느 것인가? 다른 조각과 어떤 점이 다른가? 둘레와 관련지어 생각해보자.

15) 5학년 수학영재 프로그램, 대구광역시 교육청(2010)

③ 정사각형 2개를 더 붙여 둘레가 최소가 되도록 아래 표를 완성해보자.

펜토미노 조각의 모양	둘레	정사각형 2개를 붙인 모양	정사각형 2개를 붙인 후의 둘레

④ 아래 그림은 한 변의 길이가 1인 작은 정사각형 6개를 변과 변이 맞닿도록 붙여서 만든 도형이다.

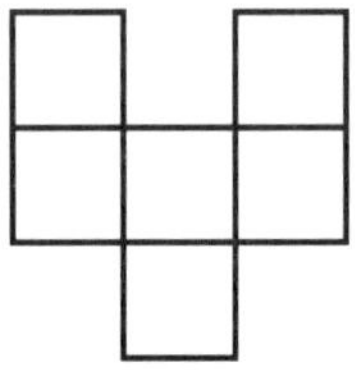

• 이 도형의 둘레를 구하여라. (   )

• 이 도형의 넓이를 구하여라. (   )

⑤ 작은 정사각형 6개가 맞닿도록 붙여서 만든 도형에 한 변의 길이가 1인 작은 정사각형 1개를 더 붙이려 한다. 다음의 3가지 경우에서 둘레와 넓이를 각각 구하고 어떻게 다른지 설명해보자.

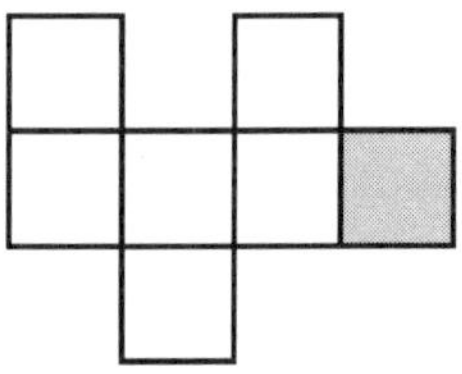

1) 둘레:
2) 넓이:

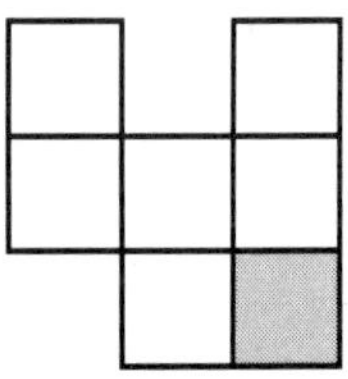

3) 둘레:
4) 넓이:

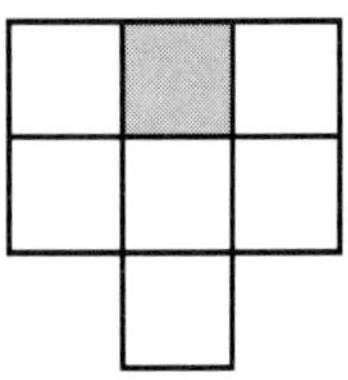

5) 둘레:
6) 넓이:

알게 된 점

7)

활동 2 **펜토미노 12조각 중 한 가지를 정하여 아래에 그려보자. 그리고 넓이는 증가하지만, 둘레는 변함이 없도록 정사각형을 그려 넣어보자(증가하는 넓이의 크기도 정해보자).**

(8) 펜토미노 퍼즐

① 다음에 주어진 조건에 맞도록 5×5 정사각형을 펜토미노로 짜맞춰보자.

〈조건〉

- 각 펜토미노 조각으로 덮인 부분에 1~5의 숫자가 모두 있어야 한다.
- 각각의 가로줄과 세로줄에 1~5의 숫자가 모두 있어야 한다.
- 서로 다른 펜토미노 조각을 사용한다.

5	2	4	1	3
1	3	2	4	5
4	1	5	3	2
3	5	1	2	4
2	4	3	5	1

- 조건을 만족시키도록 펜토미노 조각을 짜맞췄는가?

- 조건에 맞는지 확인한 후 퍼즐판에 펜토미노 조각을 색연필로 그려보자.

② 위 1번 문제의 조건에 따라 빈칸에 들어갈 숫자를 적어 넣고 조각을 완성해보자.

	1			
2	5	3		
		2	1	4
				3

보충자료 모눈종이

읽을거리

펜토미노 퍼즐의 첫 번째 공식적인 풀이법은 1907년에 출판된 헨리 듀드니(Henry Dudeny)의 《캔터배리 퍼즐(The Canterbury Puzzles)》이라는 책에서 소개되었다. 듀드니는 8×8보드에서 정사각형 테트라미노 ⊞ 1개와 12개의 펜토미노 조각을 가지고 이 퍼즐의 풀이법을 소개하였다. 이 퍼즐은 펜토미노 퍼즐들 중에서 가장 오랫동안 사랑 받았으며 소설에도 등장하였다.

이 이야기는 영국의 정복왕 윌리엄 1세의 아들과 프랑스의 황태자가 체스 게임을 하면서 시작된다. 프랑스의 황태자가 시합에 지자 홧김에 체스판을 상대방에게 던져버렸다. 윌리엄의 아들도 흥분하여 황태자의 머리를 그 체스판으로 내려쳐 깨뜨리는 보복을 한다. 그 때에 체스판이 13개의 조각(12개의 펜토미노 조각과 1개의 테트라미노)으로 쪼개어졌다. 물론 쪼개진 13개의 조각들을 원래대로 배열해야 했다.

오늘날 우리가 사용하고 있는 펜토미노(Pentomino)라는 이름은 솔로몬 골롬(Solomon. W. Golomb) 박사가 1953년 하버드 수학 클럽에서 강의 중 처음 사용하여 붙여졌다. 그는 "펜토미노로 6×10의 형태를 조립하는 데 2339가지의 해답이 있는데, 그 중의 한 가지를 구하는 것도 쉬운 일이 아닙니다."라고 하였다.

펜토미노 조각은 다음과 같이 12가지의 기본형이 존재하며, 회전시킨 모양을 다르다고 구분하면 총 64가지의 형상이 생기게 된다.

펜토미노 조각들에게는 각각 FILiPiNo와 알파벳의 끝부분인 TUVWXYZ의 이름이 있다.

(F, I, L, P, N, T, U, V, W, X, Y, Z)

여러분이 찾은 펜토미노 조각의 모양을 보고, 위의 알파벳 이름을 붙여보자.

6 소마큐브(Soma cube)

1) 소마큐브는 어떤 교구인가?

소마큐브는 각각 3개 또는 4개의 큐브를 서로 연결하여 구성한 총 7개의 조각으로 되어 있는 3차원 입체 퍼즐이다. 이 7개의 조각들을 적절히 조합하면 수천 가지 종류의 기하학적인 모양을 만들 수 있다는 데 그 특징이 있다.

소마큐브는 1936년 덴마크 출신의 작가인 피에트 하인(Piet Hein)이 양자물리학 강의를 듣던 중에 이 퍼즐을 고안한 것이 시초로 알려져 있으며 몇 년 뒤 소마큐브는 대량으로 생산이 되었고, 1970년에 파커 브라더즈 회사에서 새로운 버전이 나오게 되어 더욱더 세상 사람들의 관심을 끌게 되었다.

'소마'라는 이름은 미래사회를 묘사한 Aldous Huxly의 소설 《용감한 신세계(Brave New World)》에 나오는 용어로 그 세계의 정착민들이 한가할 때나 기분이 좋지 않을 때 사용했던 마약으로 알려져 있다. 이 말의 유래에서도 짐작할 수 있듯이 이 교구를 수학에 활용하면 모든 스트레스를 해소할 수 있을 만큼 매력이 있다는 의미로 해석할 수 있다.

소마큐브를 간단히 만들 수 있는 방법은 공예점, 목공소 또는 상점에서 27개의 정육면체를 만들어 보아도 되고 아니면 우리가 쉽게 구할 수 있는 주사위 27개를 적절히 본드로 연결하여 7개의 소마조각들을 구성하여도 된다.

현재 우리나라 초등학교 수학교과서에서 취급하고 있는 쌓기나무와 어느 정도의 관련성을 가지고 있으며 전반적으로 초등수학에서 아동들의 공간감각(spatial sense)을 길러 줄 수 있는 교구로서 활용될 수 있다.

2) 소마큐브 조각 탐구하기[16)]

(1) 폴리큐브 만들기

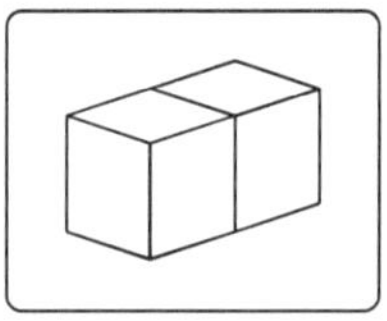

• 쌓기나무 2개를 사용하여 면과 면이 맞닿도록 하여 만들 수 있는 모양은 위의 그림과 같이 한 가지밖에 없다. 그렇다면 쌓기나무 3개를 사용하여 면을 붙여 만들 수 있는 모양은 모두 몇 가지인가? 쌓기나무를 이용하여 만들어 본 후 아래에 그림을 그려보자(단, 옮기거나 돌리거나 뒤집어서 포개어지는 도형은 같은 것으로 생각한다).

(2) 이번에는 같은 방법으로 쌓기나무 4개를 사용하여 면을 붙여 만들 수 있는 모양은 모두 몇 가지인지 만들어보자.

위와 같이 정육면체 여러 개를 면과 면이 맞닿도록 연결한 입체도형을 폴리큐브라고 한다.

16) 6학년 수학영재 프로그램, 대구광역시 교육청(2010)

[참고] 정육면체 1개를 이용하여 만든 모양을 모노큐브(monocube), 정육면체 2개의 면과 면을 붙여서 만든 모양을 디큐브(dicube), 정육면체 3개의 면과 면을 붙여서 만든 모양을 트리큐브(tricube), 정육면체 4개의 면과 면을 붙여서 만든 모양을 테트라큐브(tetracube)라고 한다. 이러한 것들을 모두 합쳐서 폴리큐브라고 한다.

(3) 소마큐브 조각 찾기

① 앞에서 만든 테트라큐브들을 이용하여 3×3×3 정육면체를 만들려고 한다. 테트라큐브 중에서 사용할 수 없는 모양은 어느 것인지 찾아보자.

② 위에서 찾아낸 모양을 제외한 나머지 테트라큐브 7가지로 3×3×3 정육면체를 만들 수 있을지 생각해보자.

③ 테트라큐브 8개 중에서 ①에서 찾아낸 사용할 수 없는 모양 1개를 없애고, 가장 단순한 모양()에서 쌓기나무 하나를 없애 트리큐브()로 바꾸어 주면 아래 그림과 같이 소마큐브 조각 7개가 만들어진다.

소마큐브 조각

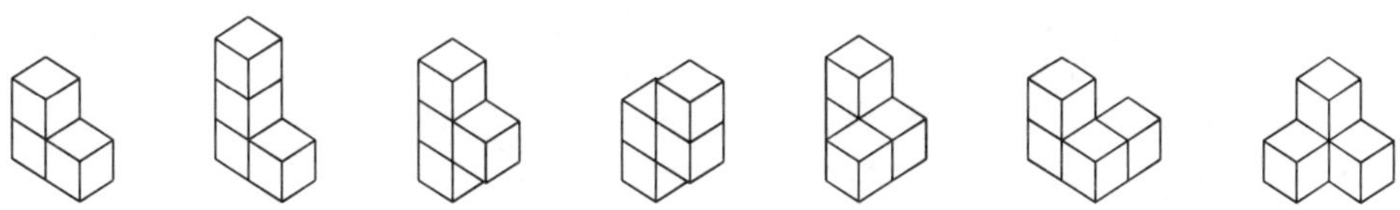

1 2 3 4 5 6 7

3) 소마큐브 조각의 모양을 살펴보고 특징 알아보기

(1) 7개의 소마큐브 조각을 살펴본 후 앞에서 본 모양, 위에서 본 모양, 옆에서 본 모양을 그려보자.

①

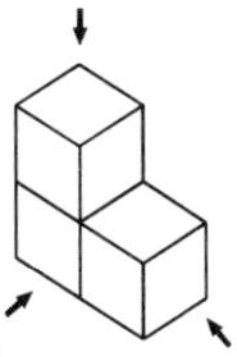

(위) (앞) (옆)

②

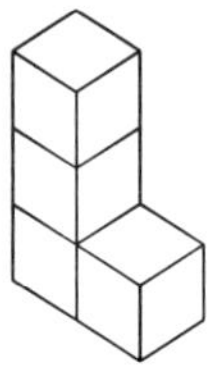

(위) (앞) (옆)

③

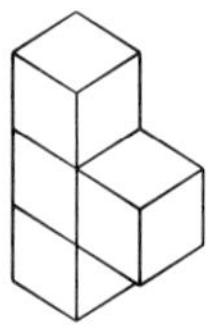

(위) (앞) (옆)

④

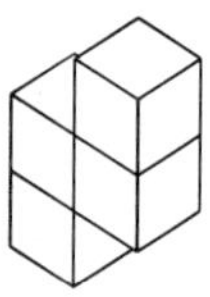

(위) (앞) (옆)

⑤

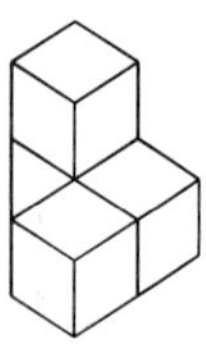

(위) (앞) (옆)

⑥

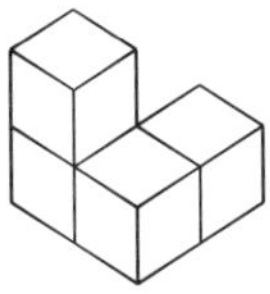

(위) (앞) (옆)

⑦

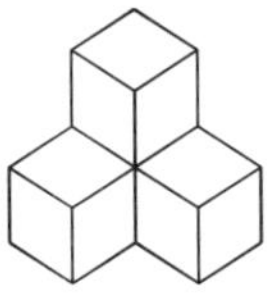

(위) (앞) (옆)

(2) 소마큐브 조각들의 특징을 아는 대로 적어보자.

(3) 5번 조각과 6번 조각의 차이는 무엇인지 설명해보자.

4) 소마큐브 조각으로 입체도형 만들기

(1) 7개의 소마큐브 조각 중에서 2~3개를 골라 입체 도형을 만들어보자.

① (　)번과 (　)번 사용

② (　)번과 (　)번 사용

③ ( )번, ( )번, ( )번 사용

④ ( )번, ( )번, ( )번 사용

(2) 다음은 7개의 소마 큐브 조각으로 만든 입체 도형이다. 그림과 똑같이 만들어보자.

① 침대

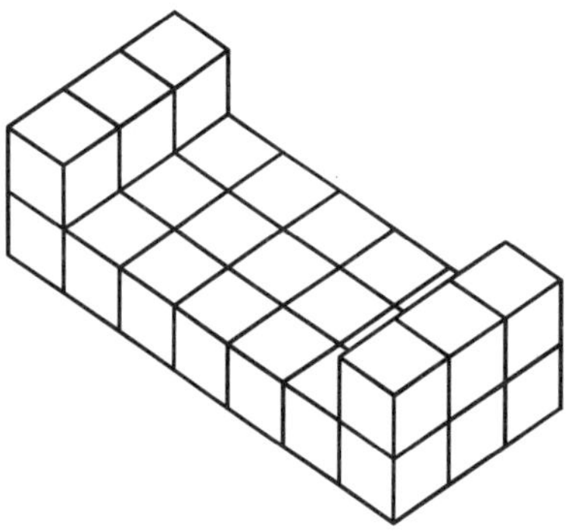

② 소파

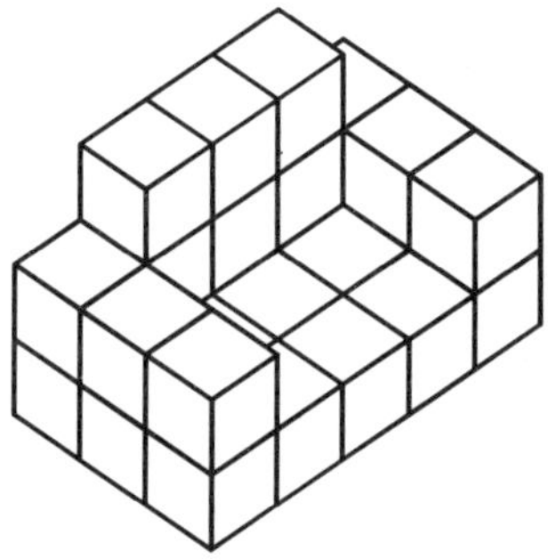

③ 코끼리

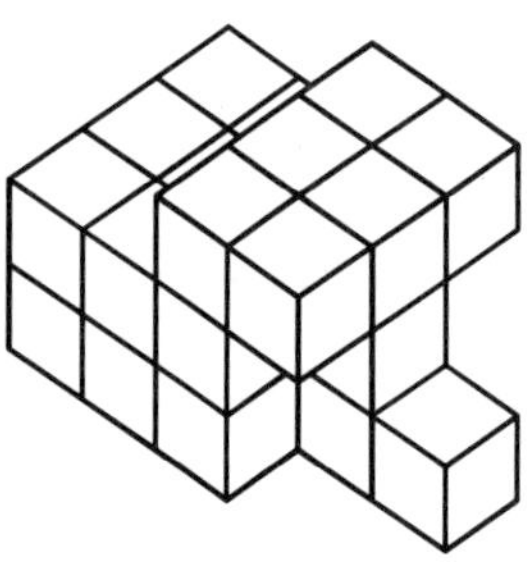

④ 교회

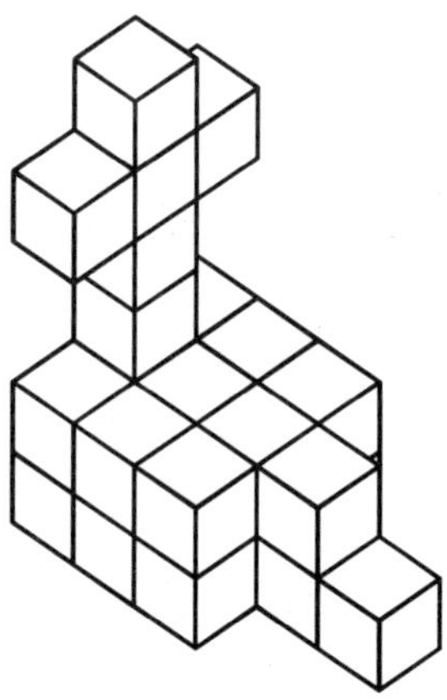

⑤ 기린

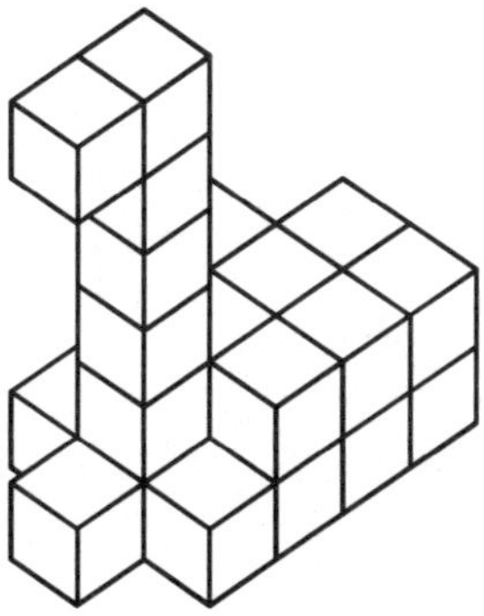

⑥ 계단

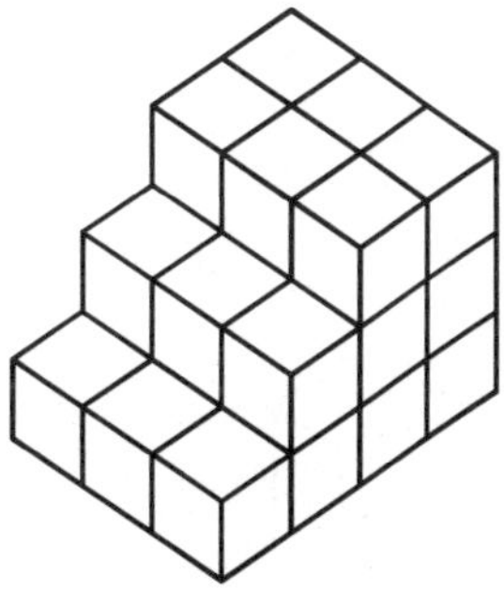

5) 나만의 창의적인 작품 만들기

7개의 소마큐브 조각으로 나만의 창의적인 작품을 만든 후, 친구들에게 설명해보자.

6) 입체도형을 보고 사용된 소마큐브 조각 찾기[17]

(1) 7개의 소마큐브 조각 중에서 2~3개를 골라 입체도형을 만들었다. 어떤 조각을 사용했는지 찾아보자.

①

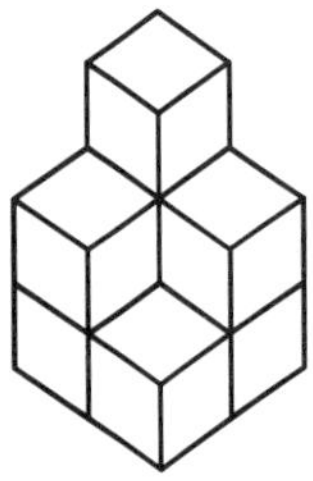

(　)번과 (　)번

②

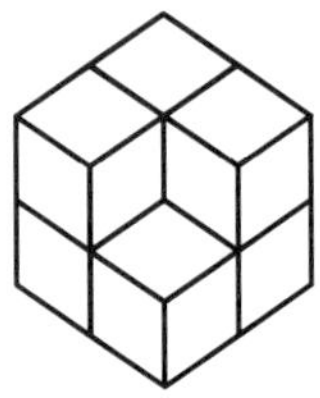

(　)번과 (　)번

③

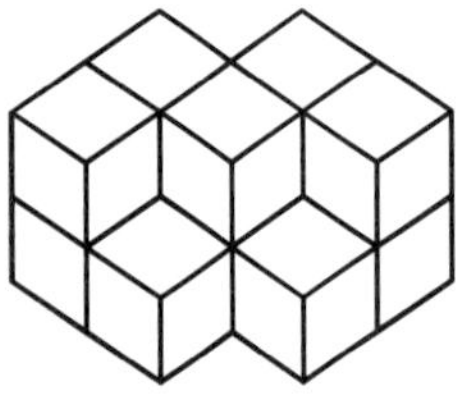

(　)번, (　)번, (　)번

④

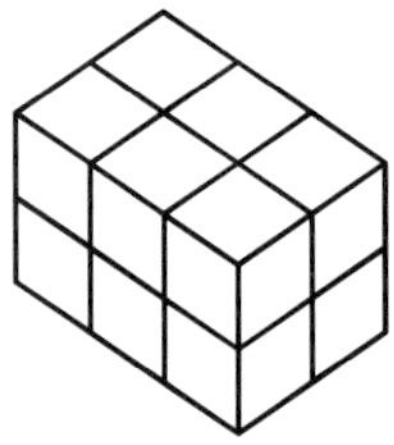

(　)번, (　)번, (　)번

(2) 다음은 7개의 소마큐브 조각 중에서 2~3개를 골라 만든 입체도형을 위, 앞, 옆에서 본 모양을 나타낸 것이다. 이 모양을 보고 어떤 입체도형이 될지 찾아낸 후, 7개의 소마큐브 조각 중에서 어떤 조각을 사용하여 만들었는지 찾아보자.

①

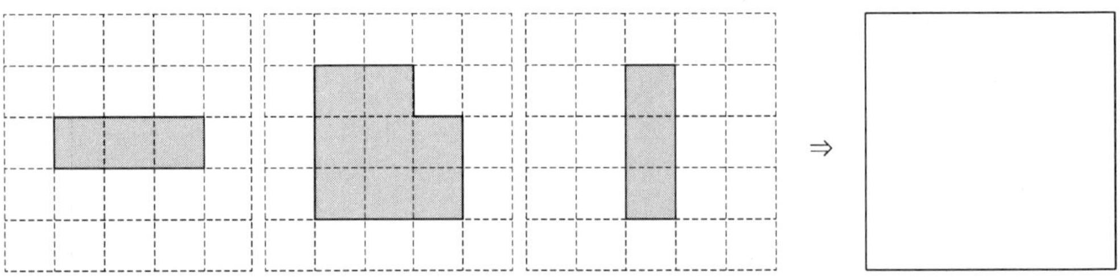

(위)　(앞)　(옆)　(　)번과 (　)

②

17) 6학년 수학영재 프로그램, 대구광역시 교육청(2010)

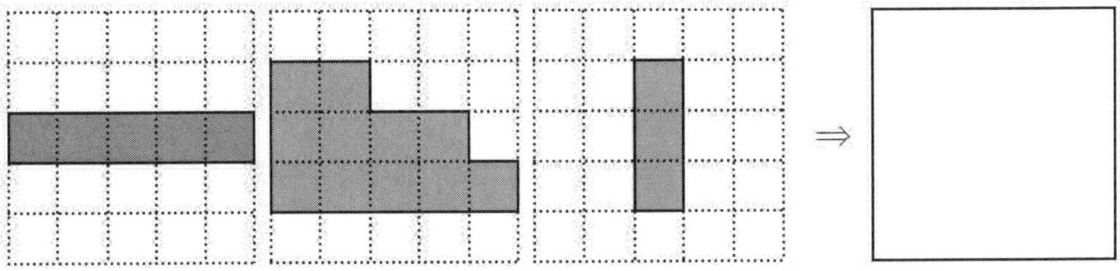

(위) (앞) (옆) ( )번,( )번,( )번

7) 다양한 방법으로 3×3×3 소마큐브 퍼즐 만들기[18]

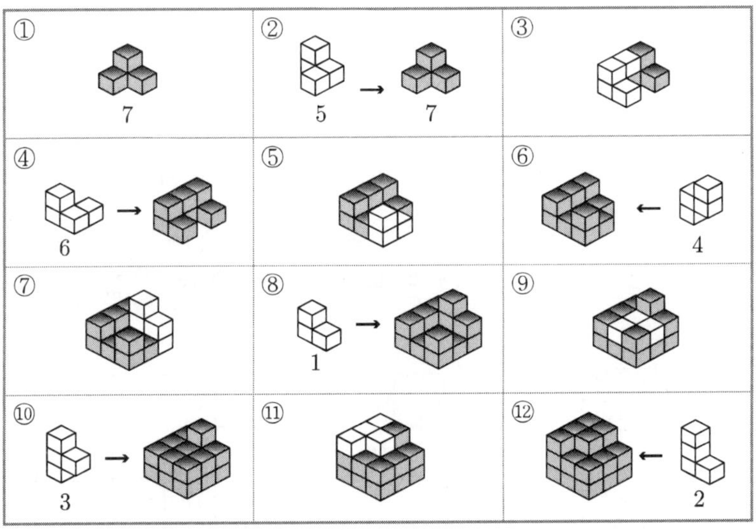

(1) 아래 그림은 7개의 소마큐브 조각을 이용하여 3×3×3 정육면체 모양의 소마큐브 퍼즐을 완성한 예이다. 이 소마큐브 조각 7개의 위치를 표로 기록하면 다음과 같다.

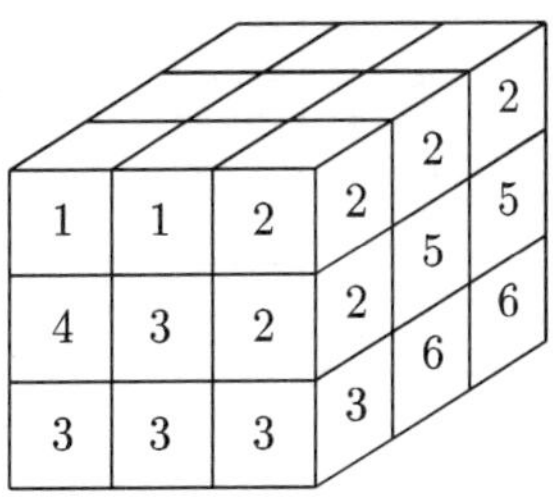

⇒

4	5	2
4	1	2
1	1	2

(윗면)

7	5	5
4	6	5
4	3	2

(중앙)

7	7	6
7	6	6
3	3	3

(바닥)

18) 6학년 수학영재 프로그램, 대구광역시 교육청(2010)

(2) 다음 소마큐브 퍼즐의 위치도 위와 같이 표로 나타내어보자.

①

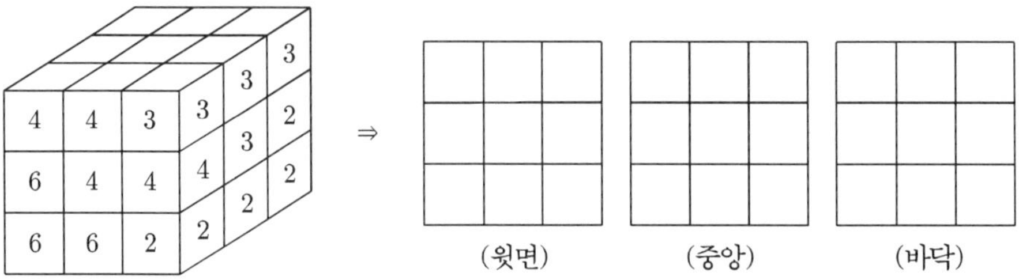

②

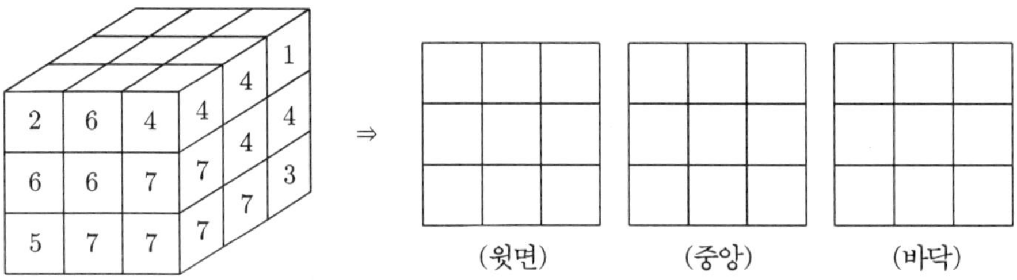

(3) 새로운 방법으로 3×3×3 정육면체 모양의 소마큐브를 만들어보자.

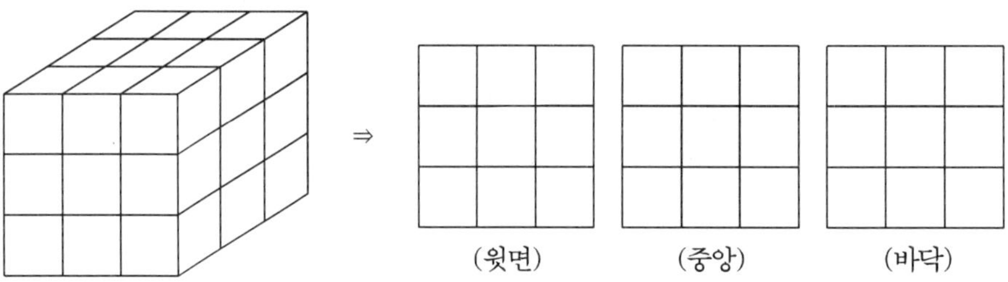

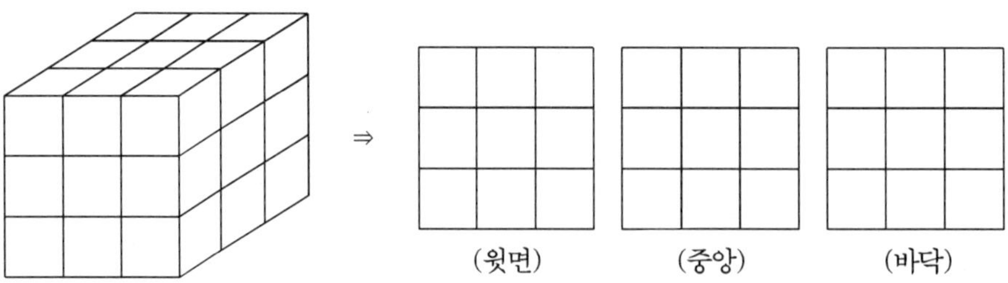

8) 소마큐브를 활용한 겉넓이와 부피

소마큐브 각 조각들의 겉넓이와 부피를 구해보자. 단, 소마큐브의 각 조각은 한 변의 길이가 1cm인 정육면체로 구성되어 있다.

(1) 2번 소마조각과 4번 소마조각으로 여러 가지 입체도형을 만들어보자.

① 2번 소마조각과 4번 소마조각이 한(두, 세, 네) 면만 닿게 입체도형을 만들어보고, 만든 입체도형의 부피와 겉넓이를 알아보자.

- 겉넓이는 얼마인가? (   ) cm^2
- 부피는 얼마인가? (   ) cm^3

② 2번 소마조각과 4번 소마조각으로 여러 가지 입체도형을 만들 때 입체도형의 겉넓이가 가장 큰 경우는 (   ) 때이고, 입체도형의 겉넓이가 가장 작은 경우는 (   ) 때이다.

(2) 2개의 소마조각으로 부피가 $8cm^3$이고, 겉넓이가 $28cm^2$인 입체도형을 만들고, 그 겨냥도를 아래에 그려보자.

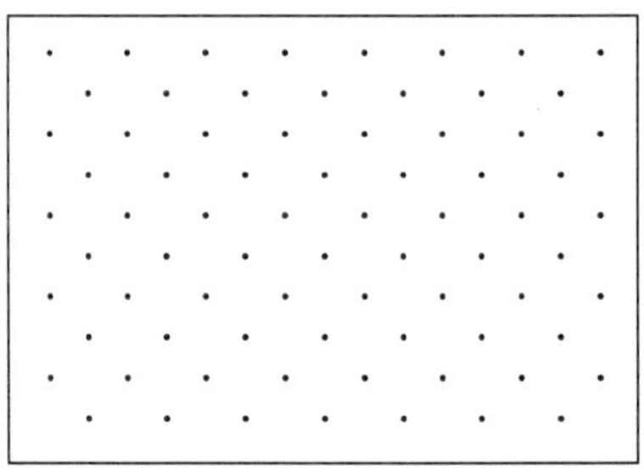

읽을거리

소마큐브의 창시자는 덴마크 출신의 시인이자 물리학자인 피에트 하인(Piet Hine)으로 1936년의 어느 날 대학에서 양자 물리학 강의를 듣던 중 우연히 이 퍼즐을 고안하게 되었다.

그 강의는 '공간이 어떻게 정육면체들로 잘게 쪼개어질 수 있는가?'에 관한 것이었는데, 강의를 듣고 '크기가 서로 같고 면이 접하는 큐브 4개 이하로 조합된 불규칙한 모양들로 좀더 큰 정육면체를 만들 수 있다'라는 결론을 내린 그는 결국 7개의 소마 조각을 만들게 되었으며, 이 조각들로 여러 가지 다양한 형태의 구조물을 만들기 시작했다.

'소마'라는 이름은 앞서 언급한 바와 같이 미래사회를 묘사한 헉슬리(Aldous Huxly)의 소설에 등장하는 용어로 소설 속에 등장하는 마약의 이름이다. 소마큐브라는 이름은 이 소설에서 따온 것으로 수학에서 교구를 활용하여 학습을 하면 그 재미와 중독성이 모든 스트레스를 해소할 수 있을 만큼 매력이 있다는 뜻으로 만들어졌다.

피에트 하인은 소마큐브를 이루는 7개의 조각을 만들게 되고 이를 이용하여 다양한 구조물을 만드는 데 활용하였다고 한다. 그러다 수년 후 소마큐브를 대량으로 생산하여 인기를 끌게 되었고 1970년대 파커브라더즈라는 회사에서 새로운 버전의 소마큐브를 생산하게 된다. 그 뒤 《소마 중독(The Soma Addict)》이라는 간행물도 발간되었다고 한다.

[출처] 인디스쿨
http://cafe.naver.com/wiseschool/819
http://blog.naver.com/badasorri

7 퀴즈네어 색막대(Cuisenaire color rods)

1) 퀴즈네어 색막대는 어떤 교구인가?

이 색막대(colored rods)는 벨기에의 수학교육자 퀴즈네어(G. Cuisenaire)가 악보에서 음의 높낮이에 힌트를 착안하여 수들의 관계를 서로 다른 높낮이와 길이, 색깔로 나타낸 수학학습 교구로서 현재 세계적으로 널리 사용되고 있다. 이것은 한 변이 1cm인 정사각형이고 길이가 1cm에서 10cm까지의 10종류의 직육면체 막대로서 그 구성은 주황색, 파란색, 갈색, 검은색, 녹색, 노란색이 각각 4개씩 있고, 보라색 6개, 연두색이 10개, 빨간색 12개, 흰색 22개 등 모두 74개로 구성되어 있다(최창우, 2010).

이들 색막대는 아래 그림과 같이 길이별로 배열했을 때 '계단' 모양으로 만들어지며 각 막대는 1cm씩 차이가 난다. 그러나 색막대에 눈금이나 길이가 주어지지 않는데 그 이유는 색막대를 이용함에 있어서 지도 내용에 따라 임의로 길이를 정하여 활용할 수 있도록 하기 위함이다. 퀴즈네어 색막대는 기본적인 수 개념 및 수 감각을 형성·개발하기 위한 모델이다.

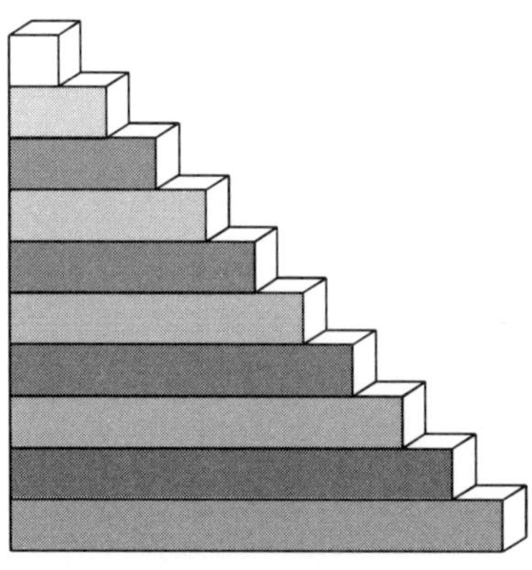

흰 색 1cm 22개
빨간색 2cm 12개
연두색 3cm 10개
보라색 4cm 6개
노란색 5cm 4개
녹 색 6cm 4개
검은색 7cm 4개
갈 색 8cm 4개
파란색 9cm 4개
주황색 10cm 4개

이를테면, 흰색 막대의 길이가 1이라면 빨간색 막대는 흰색 막대 2개를 연결한 것과 같으므로 빨간색 막대의 길이는 2이고, 연두색 막대는 흰색 막대 3개를 연결한 것과 같으므로 연두색 막대의 길이는 3이 된다. 이와 같은 방법으로 수 사이의 관계를 알 수 있다. 또한 퀴즈네어 색막대는 자연수의 사칙 연산뿐만 아니라, 수의 합성과 분해, 약수와 배수를 구할 수 있고, 분수의 덧셈과 뺄셈을 할 수 있다. 또한 길이, 넓이, 부피 측정과 2-3차 도형 영역 및 논리적인 추론 능력을 형성시키는 데에도 활용된다.

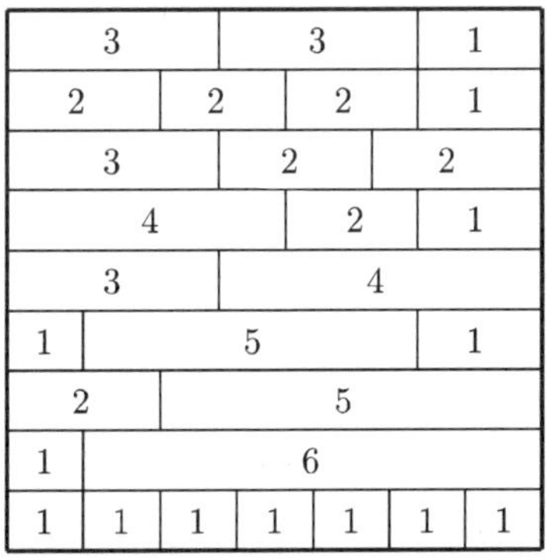

[그림 2-13] 수의 합성과 분해

결과적으로 볼 때, 퀴즈네어 색막대의 수학교구로서의 우수성은 수 계산의 기본적인 개념이 시각과 손의 촉각을 통해서 충분히 감성적으로 지도될 수 있다는 데 있다.

2) 퀴즈네어 색막대 활용이 가능한 초등수학의 내용

퀴즈네어 색막대를 활용할 수 있는 초등수학의 내용	교육과정 영역	해당학년
막대(임의의 측정단위)를 이용한 길이 측정 및 길이 어림	측정	1~2학년군
(한 자리 수)자연수의 덧셈, 뺄셈	수와 연산	1~2학년군
막대를 이용한 주어진 공간 채우기	도형	1~2학년군
자릿값 및 십진수의 지도	수와 연산	2~3학년
분수로 나타내기	수와 연산	3~4학년군
자연수의 곱셈과 나눗셈, 곱셈의 교환법칙의 표현	수와 연산	3~4학년군
막대그래프로 나타내기	확률과 통계	3~4학년군
패턴 익히기(증가, 반복, …)	규칙성	1 ~ 4학년
분수의 의미, 분수의 크기 비교	수와 연산	3~4학년군

퀴즈네어 색막대를 활용할 수 있는 초등수학의 내용	교육과정 영역	해당학년
동치분수 찾기	수와 연산	3~4학년군
회전이동, 대칭이동	도형	3 ~ 6학년
분수의 덧셈, 뺄셈	수와 연산	5~6학년군
선대칭 익히기	도형	5~6학년군
흰 막대를 단위 부피로 생각하여 직육면체의 부피 구하기	측정	5~6학년군
약수와 배수, 공약수와 공배수, 최대공약수와 최소공배수	수와 연산	5~6학년군
평균 구하기	확률과 통계	5~6학년군
비와 비율(비의 표현 및 비례식)	규칙성	5~6학년군
쌓기로 모양 만들기	도형	5~6학년군

3) 퀴즈네어 색막대의 활용

[탐구 1] 퀴즈네어 색막대의 특성 알아보기

퀴즈네어 색막대를 수업에 활용하기 위해서는 사전에 색막대의 특성과 색막대들 사이의 관계를 알아야 한다. 이는 색막대의 특성을 충분히 이해함으로써 친숙하면서도 다양하게 활용하기 위함이다. 따라서 색막대를 가지고 놀이를 할 기회를 제공해야 한다. 이러한 활동의 기회로써 다음 몇 가지를 생각해볼 수 있다.

활동 1 **계단 만들기**

▌목표: 색막대 사이의 길이의 차를 알아보게 한다.

▌방법:

- 흰색 막대부터 주황색 막대까지 길이를 차례로 눕혀서 나열한다.
- 흰색 막대부터 주황색 막대까지 길이를 차례로 세워서 나열한다.
- 길이를 알아보게 하기 위해 흰색 막대만으로 처음에 만든 계단과 똑같이 만들어본다.
- 색막대 사이의 길이의 차를 알아보기 위해 다른 색막대끼리 연결하여 길이가 같도록 한다.

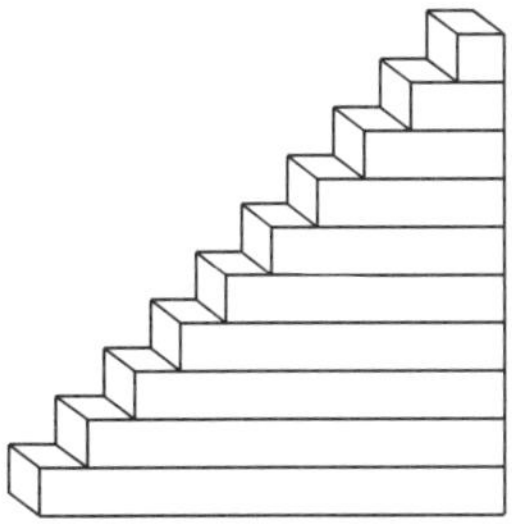
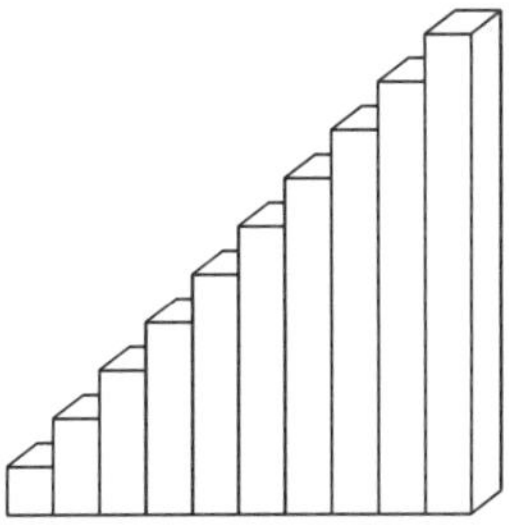
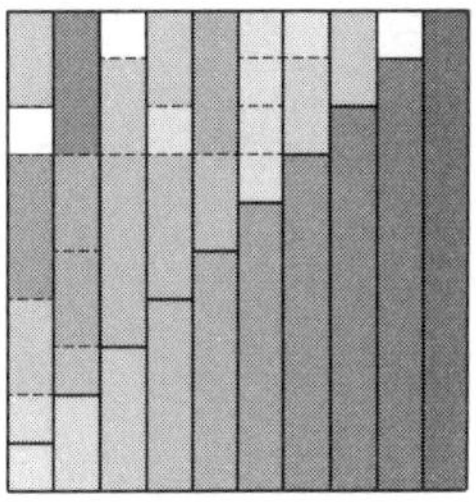

활동 2 시각에 의한 양감 기르기

▎목표: 시각을 이용하여 색막대의 길이 맞추기

▎방법: 짝과 함께 게임을 한다.

- 상자나 주머니 등 보이지 않는 곳에 퀴즈네어 색막대를 담아둔다.
- 10개의 색막대를 길이 차례로 책상 위에 배열한 다음 보이지 않게 종이로 덮어둔다.
- 상자 속에서 임의로 1개의 막대를 꺼내어 종이로 덮인 색막대와 비교하여 길이를 말한다.
- 길이를 바르게 말하면 1점을 얻는다.
- 위와 같은 게임을 교대로 2~4회 진행하여 많은 점수를 얻는 사람이 이긴다.

활동 3 촉각에 의한 양감 기르기

▎목표: 촉각을 이용하여 색막대의 길이 맞추기

▎방법: 짝과 함께 게임을 한다.

- 상자나 주머니 등 보이지 않는 곳에 퀴즈네어 색막대를 담아둔다.
- 퀴즈네어 색막대 10개를 책상 위에 나란히 배열한다.
- 상대방이 임의로 하나의 색막대를 선택하게 한다.
- 상대방이 선택한 색막대와 길이가 같은 색막대를 손으로 만져보고 상자 속에서 꺼낸다.
- 같은 길이의 색막대를 꺼내면 1점을 얻는다.
- 위와 같은 게임을 교대로 2~4회 진행하여 많은 점수를 얻는 사람이 이긴다.

[탐구 2] 수 개념 및 수 감각 기르기

활동 1 집합수와 순서수의 개념 지도

▌목표: 집합수와 순서수의 개념을 지도한다.

▌방법:

- 수 1~4까지는 낱개(=1)를 나타내는 흰 막대의 수를 세는 활동을 한다.
- 5~10까지의 수는 흰 막대를 더하는 활동을 통하여 지도한다.

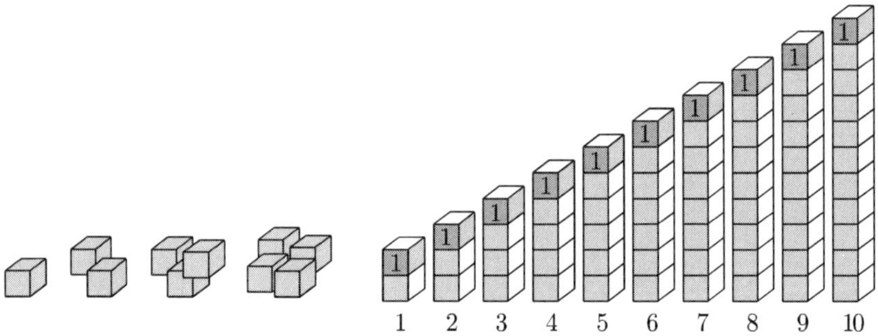

활동 2 수 감각 기르기

▌목표: 조작을 통한 수 감각 기르기

▌방법: 막대를 이용한 수의 합성과 분해를 통하여 수 감각과 합·차의 의미를 느끼게 한다.

- 짝과 함께 게임을 한다.
- 10개의 퀴즈네어 색막대를 책상 위에 나란히 배열한다.
- 상대방이 임의로 하나의 색막대를 선택하게 한다.
- 나머지 색막대 중 몇 개를 연결하거나 길이의 차를 이용하여 상대방이 선택한 막대와 길이가 같도록 한다.

〈보기〉

1단계. 흰색 막대를 갈라놓는다. 오른쪽 □안에 알맞은 숫자 카드를 놓는다.

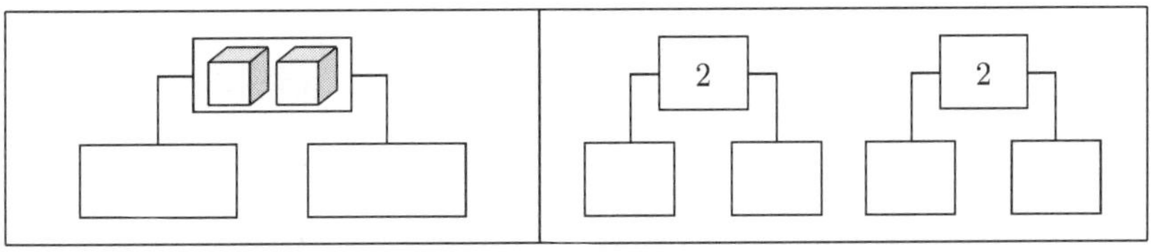

2단계. 흰색 막대를 모아 본다. 오른쪽 □안에 알맞은 숫자 카드를 놓는다.

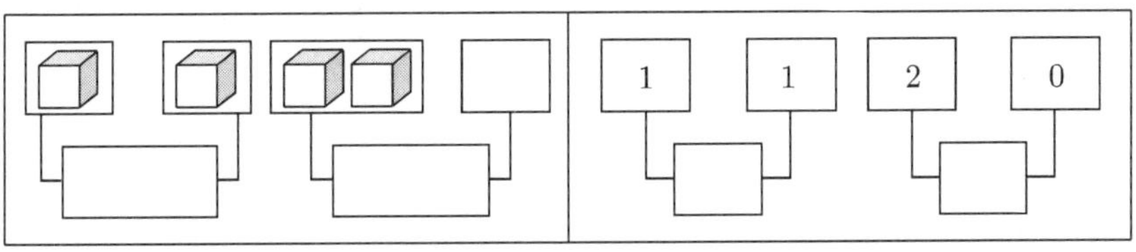

3단계. 모은 흰색 막대와 길이가 같은 막대를 찾아 길이를 맞추어 놓아본다.

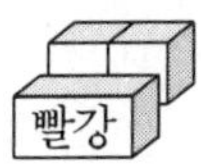

[발전] 한 수를 둘, 또는 그 이상의 수의 곱과 몫으로 나타내기

활동 3 분수의 개념 지도

▌목표: 단위 색막대를 기준으로 색막대 사이의 크기 관계를 분수로 나타내기

▌방법:

- 어느 한 색막대를 단위 색막대로 지정한 다음 다른 색막대의 길이를 분수로 나타낸다.
- 어느 한 색막대를 분모로 하고 다른 색막대를 분자로 나타낸다.

〈보기〉

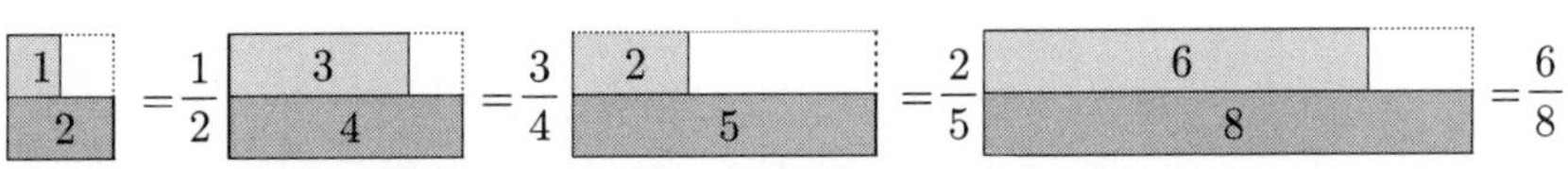

활동 4 분수의 종류 알기

▌목표: 단위분수, 진분수, 가분수의 개념을 알도록 한다.

▌방법:

- 길이가 다른 두 색막대를 아래, 위에 붙여서 왼쪽 끝을 맞추어놓은 다음, 그 크기의 비교를 통하여 단위분수, 진분수, 가분수로 이름 붙인다.

〈보기〉

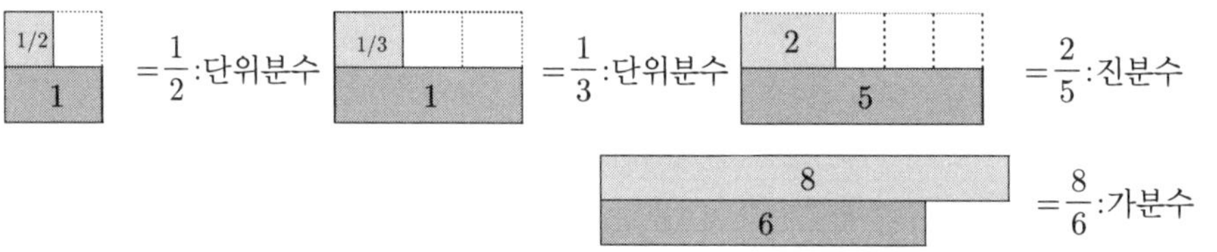

활동 5 동치분수 구하기

▌목표: 동치분수의 개념을 안다.

▌방법: 한 색막대, 또는 몇 개의 색막대를 연결한 길이를 단위(=1)로 정한 후, 같은 색끼리 연결한 전체 색막대의 길이가 단위 길이(=1)와 같을 경우 동치분수를 구할 수 있다.

- 한 색막대, 또는 몇 개의 색막대를 연결하여 단위길이를 정한다.
- 몇 개의 같은 색 막대를 연결하여 단위 길이와 같도록 한다.
- 연결부분이 일치하는 곳을 선택한다.
- 각 색깔별 전체 수량에 대한 연결부분이 일치하는 곳까지의 길이를 분수로 나타낸다.

〈보기〉

$\frac{2}{3}$의 동치분수 구하기

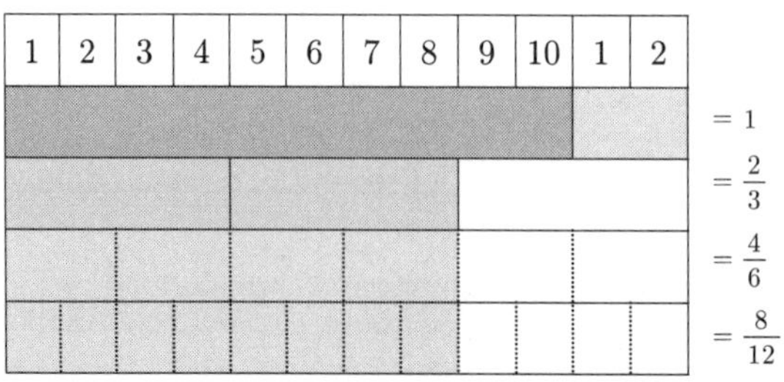

활동 6 분수의 크기 비교

▌목표: 분수의 크기를 비교할 수 있다.

▌방법:

- 어느 한 색막대를 단위로 정한 다음 다른 색막대의 길이를 분수로 나타내고 상대적인 크기를 비교한다.

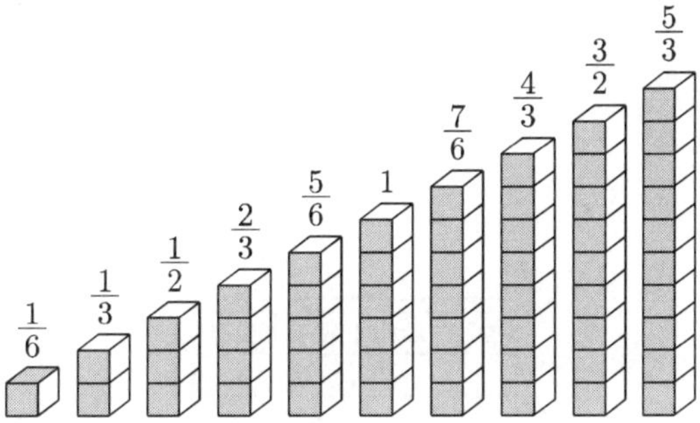

(1) 분수 $\frac{1}{2}$ 찾기

① 전체가 보라색 막대(=1)라면 $\frac{1}{2}$에 해당하는 색막대는 어느 것인가? 그 이유도 적어보자.

② 전체가 주황색 막대라면 $\frac{1}{2}$에 해당하는 색막대는 어느 것인가? 그 이유도 적어보자.

③ 전체가 갈색막대라면 $\frac{1}{2}$에 해당하는 색막대는 어느 것인가? 그 이유도 적어보자.

(2) 분수 $\frac{3}{4}$ 찾기

1단계. 기준(전체의 크기)이 되는 막대를 결정한다.

〈보기〉

갈색 막대가 기준 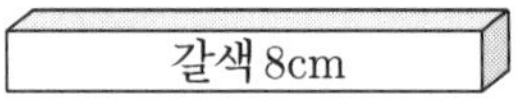

2단계. 기준 막대를 똑같이 4부분으로 나누는 막대를 찾는다. 이 때 빨간색 막대(2cm)를 바로 찾아내는 학생도 있겠지만 어떤 학생들은 흰색 막대(1cm)나 연두색 막대(3cm)를 올려 보는 등의 시행착오를 거친 후에 빨간색 막대를 찾을 수도 있을 것이다.

기준 막대를 4부분으로 분할

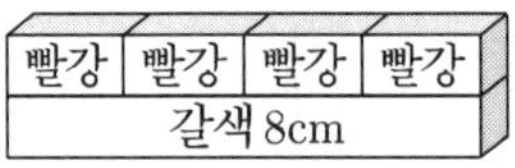

3단계. 갈색 막대(8cm)를 똑같이 분할하는 4개의 막대 중에서 3개의 막대만을 연결한 길이에 해당하는 막대 찾기: 초록색 막대(6cm)를 찾을 것이다.

$\frac{3}{4}$의 크기를 갖는 막대 찾기

4단계. 위의 활동에서 분수 $\frac{3}{4}$을 인식한다.

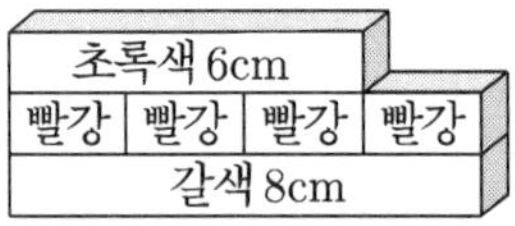

(3) 퀴즈네어 색막대를 이용하여 $\frac{1}{2}$과 $\frac{1}{5}$을 비교해보자[19)]

① 전체가 주황색 막대라면 $\frac{1}{2}$에 해당하는 색막대는 어느 것인가? 그 이유도 적어보자.

19) 3학년 수학영재 프로그램, 대구광역시 교육청(2010)

② 전체가 주황색 막대라면 $\frac{1}{5}$에 해당하는 색막대는 어느 것인가? 그 이유도 적어보자.

③ 위 활동을 바탕으로 $\frac{1}{2}$과 $\frac{1}{5}$을 비교하여 설명해보자.

활동 7 약수와 배수의 이해

▌목표: 약수와 배수 사이의 관계를 알 수 있다.

▌방법: 몇 개의 색막대를 연결하여 하나의 색막대를 만든 후, 그것과 같도록 같은 색의 막대끼리 연결하여 처음 막대 길이와 각 색깔별 막대 수 사이의 관계를 살펴본다.

- 한 색막대, 또는 몇 개의 색막대를 연결한다.
- 처음 만든 색막대의 길이와 같도록 같은 색의 막대끼리 연결한다.
- 전체의 길이와 각 색막대의 길이 및 연결한 색막대 수 사이에 어떤 관계가 있는지 알아본다.

〈보기〉

8의 약수 구하기

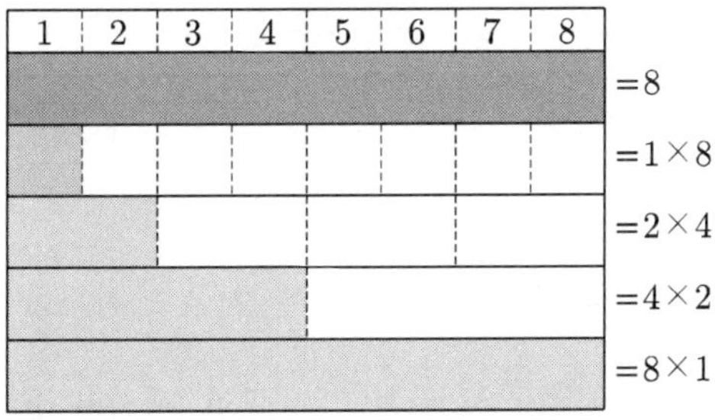

활동 8 공배수와 최소공배수의 이해

▌목표: 공배수와 최소공배수를 찾을 수 있다.

▌방법: 몇 개의 색막대를 연결하여 하나의 색막대를 만든 후, 그것과 같도록 같은 색의 막대끼리 연결하여 처음 색막대 길이와 각 색깔별 막대 수 사이의 관계를 살펴본다.

- 한 색막대, 또는 몇 개의 색막대를 연결한다.
- 처음 만든 색막대의 길이와 같도록 같은 색의 막대끼리 연결한다.
- 전체의 길이와 각 색막대의 길이 및 연결한 색막대 수 사이에 어떤 관계가 있는지 알아본다.
- 둘 또는 그 이상의 색막대의 연결 부분이 서로 겹치는 부분과 그들 사이의 관계를 알아본다.

〈보기〉

6은 2와 3의 공배수인 동시에 최소공배수이다. 8은 2와 4의 공배수, 12는 2, 3, 4, 6의 공배수인 동시에 최소공배수이다.

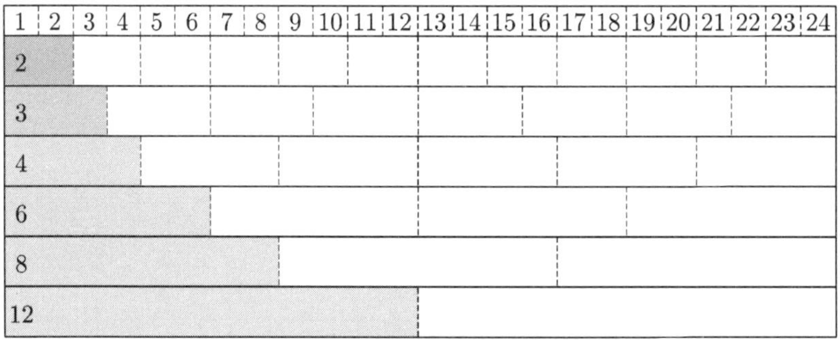

[탐구 3] 연산의 지도

활동 1 한 자리 수의 덧셈과 뺄셈

▌목표: 색막대를 이용하여 한 자리 수의 덧셈과 뺄셈을 할 수 있다.

▌방법: 흰색 막대를 1이라고 생각하고 10개의 막대 중에서 어느 둘 이상의 색막대를 연결한 후 그와 길이가 같은 색막대의 길이의 합과 차를 이용하여 아래와 같이 덧셈과 뺄셈을 할 수 있다.

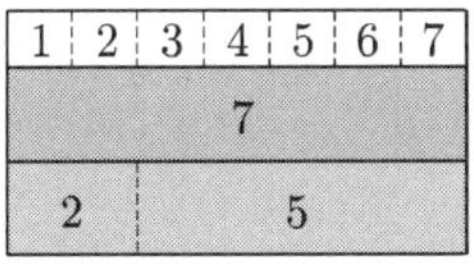

2+5=7
7−2=5

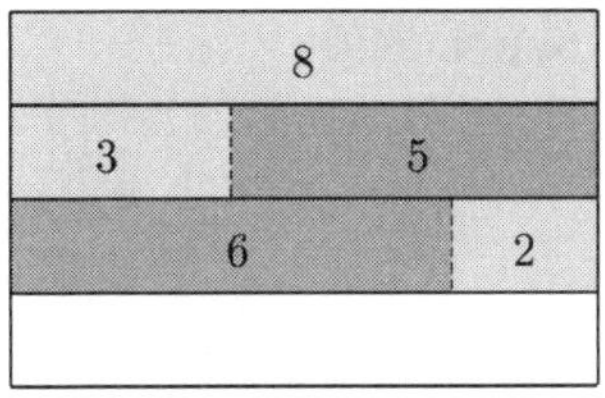

3+5=8
8−3=5
6+2=8
8−2=6

활동 2 한 자리 수의 곱셈과 나눗셈

▍목표: 색막대를 이용하여 한 자리 수의 곱셈과 나눗셈을 할 수 있다.

▍방법: 흰색 막대를 1이라고 생각하고 10개의 색막대 중에서 어느 한 색막대를 몇 개씩 연결한 전체 길이와 이에 대응하는 한, 두 색막대의 길이를 비교하는 과정에서 곱셈의 의미와 곱을 구할 수 있으며, 나눗셈은 곱셈의 역으로 생각한다.

〈보기〉

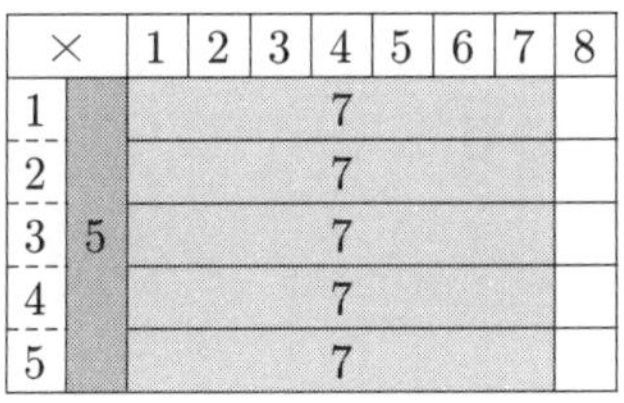

7×5=35

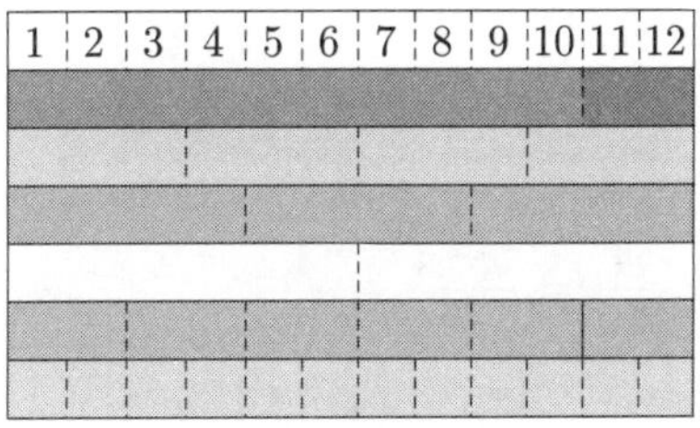

12
3×4=12
4×3=12
6×2=12
2×6=12
1×12=12

활동 3 교환법칙과 결합법칙

▍목표: 색막대를 이용하여 교환법칙과 결합법칙에 대해 이해한다.

▍방법:

- 흰색 막대를 1이라고 생각하고 어느 2~3개의 색막대를 연결하는 순서를 바꾸어도 그 합은 같다는 성질을 이용하여 덧셈에서의 교환법칙과 결합법칙을 이해한다.
- 흰색 막대를 1이라고 생각하고 어느 2~3개의 색막대를 연결하는 순서를 바꾸어도 그 합은 같다는 성질을 이용하여 곱셈에서의 교환법칙과 결합법칙을 이해한다.

〈보기〉

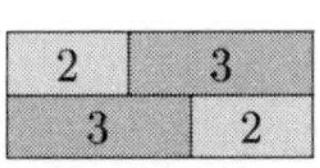

2+3=5 ↔ 3+2=5

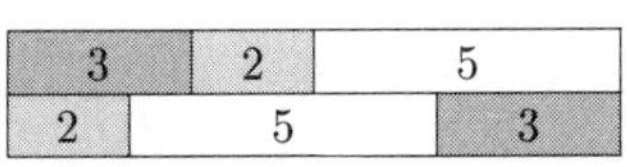

3+2+5=10 ↔ 2+5+3=10

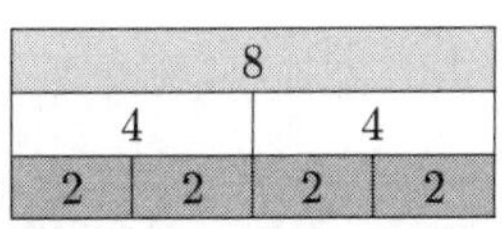

8
4×2=8
2×4=8

활동 4 분수의 덧셈과 뺄셈

▎목표: 색막대를 이용하여 분수의 덧셈과 뺄셈을 할 수 있다.

▎방법:

- 주어진 분수의 단위길이(=단위분수, ¾=¼×3)를 지정한다.
- 흰색 막대(=1)의 수를 공통분모(최소공배수 또는 공배수)로 지정한다.
- 동치분수의 개념을 이용하여 흰색 막대 수로 분자의 크기를 나타낸다.
- 흰색 막대의 수를 분자로 하여 합과 차를 구한다.

〈보기〉

- $\frac{2}{3}+\frac{1}{4}=\frac{8}{12}+\frac{3}{12}=\frac{3+8}{12}=\frac{11}{12}$

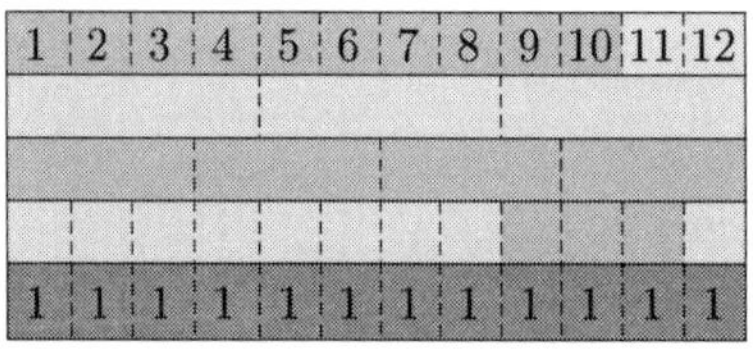

$\frac{2}{3}=\frac{8}{12}$

$\frac{1}{4}=\frac{3}{12}$

$\frac{2}{3}+\frac{1}{4}=\frac{8}{12}+\frac{3}{12}=\frac{3+8}{12}=\frac{11}{12}$

- $\frac{1}{2}-\frac{2}{5}=\frac{5}{10}-\frac{4}{10}=\frac{5-4}{10}=\frac{1}{10}$

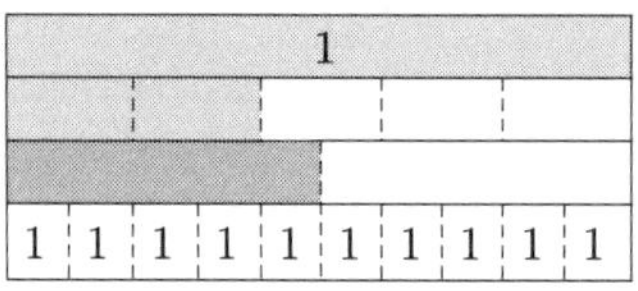

$\frac{1}{2}-\frac{2}{5}=\frac{5}{10}-\frac{4}{10}$

$=\frac{5-4}{10}=\frac{1}{10}$

[탐구 4] 측정의 지도[20]

활동 1 길이의 어림

▎목표: • 어림의 소양을 기른다.
• 단위 길이가 작을수록 정확한 값을 측정할 수 있음을 안다.

▎방법:

- 주어진 물체의 길이를 여러 색막대의 몇 배인가를 어림한다.
- 물체의 길이를 선택한 색막대 길이의 약 몇 배로 나타낸다.

---

20) 활동주의에 입각한 수학교구·학습방법, 대구교육대학교 초등교육연구원 과학교육연구소의 제16회 과학교육연구소 워크숍 보고서(2004)

• 어떤 색막대로 측정하는 것이 가장 정밀한지를 알아본다.

〈보기〉

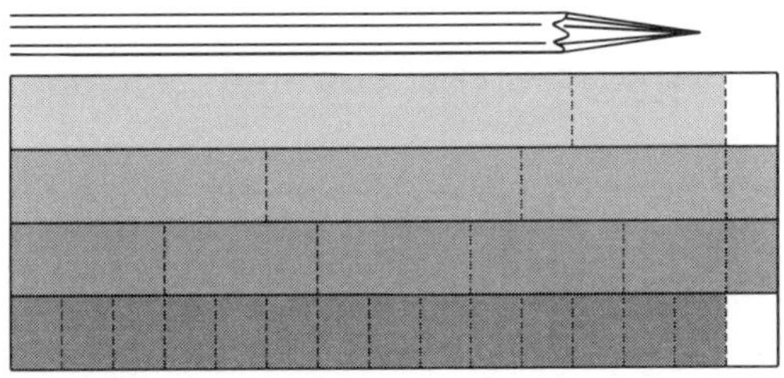

활동 2 **표준 단위의 필요성 알기**

▍목표: 측정하는 단위길이에 따라 주어진 물체의 길이를 여러 가지로 표현할 수 있음을 안다.

▍방법: 여러 색막대로 주어진 물체의 길이를 측정한다.

〈보기〉

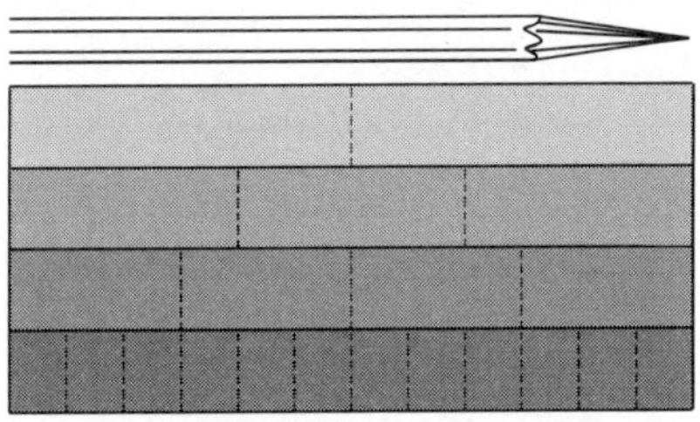

활동 3 **직사각형 넓이 구하기**

▍목표: 직사각형의 넓이 구하는 공식을 이해한다.

▍방법:

• 변의 길이가 자연수인 직사각형을 단위막대인 흰색 막대(=1)로 채워본다.

• 여러 크기의 직사각형에서 각각의 직사각형을 채우는 흰색 막대의 수를 세는 귀납적인 탐구활동을 통하여 직사각형의 넓이를 구하는 공식을 이해한다.

〈보기〉

- 각 직사각형에서 흰색 막대는 가로, 세로로 각각 몇 개씩 놓여있는가?
- 직사각형 전체를 채우고 있는 흰색 막대 수는 각각 몇 개인가?
- 직사각형의 넓이는 가로와 세로로 놓여있는 흰색 막대 수와 어떤 관계가 있는가?

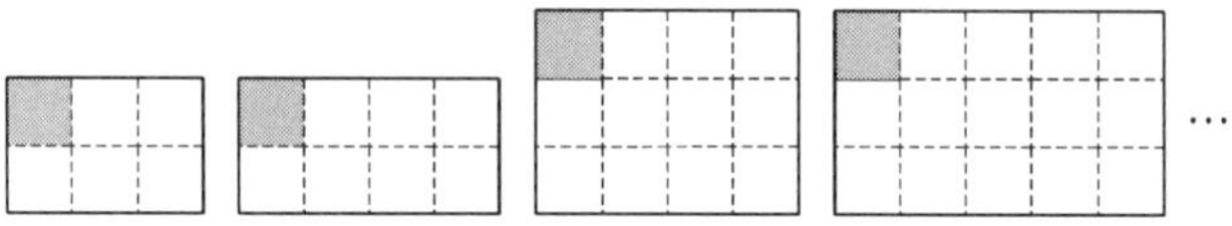

활동 4 **직육면체의 부피 구하기**

▎목표: 직육면체의 부피 구하는 공식을 이해한다.

▎방법:

- 주어진 직육면체는 단위막대인 흰색 막대(=1) 몇 개로 쌓았는지 알아본다.
- 여러 직육면체는 흰색 막대가 가로, 세로, 높이로 각각 몇 개씩 쌓여있는지를 세어보는 귀납적인 탐구활동을 통하여 직육면체의 부피를 구하는 공식을 이해한다.

〈보기〉

- 각 직육면체에서 흰색 막대는 가로, 세로, 높이에 각각 몇 개씩 쌓여 있는가?
- 직육면체는 흰색 막대 몇 개로 쌓았는가?
- 직육면체의 부피는 가로, 세로, 높이에 놓여있는 흰색 막대 수와 어떤 관계가 있는가?

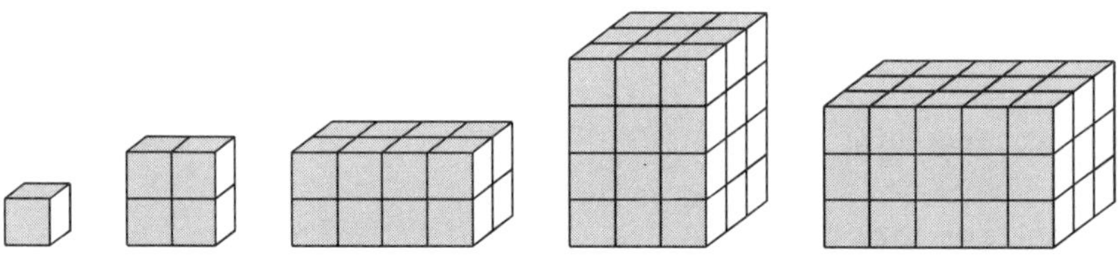

[탐구 5] 평균, 공간지각력 및 창의적 사고력 기르기[21)]

활동 1 평균의 의미와 평균 구하기

▌목표: 평균의 의미를 알고, 평균 구하는 방법을 안다.

▌방법:

- 길이가 서로 다른 막대를 나란히 세운다.
- 색막대의 높이를 모두 같게 하려면 어떻게 해야 할지를 생각한다.
- 흰색 막대를 이용하여 낮은 것은 높이고 높은 것은 낮추어 높이를 모두 같게 한다.
- 평균의 의미를 이해한다.
- 몇 가지 색막대가 세워졌는지 세어본다.
- 각각의 색막대는 몇 개의 단위막대(흰색)가 쌓인 것인지 세어본다.
- 전체 색막대 수의 합을 구한다.
- 전체 색막대 수를 색막대의 종류로 나누어 본다.
- 높이를 모두 같게 만들었을 때, 나란히 놓은 색막대 수와 쌓은 전체 색막대 수를 알아본다.
- 전체 색막대 수를 색막대의 종류로 나누어 본다.

〈보기〉

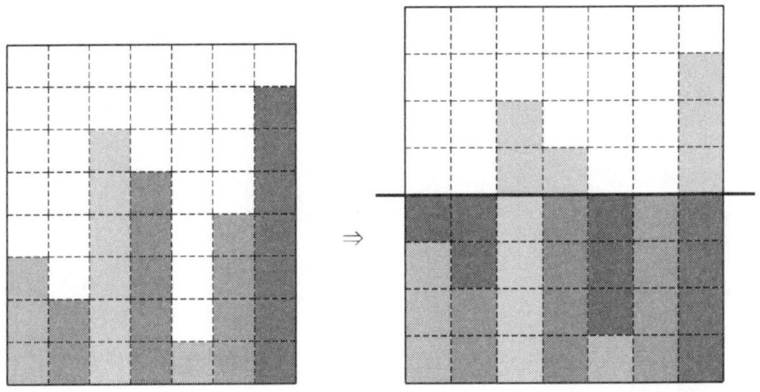

활동 2 공간지각력 및 창의적 사고력 기르기

▌목표: 입체도형을 앞, 옆, 위에서 본 모양을 평면에 나타내는 활동을 통하여 공간적 지각력을 기른다.

---

21) 활동주의에 입각한 수학교구·학습방법, 대구교육대학교 초등교육연구원 과학교육연구소의 제16회 과학교육연구소 워크숍 보고서(2004)

▌방법:

- 여러 색막대를 이용하여 입체도형을 만든다.
- 앞, 옆, 위에서 본 모양을 평면에 나타낸다.

〈보기〉

1. 다음 입체도형은 몇 개의 정육면체로 쌓았는지 숫자로 나타내어보자.

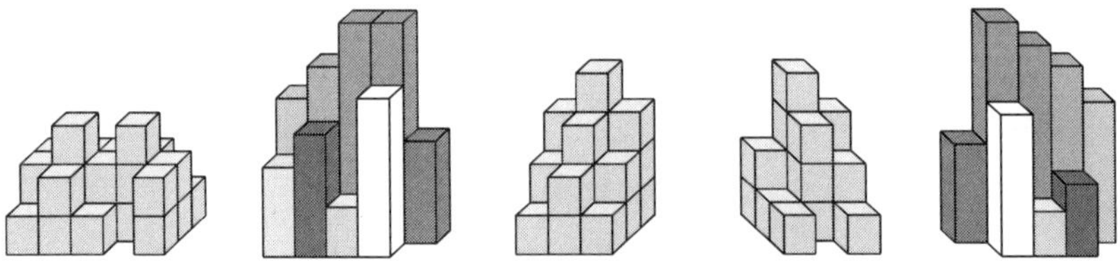

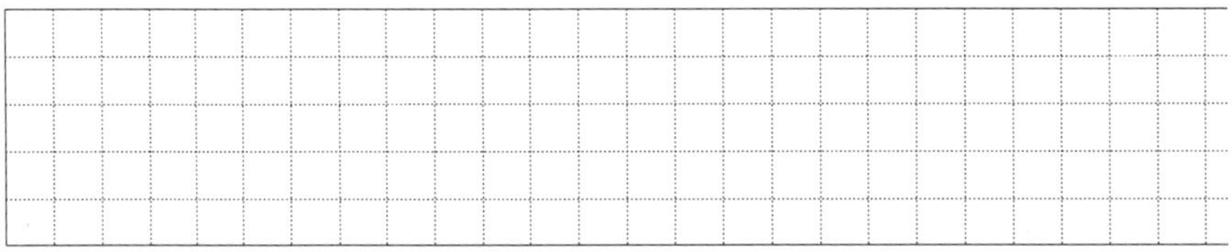

◇ 앞에서 본 모양 ◇ 옆에서 본 모양 ◇ 위에서 본 모양

2. 다음은 퀴즈네어 색막대로 만든 입체도형을 앞, 옆, 위에서 본 모양을 그린 것이다. 그림을 바탕으로 퀴즈네어 색막대를 이용하여 쌓아보자.

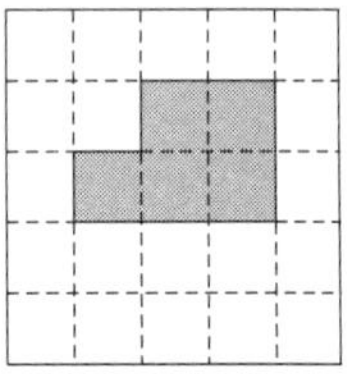

앞에서 본 모양

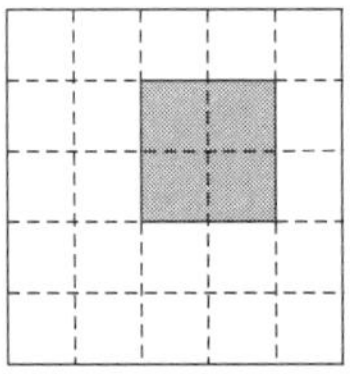

옆에서 본 모양

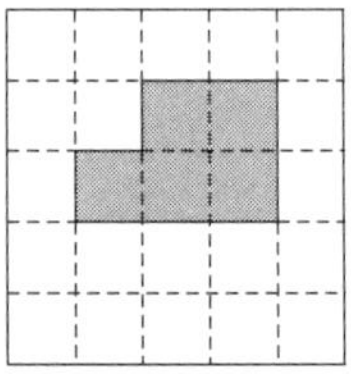

위에서 본 모양

[심화] 위와 같은 입체도형을 쌓으려면 어떤 색막대를 몇 개 이용하였겠는가?

활동 3 공간지각력 및 수학적 추상화 능력 기르기

▌목표: 입체도형을 위에서 본 모양을 숫자로 나타내는 활동을 통하여 공간적 지각력과 수학적 추상화 능력을 기른다.

▌방법:

- 여러 색막대를 이용하여 입체도형을 만든다.
- 앞, 옆, 위에서 보고 쌓인 색막대의 수를 숫자로 나타낸다.
- 쌓은 색막대의 위에서 본 모양을 나타낸 숫자를 보고, 입체도형을 구성할 수 있다.

- 다음 <보기 1>처럼 입체도형은 몇 개의 정육면체로 쌓였는지 숫자로 나타내어보자.

〈보기 1〉

2	2	2	2	1
2	3	2	3	2
1	2	1	0	2

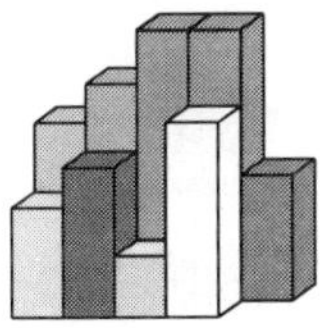

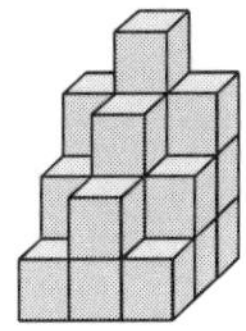

- 다음 <보기 2>는 색막대를 이용하여 만든 입체도형을 숫자로 나타낸 것이다. 거꾸로 오른쪽에 주어진 숫자판을 보고 입체도형을 만들어보자.

〈보기 2〉

2	2	2	1
2	3	0	0
1	1	2	0

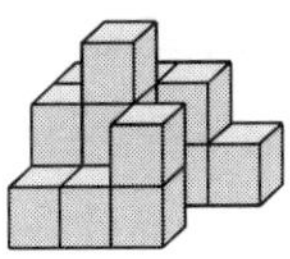

2	4	1
5	3	6
0	3	4

7	6	5	4	1
3	5	7	0	2
2	4	6	1	0
0	3	5	2	7

8 패턴블록(Pattern blocks)

1) 패턴블록은 어떤 교구인가?

패턴블록은 1960년대 초에 미국의 초등과학연구회(Elementary Science Study)가 평면 위에서 패턴 탐구를 위해 개발한 학습 자료이다. 패턴블록은 미국에서 널리 사용되고 있으며, 미국에서 수학교육에 종사하는 사람이라면 누구나 알고 있는 학습 자료이다. 미국에서는 패턴블록을 사용한 실천사례가 풍부하며, 특히 1970년대에 발행된 《Mathematics Their Way》는 패턴블록을 미국에 널리 소개시킨 책이다. 최근에는 NCTM에서 패턴블록을 활용한 활동의 예를 책으로 엮어 소개하기도 했다.

패턴블록은 아래 [그림 2-14]와 같이 6종류의 도형으로 구성되어 있고, 각각의 도형에는 독특한 색이 칠해져 있다. 패턴블록의 각각의 모양은 같은 치수와 같은 색으로 만들어진다. 기본 도형들의 변의 길이가 같거나 두 배라는 점은 블록들을 서로 맞추어 배열할 수 있게 해주고 도형들 간의 관계를 탐구해보는 데 유리하게 작용한다. 특히 이러한 특성은 패턴블록 활동을 공간 추론, 도형관계, 패턴 등의 영역 지도에 훌륭히 쓰일 수 있게 해준다.

아동들은 패턴블록을 조합해서 문양을 만들거나 사물의 모양을 표현할 수 있다. 이런 활동 외에도 다른 여러 활동들은 아동들에게 패턴블록의 특성과 공간관계를 탐구하고 어림해보며 수, 측도, 기하, 함수, 패턴, 그래프로 나타내기 등 다양한 수학적 내용과 개념들을 탐구할 기회를 제공해줄 수 있다(Zorfass, 1996).

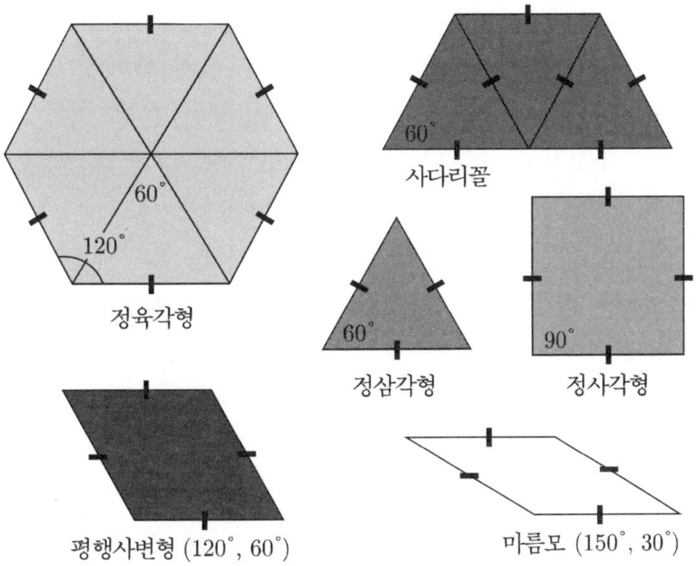

[그림 2-14] 패턴블록의 모양

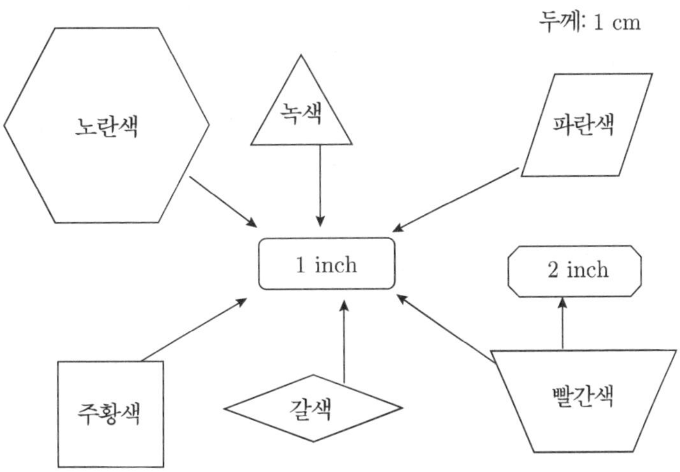

[그림 2-15] 패턴블록의 색과 크기

2) 패턴블록의 교육적 가치

Miller & Lee(1995)와 DeVries(1998)는 패턴블록의 교육적 가치에 대해서 많은 연구를 하였다. 이들의 연구 결과를 바탕으로 패턴블록의 교육적 가치와 패턴블록의 교구 활용의 적절성을 살펴보도록 하겠다.

첫째, 패턴블록은 공간 감각을 기르고, 평면 도형과 입체도형의 여러 가지 개념, 측정과 성질을 지도하는데 사용할 수 있다. 예를 들면, 패턴블록의 변의 길이가 같거나 두 배라는 점을 이용하여 블록들을 서로 맞추어 배열할 수 있게 해주고, 도형들 간의 관계를 탐구해볼 수 있게 한다. 패턴블록은 합동, 대칭, 닮음, 넓이, 둘레, 연속성, 함수, 분수, 그래프 그리기와 같은 수학적 주제를 학습할 수 있고, 학생들의 공간감각을 익히고, 유사성과 차이점을 인식하는 능력을 개발한다. 또 임의 단위로 패턴블록을 사용하여 넓이를 측정하는 활동은 단위의 크기와 넓이의 관련성을 이해하게 한다. 패턴블록을 사용하여 평면을 덮을 때 학생들은 각 또는 모서리의 조합을 알맞게 하거나, 한 점의 둘레에 같이 놓아보거나 다른 것에 알맞게 하는 것을 발견할 수 있다.

둘째, 패턴블록은 규칙을 인식하고, 규칙성을 찾는 데 효과적으로 사용할 수 있다. 예를 들면, 패턴블록들을 조합해서 문양을 만들거나 사물의 모양을 표현할 수 있다. 어떤 것을 발견하기 위하여 놓여진 블록들을 방법을 달리하여 놓아본다. 학생들은 블록들이 놓여진 모양에서 기하학적인 특별한 관계를 이해하게 된다. 학생들은 두개 또는 더 많은 모양을 조합하여 새로운 모양으로 확장하면서 관계를 찾는 방법을 알게 된다.

셋째, 학생들이 패턴블록을 사용함으로써 다양한 수학적 문제 해결 전략을 개발할 수 있다. 문제 해결에 패턴블록을 사용함으로써 학생들이 추측하기, 패턴 찾기, 논리적 사고 사용하기, 그림 그리기, 목록 만들기, 일람표 만들기, 모델링하기 등의 전략들을 개발할 수 있다. 패턴블록의 겉모양과 똑같이 그려진 외곽선을 보고 학생들이 특별한 추론을 할 수 있도록 도울 수 있다. 예를 들어 빨간색 블록을 긴 변을 아래로 하여 배열을 한다. 그러나 짧은 쪽을 아래로 하여 다르게 할 수도 있다. 학생들은 블록들이 놓인 모양에서 기하학적인 특별한 관계를 이해하게 된다. 학생들은 2개 또는 더 많은 모양을 조합하여 새로운 모양으로 확장하면서 관계를 찾는 방법을 알게 된다. 학생들은 패턴블록을 사용하여 도형에 대한 감각과 도형과 관련된 문제 해결을 위한 전략들을 개발하게 된다.

넷째, 패턴블록은 수학을 재미있고, 쉬운 것임을 알게 하며, 수학의 필요성을 느끼게 할 수 있는 자료이다. 예를 들면, 패턴블록을 사용함으로써 학생들은 재미있고 의미 있는 수학에 활발한 활동을 하게 된다. 또 학생들은 문제를 해결하는 것은 물론 그들이 문제를 만들어 보는 의욕을 가지게 한다.

다섯째, 패턴블록은 매력적인 학습 환경을 제공한다. 학생들이 학습에서 패턴블록을 손으로 다루는 수학을 하게 하는 것은 그들이 이해한 것을 구성하게 하는 실제적이고 풍부한 수학적인 경험을 제공한다. 패턴블록을 사용함으로써 학생들은 재미있고 의미 있는 수학에 활발한 활동을 하게 된다.

여섯째, 패턴블록은 다양한 영역에서 사용할 수 있는 자료이다. 패턴블록은 공간, 추론,

도형 관계, 패턴 등의 영역 지도에 훌륭히 쓰일 수 있게 해준다. 패턴블록은 모든 분야에 융통성 있게 쓰일 수 있는 자료이다. 또한 여러 가지의 아름답고 흥미로운 도형을 구성하는데 사용된다. 패턴블록의 두께를 이용하여 입체도형을, 패턴블록을 부채꼴이나 사각형으로 만들면 분수 개념을, 패턴블록의 색과 모양을 규칙적으로 조합시키면 논리 개념의 지도에 사용될 수 있다.

이뿐만 아니라 NCTM(2000)에서도 수학 학습 활동의 여러 측면 즉, 수와 연산, 대수, 기하, 문제해결, 의사소통, 표상 등에서 패턴블록이 활용될 수 있음을 언급하고 있다.

이와 같이 패턴블록은 아동의 공간감각을 신장할 수 있는 매개역할을 하며 능동적인 자세로 문제에 임하여 자발적인 탐구가 가능하게 하고 여러 수준의 아동이 모여 있는 교실에서 다양하게 활용될 수 있는 수학교구이다.

3) 패턴블록의 활용

활동 1 패턴블록 탐구하기

(1) 패턴블록은 6가지 색으로 이루어진 6가지 도형으로 구성되어 있다. 패턴블록을 이용하여 아래 모양을 다양한 방법으로 덮어보고, 만든 블록의 모양에 맞는 색을 칠해보자(작은 삼각형 1칸은 녹색 패턴블록과 같고, 선은 상관없이 모양에 따라 같은 색깔로 색칠하면 된다).

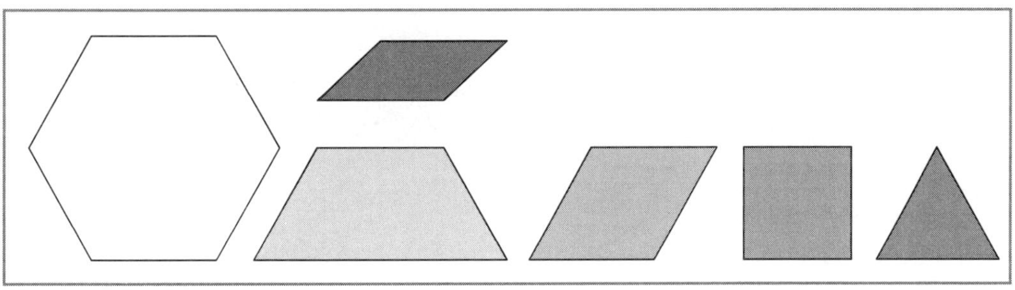

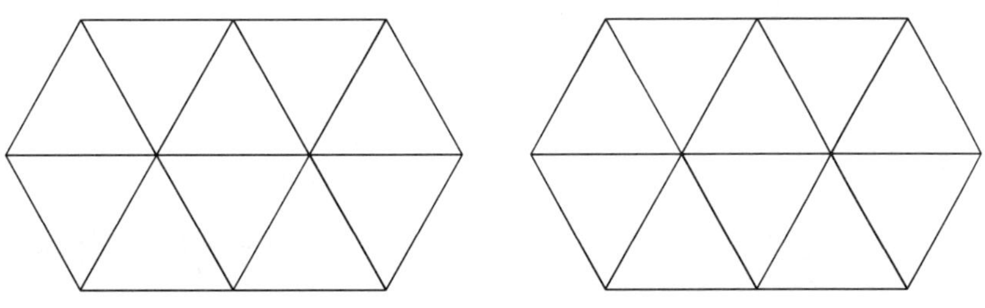

① 사용한 패턴블록 개수를 아래 표에 써보자.

	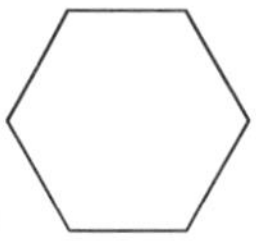	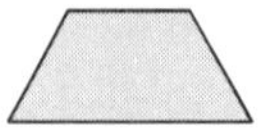	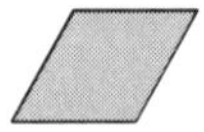				사용한 패턴 블록 개수
내가 사용한 블록 수							
친구가 사용한 블록 수							

② 사용한 패턴블록의 개수를 서로 비교해보자.

③ 가장 적은 패턴블록으로 덮기 위해서는 어떻게 해야 하는지를 말해보자.

④ 가장 많은 패턴블록으로 덮기 위해서는 어떻게 해야 하는지를 말해보자.

(2) 다음 물음에 답하시오.

① 아래 모양들 중에 하나를 골라 그것을 만드는 데 필요한 도형들을 골라보자.

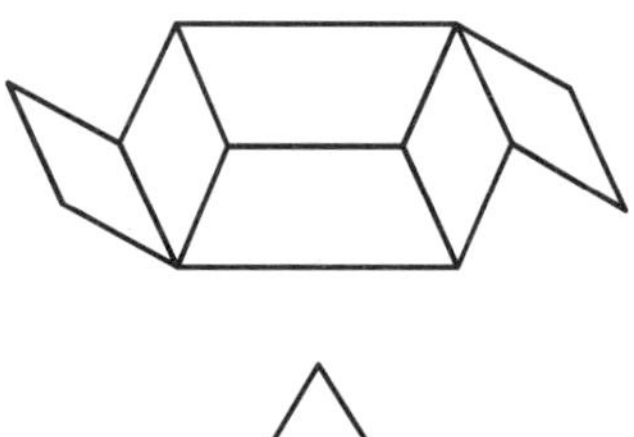

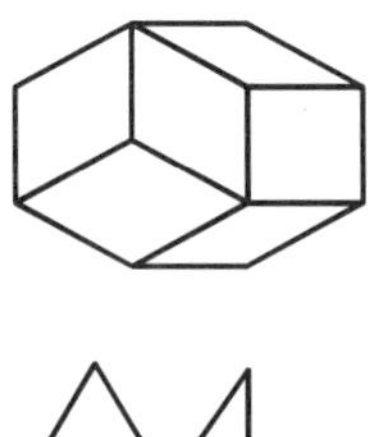

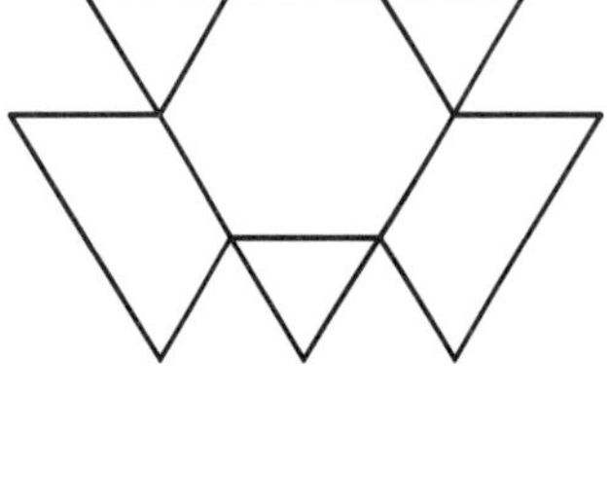

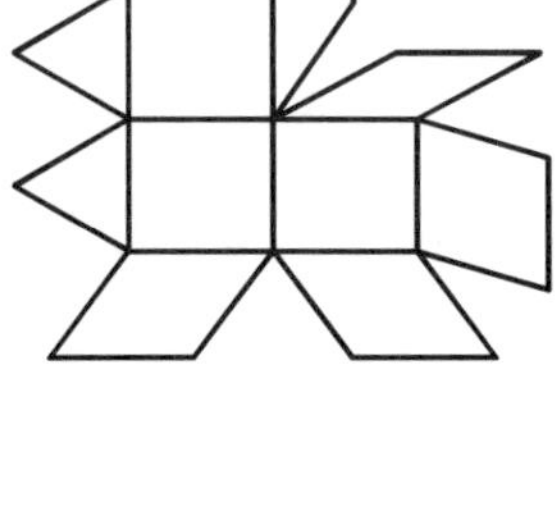

② 사용한 패턴블록의 개수를 아래 표에 써보자.

	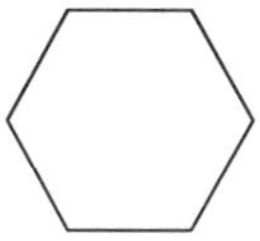		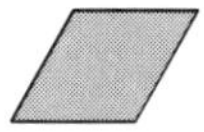			
①						
②						

③ 자신이 만들고 싶은 모양을 상상하여 만들고 적절한 이름을 붙여보자. 사용한 패턴 블록 개수를 아래의 표에 써 보자(길이가 서로 같은 변끼리 연결되도록 하고, 그림으로 나타내보자).

	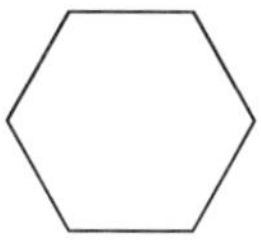		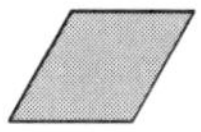			
자신이 사용한 블록 수						
친구가 사용한 블록 수						

④ 친구가 생각한 모양과 서로 바꾸어 모양을 만들어보자.

〈자신이 만든 모양의 이름 : 〉

활동 2 패턴블록 도입 활동

패턴블록을 수업에 처음 활용하고자 할 때, 특정한 문제를 처음부터 다루기보다는 먼저 학생들이 블록들 간의 관계를 탐구해볼 수 있도록 할 필요가 있다.

① 길 만들기

▌목표: 패턴블록을 맞추는 방법에 따라 거기서 나오는 패턴과 방향이 달라짐을 알게 한다.

▌방법:

- 아동들에게 자기가 살고 있는 마을의 길들에 대해 말하게 한다.
- 패턴블록을 가지고 그 길들을 만들어보게 한다.
- 패턴블록을 사용해 완성한 길에 대해 서로 토론하거나, 그림을 그리거나, 또는 자신들이 만든 것에 대해 써보게 한다.
- 직선인 길, 폭이 점점 넓어지는 길, 또는 방향을 바꿀 때, 편리한 블록은 어떤 것이 있는지에 대해 말해보게 한다.

② 촉감으로 블록 찾기

▌목표: 블록의 색깔로 블록을 구분하지 않고 모양에 따른 속성에 초점을 두고 구분해보게 한다.

▌방법:

- 2명씩 짝 활동으로 각 쌍에 패턴블록 한 주먹쯤을 담은 불투명 주머니나 상자를 준다.
- 순서를 정한 후 자기 차례에 주머니 속에 손을 넣어 블록 하나를 잡는다.
- 자기가 어떤 블록을 잡았고 어떻게 그것을 알았는지 짝에게 말한다.
- 잡은 블록을 꺼내어 확인한다.
- 이번에는 블록 하나를 먼저 생각한다.
- 주머니 속에서 촉감만으로 자신이 생각한 블록을 잡는다.
- 왜 그 블록을 택했는지 짝에게 말한다.
- 잡은 것이 처음에 생각한 블록인지 꺼내어 확인한다.

활동 3 패턴블록으로 모양 덮기[22)]

(1) 7개의 블록을 사용하여 아래의 삼각형 모양을 만들고 만든 블록의 모양에 맞는 색

22) 3학년 수학영재 프로그램, 대구광역시 교육청(2010)

을 칠해보자.

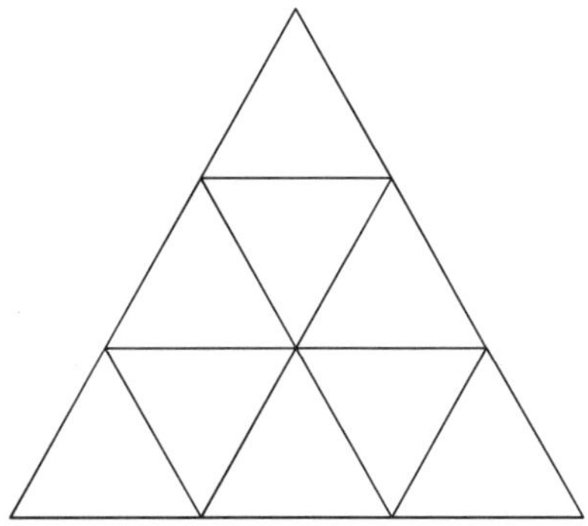

(2) 노란색 블록을 제외한 패턴블록을 이용하여 아래와 같은 모양을 만들려고 한다. 만들 수 있는 모양을 모두 찾고 만든 블록의 모양에 맞는 색을 칠해보자(뒤집거나 돌려서 같은 모양이 나오지 않도록 하고 선은 상관없이 모양에 따라 같은 색깔로 색칠하면 된다).

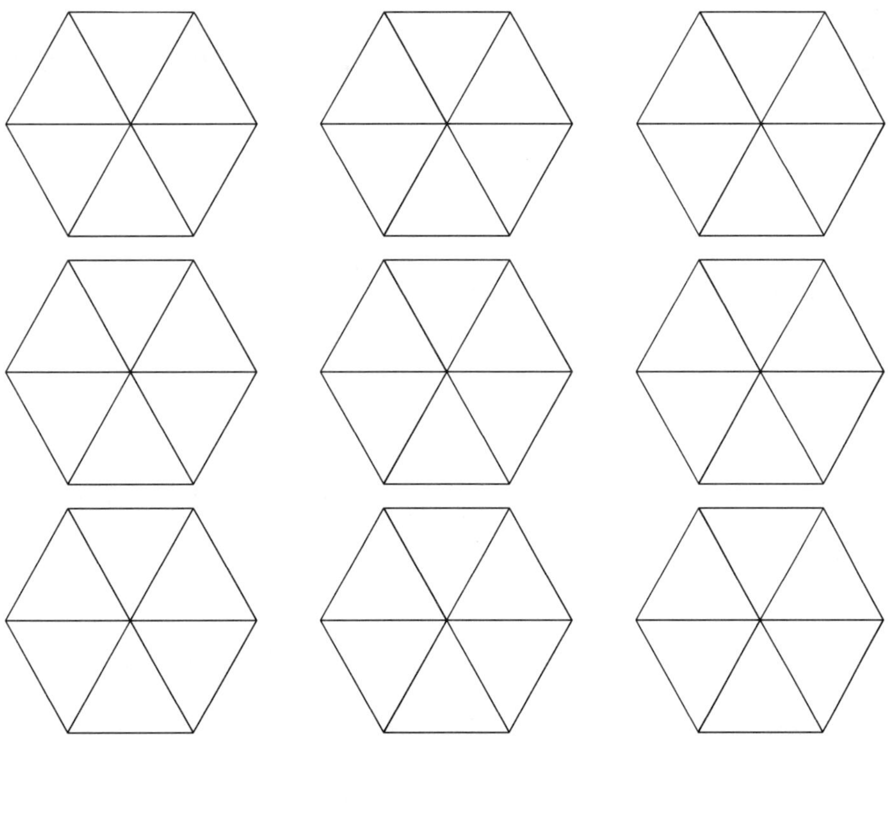

(3) 아래의 지시대로 주어진 별 모양의 도형을 덮고 그 사이의 규칙성을 알아보자.

① 정삼각형과 평행사변형으로만 덮어보자. 이때 정삼각형과 평행사변형 각 블록의 개수를 알아보자.

② 정삼각형과 평행사변형 각 블록의 개수 사이의 규칙성을 찾아보자.

③ 정삼각형과 사다리꼴로만 덮어보자. 이때 정삼각형과 사다리꼴 각 블록의 개수를 알아보자.

④ 정삼각형과 사다리꼴 각 블록의 개수 사이의 규칙성을 찾아보자.

(4) 평행사변형 패턴블록 2배 크기의 변을 가진 평행사변형을 만들어 보고 아래 물음에 답하여라.

① 다양한 방법으로 도형 덮기를 한 후에 어떤 패턴블록이 몇 개씩 사용되었는지 적어보자.

② 각 변의 길이를 2배로 했을 때 원래의 패턴블록과 넓이를 비교하면 몇 배나 큰가?

활동 4 수에 관한 탐구

① 합 구하기

▌목표: 패턴블록들 간의 상대적 크기 관계를 이용하여 특정한 합이 나오는 도형을 만들어냄으로써 비례추론 기능과 계산 기능을 익힌다.

▌방법:

- 삼각형, 평행사변형, 사다리꼴, 육각형에 각각 수 1, 2, 3, 6을 할당한다.
- 합이 15, 18, 25 또는 35와 40 사이가 되는 도형을 만들어보게 한다.
- 10개의 블록을 사용해서 도형을 만들어보고 그 합이 얼마인지 구해보게 한다.
- 정확히 블록 7개만을 사용해서 합이 14 미만인 도형을 만들어보게 한다.
- 각 결과를 종이에 적어 친구들에게 발표해보고 친구들 것과 비교하여 보게 한다.
- 삼각형이 1일 때, 평행사변형, 사다리꼴, 육각형이 왜 각각 2, 3, 6이 되는지에 대해 토론해본다.
- 삼각형에 아동들이 원하는 수를 할당하여 다른 도형들의 값을 구해보게 하고 왜 그렇게 생각했는지 말해보게 한다.

② 꽃 모양 만들기

▌목표: 자료를 조직하는 표를 만들어 패턴을 찾아 암산을 하여 문제를 해결한다.

▌방법:

- 평행사변형 4개를 사용하여 아래 그림과 같은 꽃을 만든다.
- 이것과 합동인 꽃을 만드는 데 필요한 삼각형의 개수를 표를 작성하여 알아본다.
- 꽃 2개를 만드는 데는 평행사변형이 몇 개나 필요한지 표를 작성하여 알아본다.
- 여러 개의 꽃을 만드는 데 필요한 평행사변형과 삼각형의 개수를 알아본다.
- 표에서 알아낸 사실을 더욱더 일반화시켜 꽃이 49, 50, 100개일 때 필요한 평행사변형과 삼각형의 개수를 알아보게 한다.

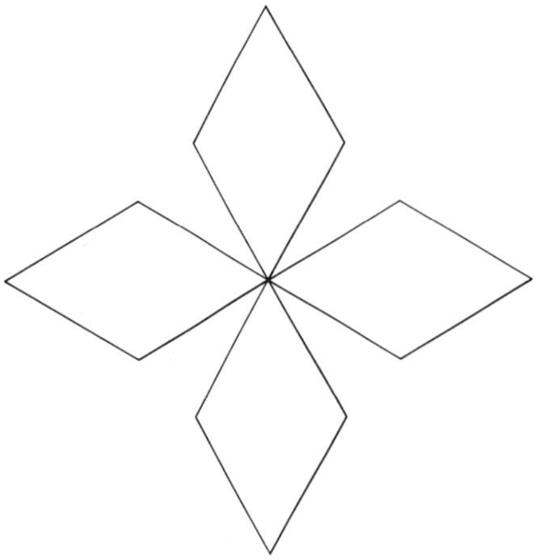

꽃의 수	평행사변형의 개수	삼각형의 개수
1	4	8
2		
3		
4		
5		
6		
7		
8		
9		
10		

③ 육각형 만들기

▌목적: 아동들에게 육각형 블록과 합동인 도형을 만들어보게 함으로써 블록들 간의 분수 관계를 발견할 수 있게 한다.

▌방법:

- 여러 가지 블록들을 가지고 육각형 블록 크기의 모양을 만들어 본다.
- 한 가지 종류의 블록들만을 가지고 육각형 블록 크기의 모양을 만들어 본다.
- 각 블록이 육각형 모양의 몇 분의 몇이 되는지 알아보게 한다.
- 여러 가지 블록들을 가지고 만든 육각형 모양을 보고, 식으로 위에서 찾은 분수를 고쳐 식을 세워보게 한다.

(예)

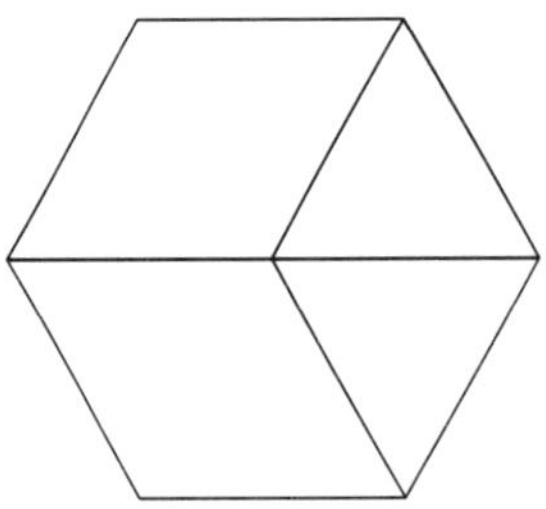

$\frac{2}{3}+\frac{2}{6}=1$

④ 삼각수

▌목표: 패턴을 사용하여 문제를 해결하고, 삼각수를 알게 한다.

▌방법:

- 아래 그림과 같이 크기가 다른 삼각형들을 만들게 한다(검은 부분은 빈 공간임).
- A, B, C를 만드는 데 각각 몇 개의 삼각형이 필요한지 쓰게 한다.
- 다음 삼각형 D를 만드는 데 필요한 삼각형의 개수를 구하게 한다.
- 위의 결과를 표로 작성하여 규칙을 찾아 일반화해보게 한다.
- 삼각형의 개수로부터 나오는 수열 속의 숫자들이 삼각수임을 알게 한다.
- 아래 도형들에서 빈 공간이 없는 경우 거기서 나오는 수열은 어떻게 되는지 알아보게 한다.

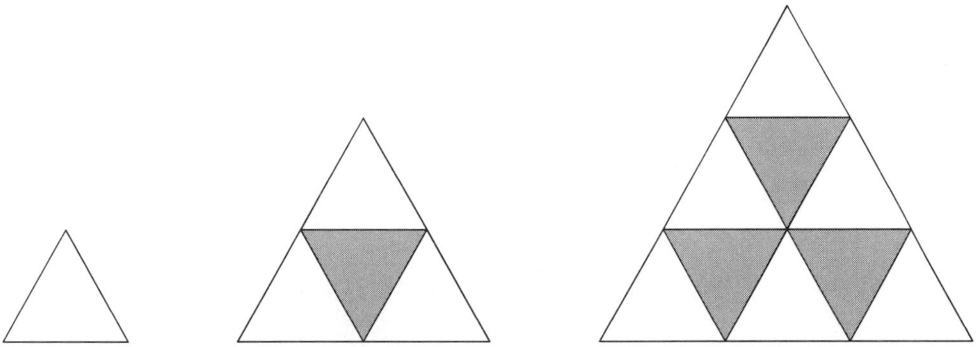

A B C

삼각형	A	B	C	D	E	F
녹색 삼각형의 개수	1	1+2	1+2+3			
녹색 삼각형의 총 개수	1	3	6			

활동 5 도형과 관련한 활동

① 접힌 모양

▌목표: 대칭축에 대해 알게 한다.

▌방법:

- 거울을 대칭축 위에 놓고 맞는지 확인해보게 한다.
- 펼쳐진 모양에서 대칭축이 더 있는지 알아보게 한다.

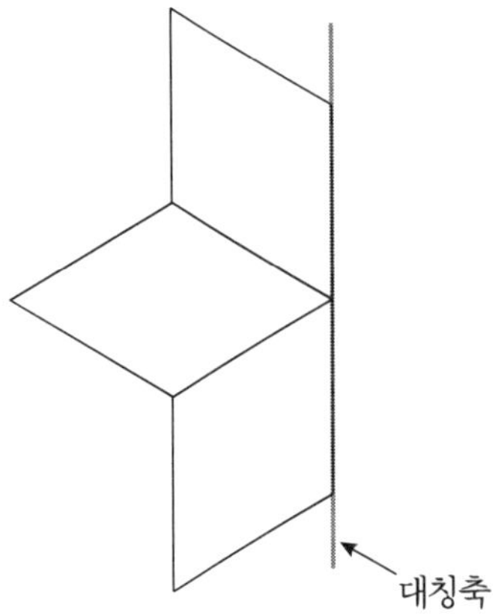

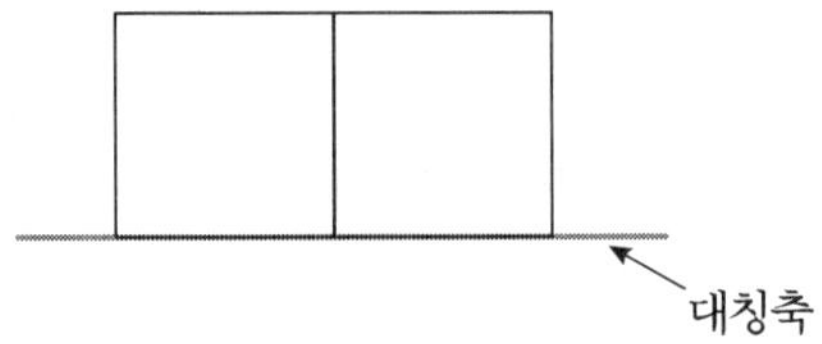

② 회전

▎목표: 회전 변환을 탐구한다.

▎방법:

- 패턴블록으로 아래의 왼쪽 모양을 만들게 한다.
- 아래와 같이 90°, 180°, 270° 나아가 360° 회전시켰을 때의 모양을 알아본다.

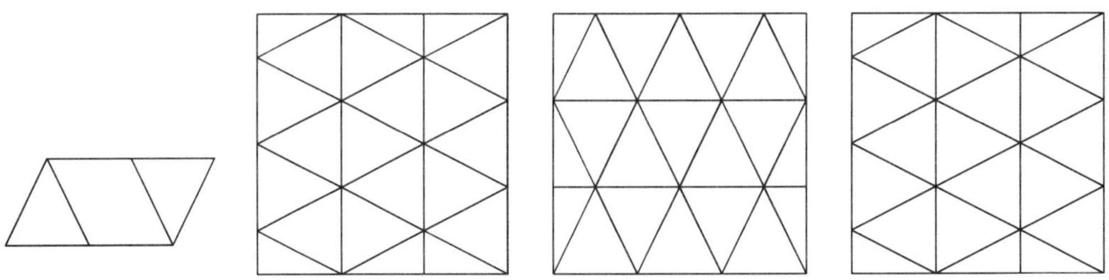

90° 180° 270°

③ 뒤집기(flip)

▎목표: 모양을 뒤집어 그 결과를 탐구하여 일반화해보게 한다.

▎방법:

- 패턴블록으로 아래의 독수리 모양을 만들게 한다.
- ‘ → ← ’ 표시를 축으로 뒤집기를 1번, 2번, 3번, … 반복해 가면서 모양이 어떻게 변하는지 알아본다.

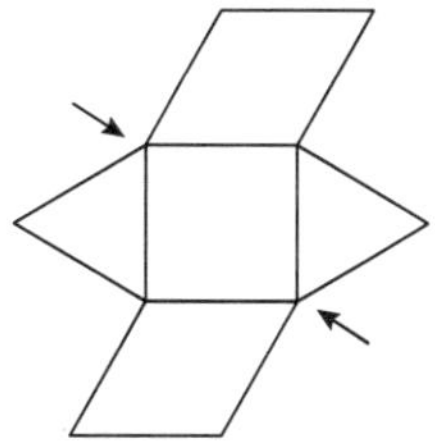

④ 닮은 도형(확대)

▌목표: 도형의 닮음(확대)에 대한 경험을 제공한다.

▌방법:

- 삼각형 블록을 사용해서 더 큰 정삼각형을 만들게 한다.
- 같은 집단에서 크기가 다른 정삼각형들을 만들어 크기 순서로 배열하게 한다.
- 만들어진 정삼각형들이 같은 모양인지 알아본다(한 눈을 감고 한쪽 눈에 원래 블록을 대고 맞는지 확인).
- 위에서 완전히 맞게 가려진 도형들을 순서대로 배열한 다음 한 변에 원래 블록의 변이 몇 개 들어 있는지를 차례대로 쓴다.
- 다른 블록들에 대해서도 해본다.
- 위와 같은 도형들을 닮은 도형이라 한다면 도형의 닮음은 어떤 성질이 있는지 알아본다.

⑤ 넓이와 둘레

▌목표: 넓이와 둘레의 관계를 탐구해보게 한다.

▌방법:

- 녹색 삼각형의 넓이를 1이라고 한다.
- 녹색 삼각형을 사용하여 아래 그림을 덮어서 몇 개가 사용되었는지 알아본다.

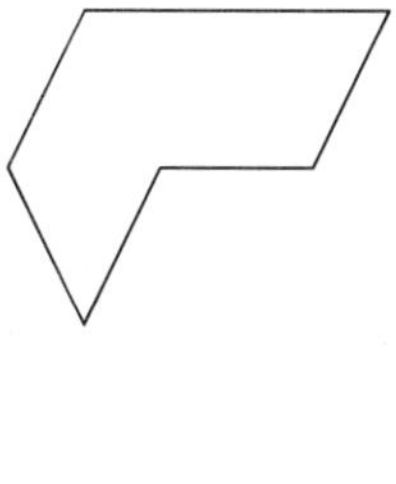

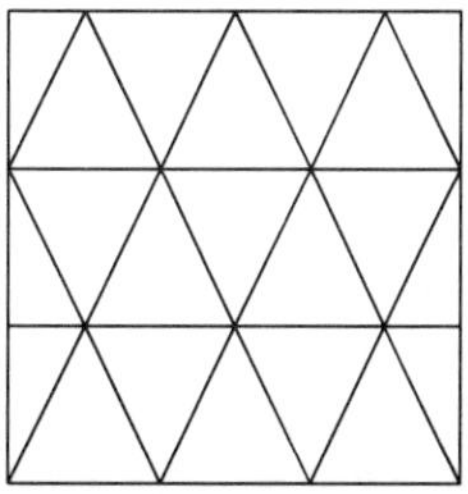

⑥ 각

▎목표: 각과 합동각의 의미를 탐구해보게 한다.

▎방법:

- 주어진 모양에 맞는 패턴블록을 위에 겹쳐 놓는다.
- 겹쳐 놓은 패턴블록에서의 각의 개수를 구해보게 한다.
- 각의 크기가 같은 블록으로 합동각을 탐구해보게 한다.

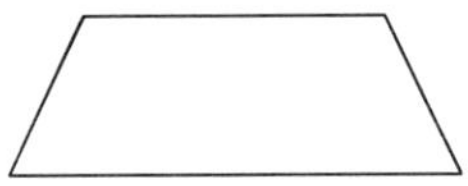

각의 개수 : (   )

활동 6 **패턴블록으로 규칙에 맞는 여러 가지 도형 만들기**[23)]

① 녹색 블록 3개와 파란색 블록 3개를 이용하여 만들 수 있는 삼각형 모양을 모두 찾아보고, 만든 블록의 모양에 맞는 색을 칠해보자.

23) 3학년 수학영재 프로그램, 대구광역시 교육청(2010)

② 아래의 규칙에 맞게 주어진 패턴블록을 이용하여 만들 수 있는 다양한 도형을 찾아 보자.

- 변의 길이가 서로 같은 블록의 변과 변을 연결할 수 있다.

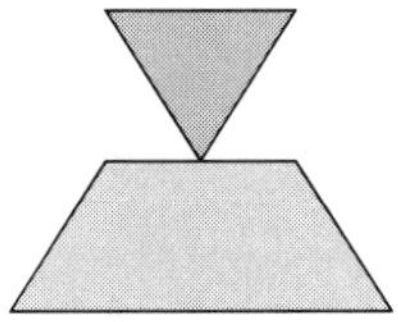

변과 변이 연결되지 않음 ×

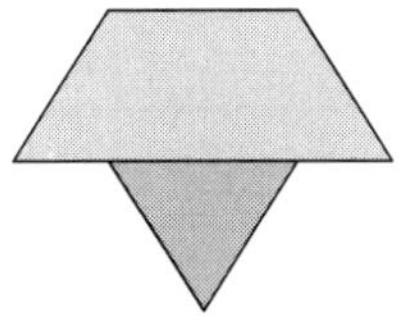

변의 길이가 서로 다름 ×

- 뒤집거나 회전해서 겹쳐지는 모양은 같은 모양으로 본다.

- 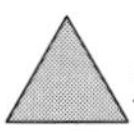 과  을 이용하여 만들 수 있는 모양을 모두 찾아보자.

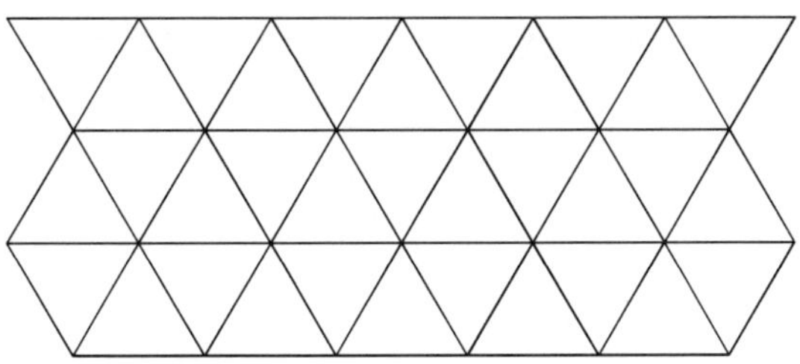

- 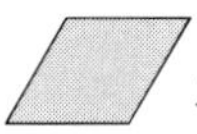 과 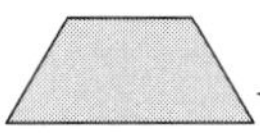 을 이용하여 만들 수 있는 모양을 모두 찾아보자.

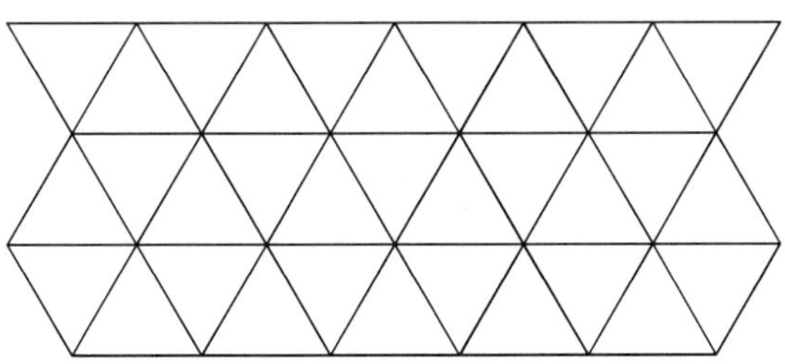

· 과 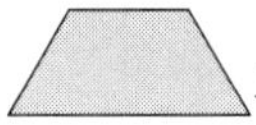과 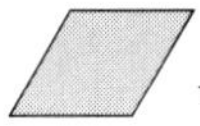을 이용하여 만들 수 있는 모양을 모두 찾아보자.

활동 7 나의 값은 얼마일까?24)

(1) 모양 속에 포함된 패턴블록의 값 찾기

① 노란색 패턴블록(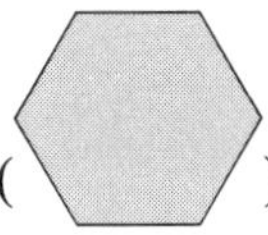)의 값을 1이라고 할 때, 다음 물음에 답해보자.

- 노란색 패턴블록은 빨간색 패턴블록의 몇 배인가? (　　　　)
- 빨간색 패턴블록의 값은 얼마인가? (　　　　)
- 파란색 패턴블록의 값은 얼마인가? (　　　　)
- 녹색 패턴블록의 값은 얼마인가? (　　　　)
- 빨간색 패턴블록과 녹색 패턴블록을 연결한 모양(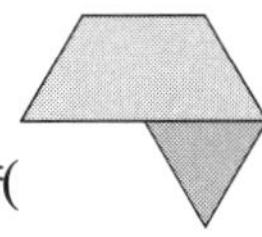)의 값은 얼마인가? 왜 그렇게 생각하는지 설명해보자.

  (　　　　　　　　　　　　　　　　　　　　　　　　　　　　　　)
- 블록의 값과 크기 사이에 어떤 규칙이 있는지 말해보자.

  (　　　　　　　　　　　　　　　　　　　　　　　　　　　　　　)

② 아래 주어진 모양의 값을 1이라고 할 때 다음 물음에 답해보자.

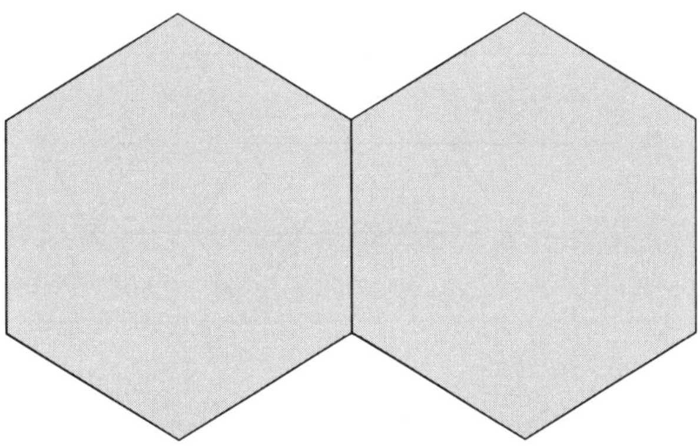

- 노란색 패턴블록의 값은 얼마인가? (　　　　)
- 빨간색 패턴블록의 값은 얼마인가? (　　　　)
- 파란색 패턴블록의 값은 얼마인가? (　　　　)

24) 3학년 수학영재 프로그램, 대구광역시 교육청(2010)

- 녹색 패턴블록의 값은 얼마인가? (　　　　)
- 빨간색 패턴블록과 녹색 패턴블록을 연결한 모양(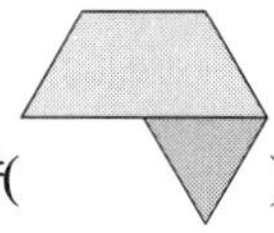)의 값은 얼마인가? 왜 그렇게 생각하는지 설명해보자.
  (　　　　　　　　　　　　　　　　　　　　　　　　)
- 블록의 값과 크기 사이에 어떤 규칙이 있는지 생각해보자.
  (　　　　　　　　　　　　　　　　　　　　　　　　)

(2) 패턴블록의 값을 보고 모양 찾기

① 전체 모양의 값이 1이라고 할 때, 파란색 패턴블록의 값이 $\frac{2}{3}$이고 녹색 패턴블록의 값이 $\frac{1}{3}$이 되는 육각형 모양(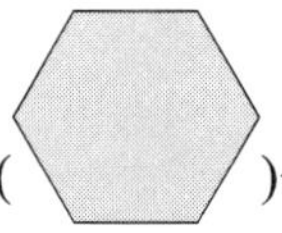)을 2가지 만들어보자.

• 블록의 길이가 같은 변과 변을 서로 연결할 수 있다. • 뒤집거나 회전해서 겹쳐지는 모양은 같은 모양으로 본다.

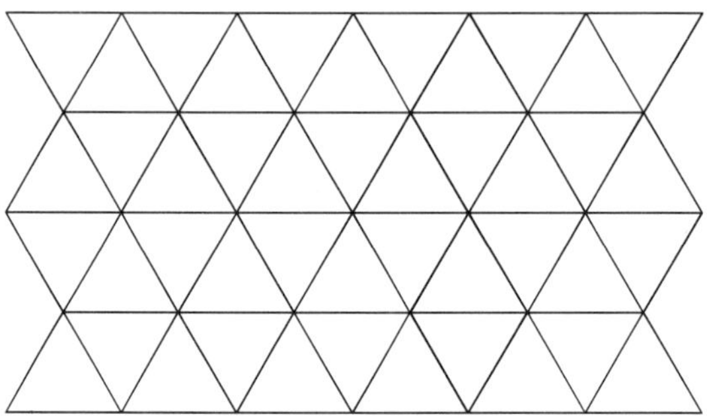

② 전체 모양의 값이 1이라고 할 때, 빨간색 패턴블록의 값이 $\frac{2}{3}$이고 녹색 패턴블록의 값이 $\frac{1}{3}$이 되는 삼각형 모양을 만들어보자.

• 블록의 길이가 같은 변과 변을 서로 연결할 수 있다. • 뒤집거나 회전해서 겹쳐지는 모양은 같은 모양으로 본다.

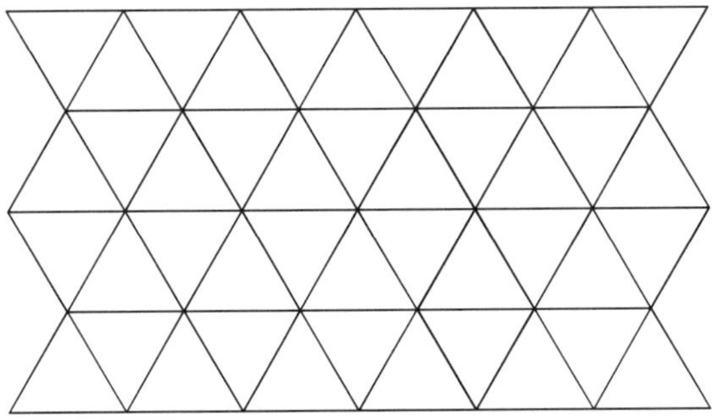

③ 전체 모양의 값이 1이라고 할 때, 파란색 패턴블록의 값이 $\frac{1}{2}$, 노란색 패턴블록의 값이 $\frac{1}{4}$, 녹색 패턴블록의 값이 $\frac{1}{4}$이 되는 모양을 꾸며 보자(작은 삼각형 1칸은 녹색 패턴블록과 같고, 선은 상관없이 모양에 따라 같은 색깔로 색칠하면 된다).

- 블록의 길이가 같은 변과 변을 서로 연결할 수 있다.
- 뒤집거나 회전해서 겹쳐지는 모양은 같은 모양으로 본다.

활동 8 패턴블록으로 규칙 찾기[25)]

(1) 다음 문제를 해결해보자.

① 다음은 원영이가 규칙에 따라 블록을 배열한 것이다. 물음에 답해보자.

25) 3학년 수학영재 프로그램, 대구광역시 교육청(2010)

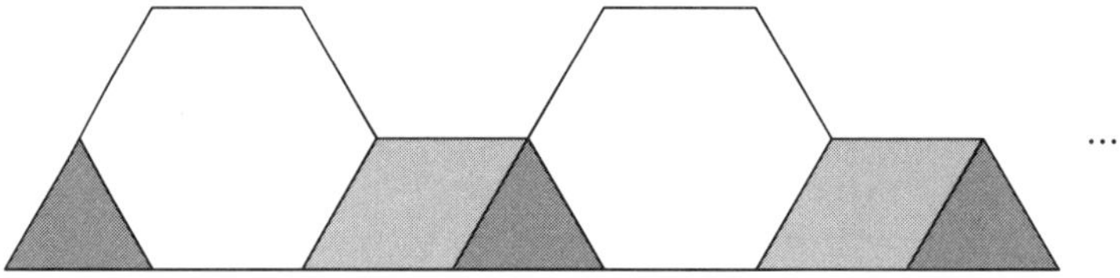

- 다음에 올 블록은 무엇인가? (   )
- 20번째 올 블록은 무엇인가? (   )
- 반복되는 블록을 찾아보자.   (   )
- 50번째 올 블록은 무엇인가? (   )
- 왜 그렇게 생각하는지 설명해보자.

② 다음은 준택이가 규칙에 따라 블록을 배열한 것이다. 빠진 부분을 그려보자.

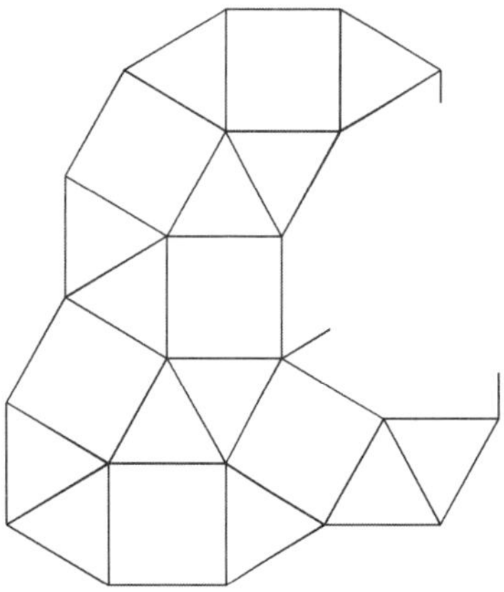

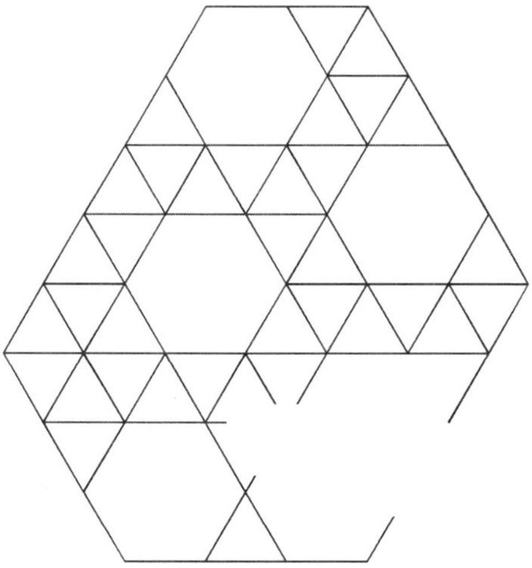

(2) 지희는 주말에 친구들을 초대하여 생일 파티를 하기로 했다. 지희는 주황색 패턴블록 모양의 탁자를 연결하여 앉을 수 있는 식탁을 준비하려고 한다. 한 변에 1명씩 앉을 수 있는 탁자이고 자신을 포함하여 16명이 앉을 식탁을 준비하려고 할 때 몇 개의 탁자가 필요한지 구해보자.

〈탁자를 놓는 방법〉

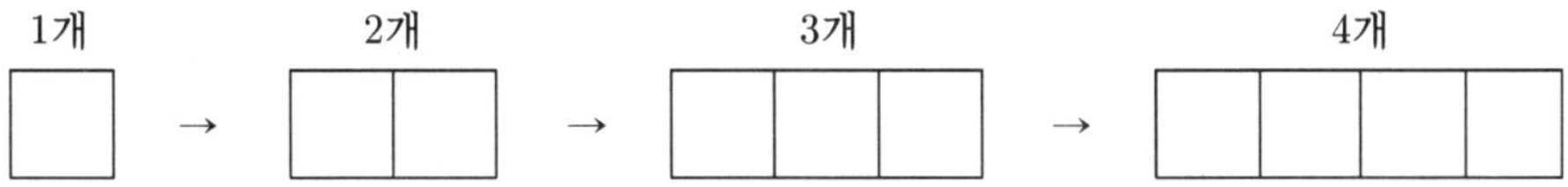

① 탁자가 1개 있을 때 몇 명이 앉을 수 있는가? (　　　　　)명

② 탁자가 2개 있을 때 몇 명이 앉을 수 있는가? (　　　　　)명

③ 16명이 앉을 식탁을 준비하려면 몇 개의 탁자가 필요한가? (　　　　　)개

④ 50명이 앉으려면 몇 개의 탁자가 필요한지 구하고, 방법을 설명해보자.

(3) 영호는 노란색 패턴블록 모양의 탁자를 연결하여 50명이 앉을 수 있는 탁자를 준비하려고 한다. 한 변에 1명씩 앉을 수 있고 아래와 같은 모양으로 연결하려고 할 때 몇 개의 탁자가 필요한지 구해보자.

〈탁자를 놓는 방법〉

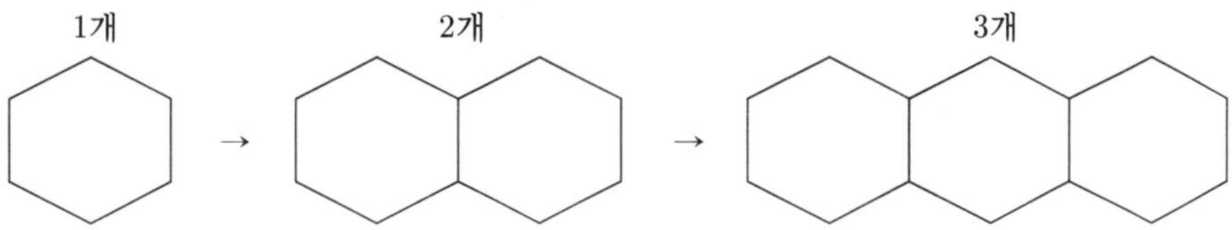

① 탁자가 1개 있을 때 몇 명이 앉을 수 있는가? (　　　　　)명

② 탁자가 2개 있을 때 몇 명이 앉을 수 있는가? (　　　　　)명

③ 50명이 앉으려면 몇 개의 탁자가 필요한지 구하고, 방법을 설명해보자.

활동 9 선대칭 도형 만들기

① 아래 각 패턴블록 조각들에 주어진 숫자만큼의 개수를 가지고 오른쪽 빈 공간에 제시된 개수의 대칭축을 가지는 모양들을 만들어보고, 만든 도형을 빈 공간에 그려보자.

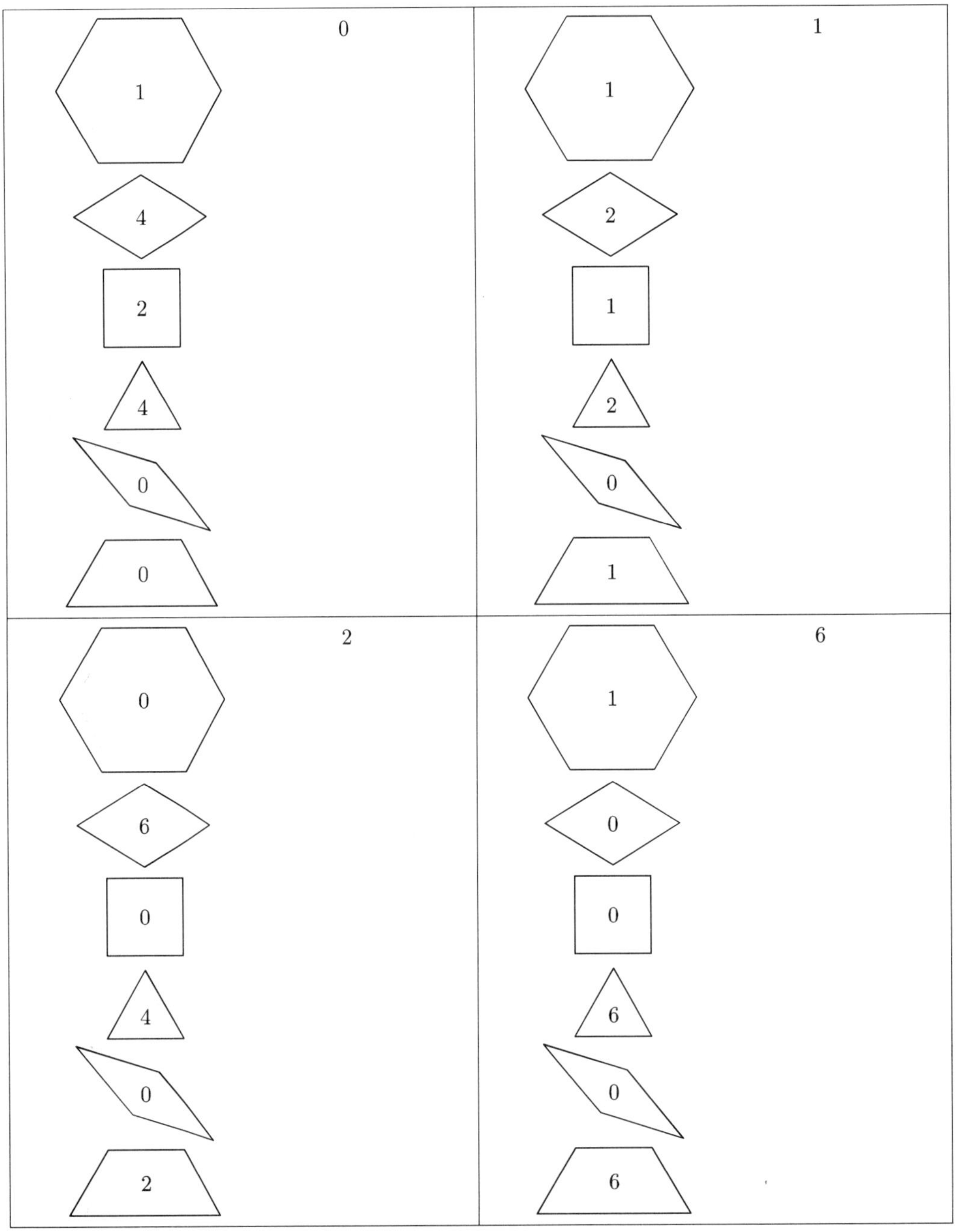

② 5분 동안 패턴블록으로 자신만의 선대칭 도형을 가능한 한 많이 만들어보자(단, 돌리거나 뒤집어 같은 모양은 제외한다).

활동 10 점대칭 도형 만들기[26)]

① 다음과 같은 패턴블록에 각각 2개의 패턴블록을 더 사용하여 점대칭 도형이 되도록 만들려고 한다. 다음과 같은 패턴블록을 점대칭 도형의 기본 도형이라 하고 아래 중 어떤 패턴블록이 가능한지 골라보자.

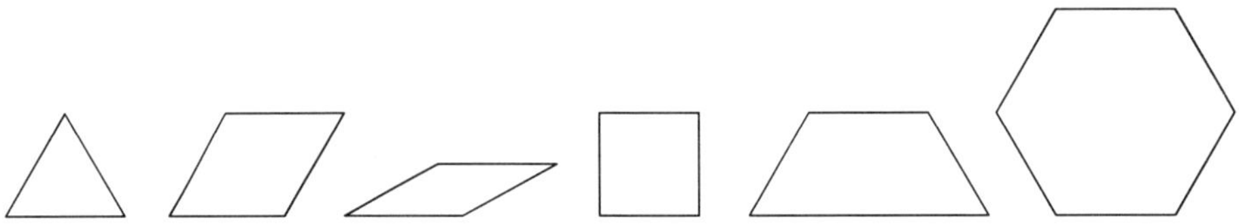

② 평행사변형 패턴블록을 기본 도형으로 두고 정삼각형 패턴블록 2개로 점대칭 도형을 만들어보자. 만든 도형을 아래에 그려보자.

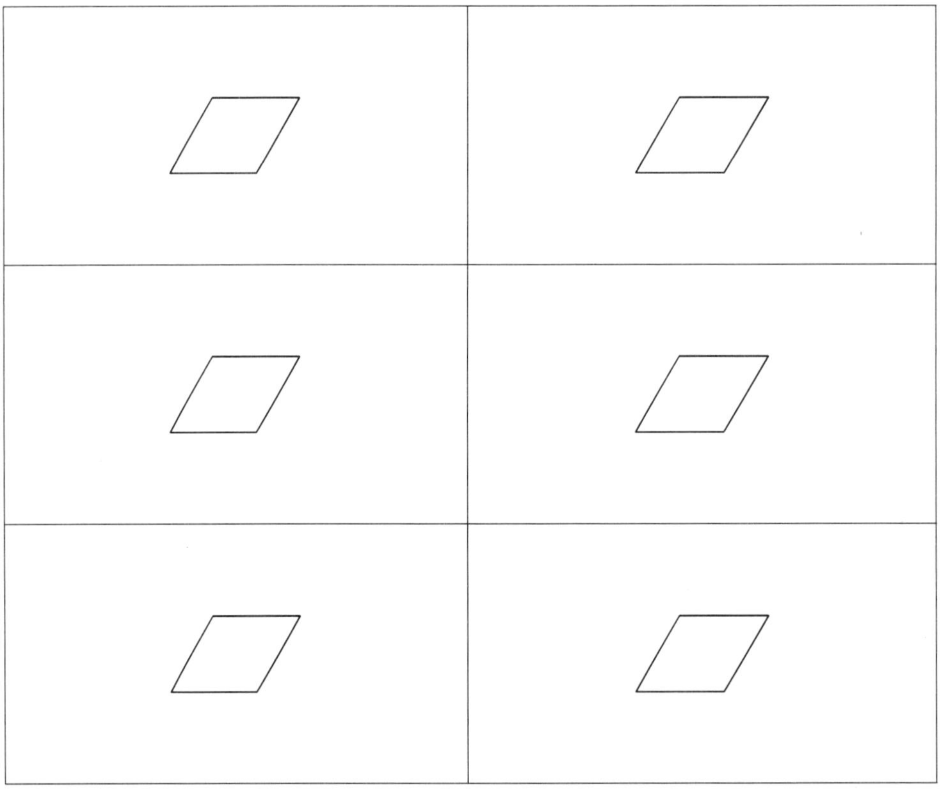

26) 5학년 수학영재 프로그램, 대구광역시 교육청(2010)

③ 5분 동안 패턴블록으로 자신만의 점대칭 도형을 가능한 한 많이 만들어보자(단, 돌리거나 뒤집어 같은 모양은 제외한다).

읽을거리

패턴블록을 사용할 때 교사가 기본적으로 가져야 할 생각들[27)]

① 모든 활동에 내재되어 있는 주요 목표는 의사소통을 촉진시키는 것이다. 따라서 아동들에게 말하고, 기술하고, 질문하고, 설명하며, 정당화할 시간을 허용해주어야 한다.

② 교실에는 독해 수준이 뒤쳐져 있는 아동들이 있다. 따라서 활동지나 학습지를 이용할 경우 아동들과 함께 내용을 훑어보아야 한다.

③ 블록을 사용할 때 아동들이 형식적인 명칭(예, 사각형, 삼각형)과 비형식적인 명칭(예, 주황색, 녹색, 네모, 세모)을 사용할 수도 있다. 교사는 이런 형식적인 명칭과 비형식적인 명칭을 섞어서 사용해서 아동들이 편안하고 자연스런 방식으로 학습할 수 있도록 해야 한다.

④ 가능하다면 언제든지, 아동들이 어림해보고 추측(예상)해보게 한 다음, 실제 결과와 그것을 비교해보게 하는 것이 좋다.

⑤ 활동들을 가급적이면 게임으로 만들면 아동들이 활동에 몰입하게 된다.

⑥ 아동들이 패턴블록 모양을 종이에서 오려내어 붙이거나 활동 결과를 간편하게 기록할 수 있도록 삼각형 격자지(부록 2)와 점자지(부록 3)를 준비하면 편리하게 사용할 수 있다.

⑦ 패턴블록으로 한 활동 결과를 집으로 보내거나, 집에서 가족과 같이 패턴블록으로 할 수 있는 활동을 과제로 제시해도 좋다.

---

27) Miller, M & Lee, M(1995). Exploring with pattern blocks. NY: Cuisenaire Company of America.

9 속성블록(Attribute blocks)

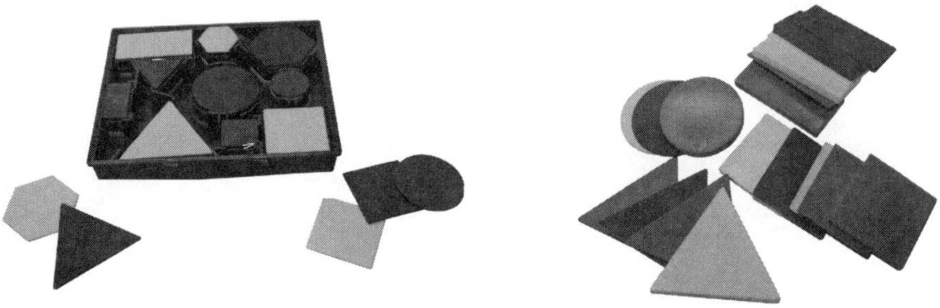

1) 속성블록은 어떤 교구인가?

헝가리의 수학교육자 딘즈에 의해 고안된 것으로 아래 그림과 같이 원, 정사각형, 직사각형, 정삼각형, 정육각형의 5종류 모양으로 구성되어 있으며 각 모양마다 색깔이 빨강, 노랑, 파랑의 3종류, 크기가 대, 소 2종류, 두께가 두껍고 얇은 2종류인 합계 60매의 색판으로 구성되어 있다. 이것을 딘즈의 속성판 또는 속성블록이라고 한다.

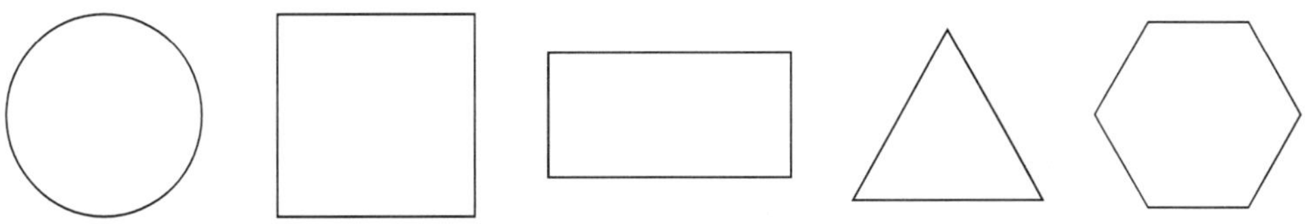

2) 속성블록 만들기

▌준비물: 얇은 노란 색지 2장, 얇은 빨간 색지 2장, 얇은 파란 색지 2장, 두꺼운 노란 색지 2장, 두꺼운 빨간 색지 2장, 두꺼운 파란 색지 2장, 가위

▌만드는 방법:

① 얇은 노란색 종이에 인쇄한 작은 원, 직사각형, 정사각형, 정삼각형, 정육각형 5가지 모양의 도형을 붙이고 자른다.

② 얇은 빨간색 종이에 인쇄한 작은 원, 직사각형, 정사각형, 정삼각형, 정육각형 5가지 모양의 도형을 붙이고 자른다.

③ 얇은 파란색 종이에 인쇄한 작은 원, 직사각형, 정사각형, 정삼각형, 정육각형 5가지 모양의 도형을 붙이고 자른다.
④ 두꺼운 노란색 종이에 인쇄한 큰 원, 직사각형, 정사각형, 정삼각형, 정육각형 5가지 모양의 도형을 붙이고 자른다.
⑤ 두꺼운 빨간색 종이에 인쇄한 큰 원, 직사각형, 정사각형, 정삼각형, 정육각형 5가지 모양의 도형을 붙이고 자른다.
⑥ 두꺼운 파란색 종이에 인쇄한 큰 원, 직사각형, 정사각형, 정삼각형, 정육각형 5가지 모양의 도형을 붙이고 자른다.

3) 속성블록의 활용

속성블록은 논리 블록(logical blocks)이라고도 하며, 논리적 사고의 발달뿐 아니라, 분류 활동에 대한 훌륭한 모델을 제공한다. 속성블록은 대부분의 학생 참여를 보장하지만, 또한 교사에게 능동적인 역할을 요구한다. 아동이 속성블록을 가지고 활동할 때, 직접적인 질문과 탐구는 사고과정에 대한 단서를 제공할 수 있다. 아동의 행동을 관찰하면 그들의 성장에 대해 많은 것을 알 수 있다. 이를테면, 파란 삼각형을 하나 고르도록 요구할 때, 어떤 아동은 파랗지만 삼각형이 아닌 조각을 고를 수도 있다. 다른 아동은 삼각형이지만 파란색이 아닌 조각을 고를 수도 있다. 이러한 반응은 단지 그가 듣기를 소홀히 하였다는 것을 반영할 수도 있다.

궁극적으로 아동이 이러한 자료를 사용할 때 주의 깊게 관찰하고 질문하는 것은 그들이 사고하는 것을 더 잘 이해할 수 있게 도와주고, 결국 더 적절한 학습 활동을 고안하도록 도와 줄 수 있을 것이다. 딘즈의 속성블록을 이용한 놀이는 여러 가지를 생각할 수 있다. 이를테면, 같은 종류의 것을 모으기(집합 만들기), 두 가지 종류에 공통되는 것 모으기(교집합 만들기), 또는 한 가지 성질만을 바꾸어 늘어놓기(계열 만들기) 등은 수나 도형개념, 그리고 논리성의 육성에 대단히 적합한 놀이라고 할 수 있다. 또, 1장의 블록을 감추어 놓고 그것이 어떤 판인가를 말하게 하는 놀이 등은 아동들의 관심을 집중시킬 수 있고, 또한 조리 있는 생각이나 전체의 구조에 착안하는 생각 등의 육성을 기대할 수 있다. 이상을 정리해보면 대체적으로 속성블록은 아래와 같이 그 활용 방안을 요약해볼 수 있다.

(1) 속성 이해

① 속성블록을 같은 모양끼리 분류해보자.

[그림 2-16] 같은 모양끼리 분류하기

② 속성블록을 같은 크기끼리 분류해보자.
③ 속성블록을 같은 두께끼리 분류해보자.
④ 속성블록을 같은 색깔끼리 분류해보자.

위와 같이 도형을 이용하여 자신이 원하는 모양을 구성한 뒤, 모양을 구성한 도형들의 속성에 대해서 설명하는 활동을 할 수 있다.

(2) 속성 분류

① 같은 색깔로 모양 만들기
② 같은 두께로 모양 만들기
③ 조각이 쌓인 순서를 제시해주고 조각을 쌓아보기
④ 두 가지 속성을 지닌 조각 찾기
⑤ 규칙 찾기

[그림 2-17] 색이라는 속성에 따른 분류

[그림 2-18] 모양이라는 속성에 따른 분류

(3) 속성 탐구

① 세 가지 속성을 지닌 조각 찾기
② 공통점 찾기
③ 네 가지 속성을 지닌 조각 찾기

(4) 문제 해결

① 반쪽 찾기
② 네모 만들기
③ 네모와 각진 세모 만들기
④ 여러 가지 방법으로 큰 네모 만들기
⑤ 여러 가지 모양 만들기

(5) 게임

① 속성 별 특징 잇기 게임
② 속성 순서 나열하여 빈 칸에 채울 도형 넣기 게임

4) 속성블록의 효과

① 직접 분류해 봄으로서 집합의 개념을 명확히 이해할 수 있다.
② 벤 다이어그램에 적합한 원소를 골라 붙이는 활동을 함으로써 합집합, 교집합, 차집합의 뜻과 표현을 예습할 수 있다.

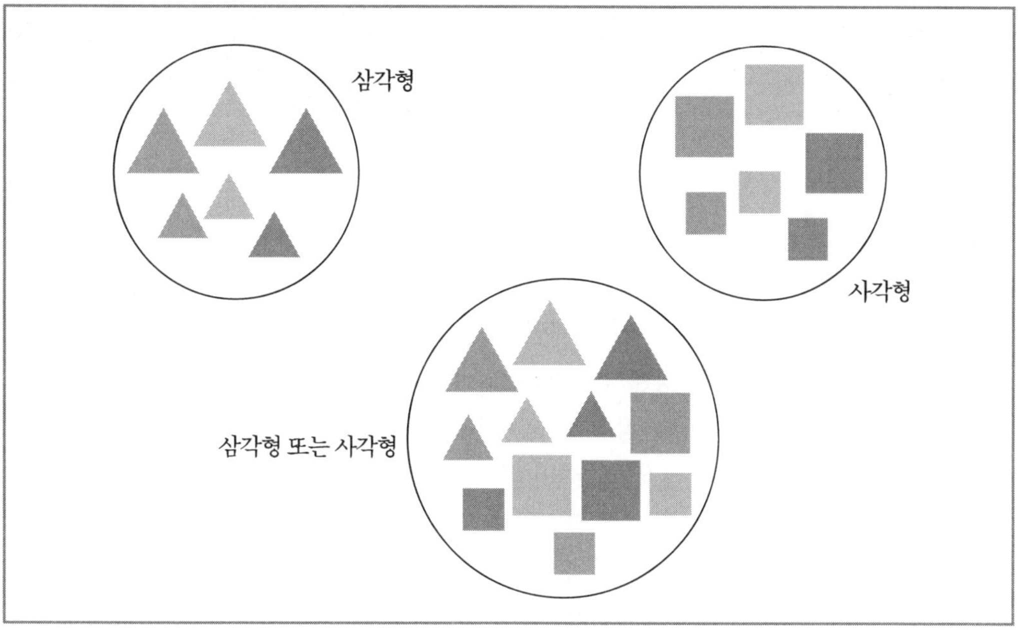

[그림 2-19] 두 집합의 합집합

③ 여러 가지 조건에 따른 분류 활동을 통한 다양한 사고에 효과적이다.
④ 평면도형의 인식능력(모양에 대한 변별력) 향상을 꾀할 수 있다.
⑤ 여러 가지 조건의 결합 활동을 통한 분석력과 통합능력을 신장시킬 수 있다.
⑥ 활동적인 활동으로 활력 있는 수학 수업을 형성할 수 있다.

읽을거리

Dienes는 놀이를 조작적 놀이, 규칙 놀이, 표현 놀이로 구분하고 있다. 조작적 놀이는 예를 들면 아동에게 나무 쌓기를 생각하도록 자유롭게 만지작거리도록 하는 놀이이다. 그는 탐색이라는 낱말의 특징을 덧붙이지만 결정적으로 명확한 목표에 따르는 행동은 아니다. Dienes는 이것을 開의 상태의 놀이라고 하였다.

Dienes의 정신역학에서는 수학적 개념은 열고 닫는 것을 반복하며 발전하는 것이라고 생각할 수 있지만 놀이 또는 조작적 놀이라고 하는 열려진 상태와 규칙놀이라고 하는 닫혀진 상태를 상호간에 되풀이하면서 발전하는 것이라고도 생각할 수 있다.

구체적 예로 나타내면, 아이들에게 속성블록을 가지고 자유롭게 놀 수 있게 하는 것이 조작적 놀이이다. 그 중에서 아동은 같은 색의 것과 같은 형의 것을 모으려고 하고, 무엇인가 구체적인 모양을 만들려고 하게 된다. 그때 '같은 색의 것을 모으려고 한다.'라고 한다면, 곧 규칙놀이가 시작되게 된다. 그런데 이런 규칙놀이도 때로는 다음 차원이 높은 조작놀이로 전환하는 것이 있다. 그것은 예를 들면 그 게임에 열중하게 되면 이기려고 생각하는 것이 아니라 반성하게 하는 대상으로서 의식의 참된 장면에 놓이게 된다. 명확한 목적성이 아닌 탐구의 대상이 되고 있기 때문에 그것은 조작적 놀이의 상태에 있지만, 최초의 사물을 가지고 놀이를 하는 수준의 조작적 놀이와는 다르고, 게임 또는 규칙 그것을 문제로 하고 있기 때문에 좀더 높은 차원의 놀이, 즉 Dienes가 말한 '이차적 놀이'가 된다.

10 쌓기나무(Wooden cubes)

1) 쌓기나무는 어떤 교구인가?

공간감각(spatial sense)은 1980년대 후반 미국에서 본격적으로 연구하기 시작하였고, 우리나라에서는 제7차 교육과정의 도형영역에 처음 도입되었다. 특히 쌓기 나무를 소재로 한 공간감각은 우리나라 수학교과서 2학년과 6학년에서 지도하고 있는데, 주어진 모양을 보고 쌓기나무로 똑같이 만들기, 쌓기나무로 만들어진 입체도형에서 그 개수를 세기, 쌓은 모양을 보고 위, 앞, 옆에서 본 모양 그리기, 위, 앞, 옆을 나타내는 그림을 보고 쌓기나무로 그 모양 만들어보기와 같은 활동을 통하여 학생들이 도형에 대한 감각을 기를 수 있도록 하고 있다.

또한 6학년에서 직육면체의 부피와 관련하여 단위 부피의 개념과 3차원 공간감각을 흥미 있는 방법으로 학습하기 위한 소재로 쌓기나무를 도입하였다.

2) 쌓기나무의 활용

(1) 여러 방향에서 본 모양 찾기[28)]

① 아래 그림은 쌓기나무로 만든 것의 위, 앞, 옆에서 본 모양이다. 이 모양을 보고 쌓기나무로 원래 어떤 모양인지 직접 쌓아보자.

28) 6학년 수학영재 프로그램, 대구광역시 교육청(2010)

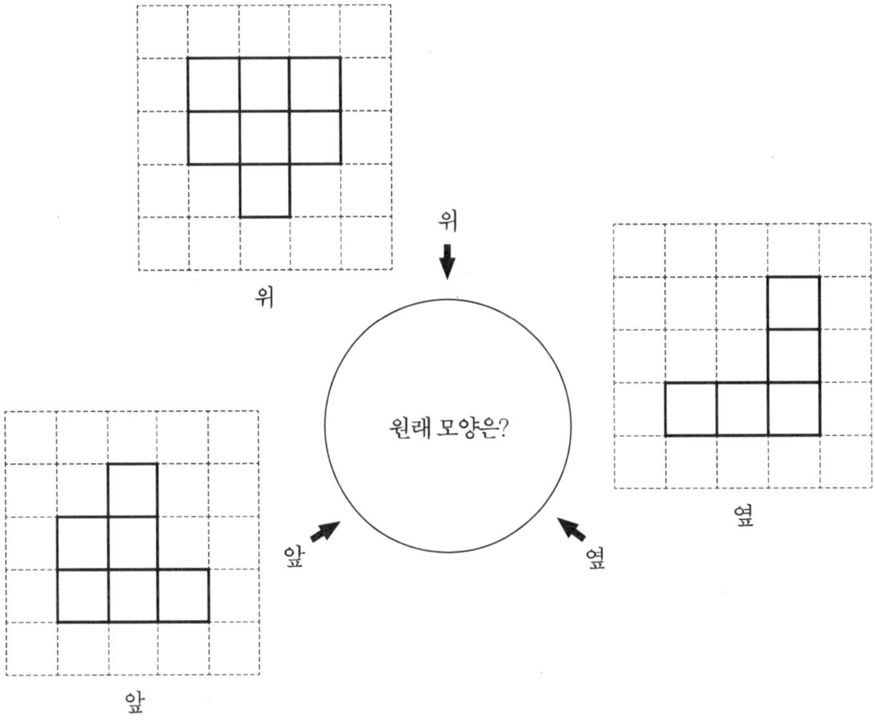

② 아래 그림은 쌓기나무로 만든 것의 위, 앞, 옆에서 본 모양이다. 이 모양을 바탕으로 위에서 본 모양 위에 그 칸에 쌓아 올린 쌓기나무의 개수를 적어보자.

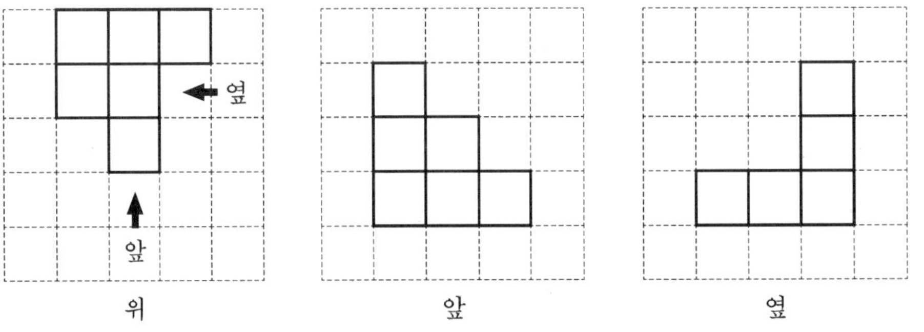

③ 9개의 쌓기나무를 모두 사용하여 모양을 만들었다. 위, 앞에서 본 모양이 아래 그림과 같을 때, 옆에서 본 모양을 그려보자(위에서 본 모양의 왼쪽 끝은 3개의 쌓기나무가 사용되었다).

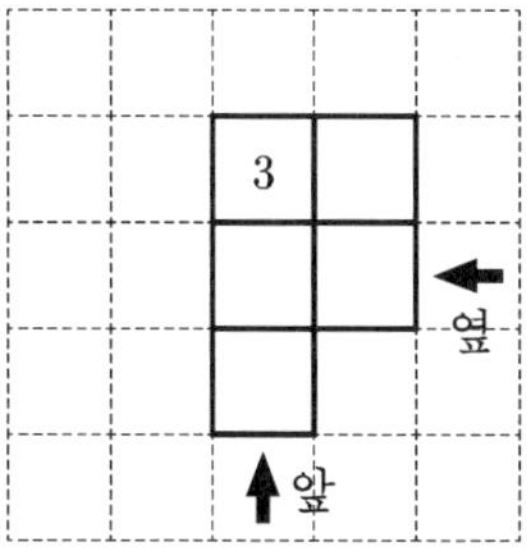

위

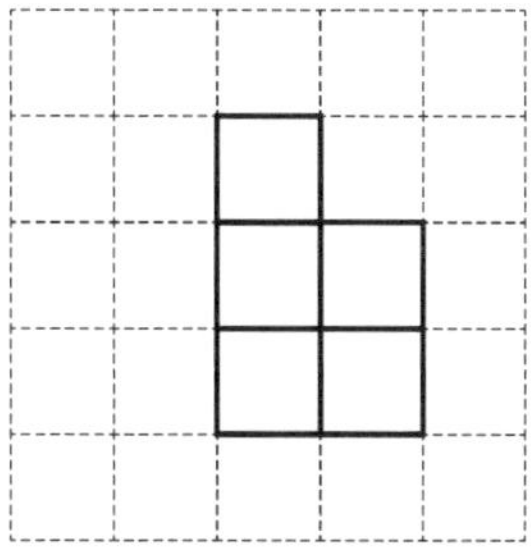
앞

옆

• 모두 몇 개의 쌓기나무를 사용하였는지 적어보자.

• 아래의 그림은 위에서 본 모양이다. 앞에서 본 모양을 바탕으로 칸에 쌓아 올린 쌓기나무의 개수를 모두 적어보자.

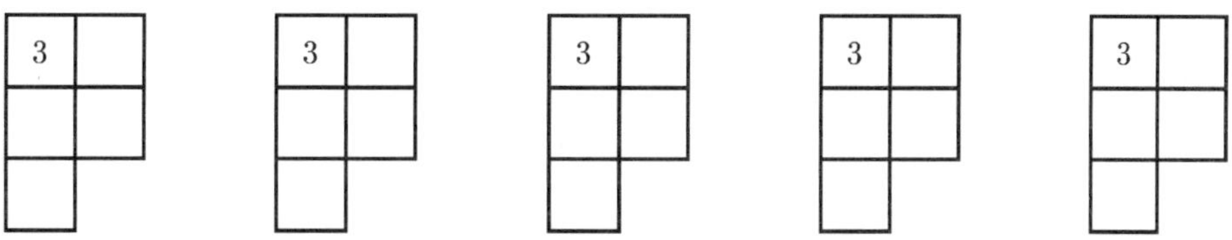

• 위의 내용을 근거로 하여 옆에서 본 모양을 모두 그려보자.

옆

옆

옆

④ 8개의 쌓기나무를 모두 사용하여 모양을 만들었다. 위, 앞에서 본 모양이 아래 그림과 같을 때, 옆에서 본 모양을 그려보자.

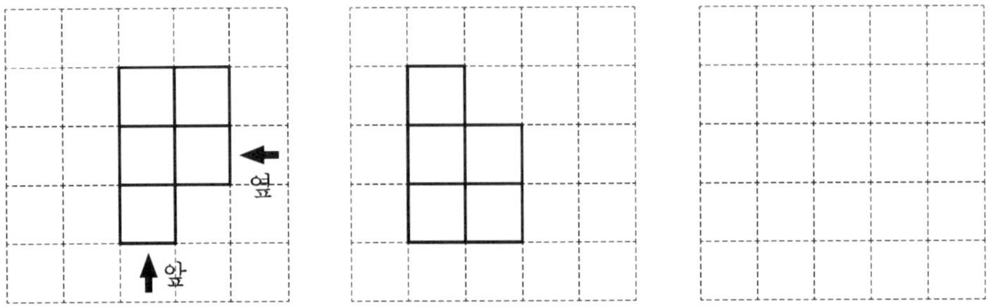

위 앞 옆

[해답]

옆 옆 옆

옆 옆 옆

(2) 없어진 쌓기나무의 개수 알아보기[29)]

① 아래의 모양은 쌓기나무 8개를 쌓은 모양이다. 위, 앞, 옆에서 본 모양은 변하지 않도록 하면서 쌓기나무를 몇 개 제거할 수 있는지 알아보자.

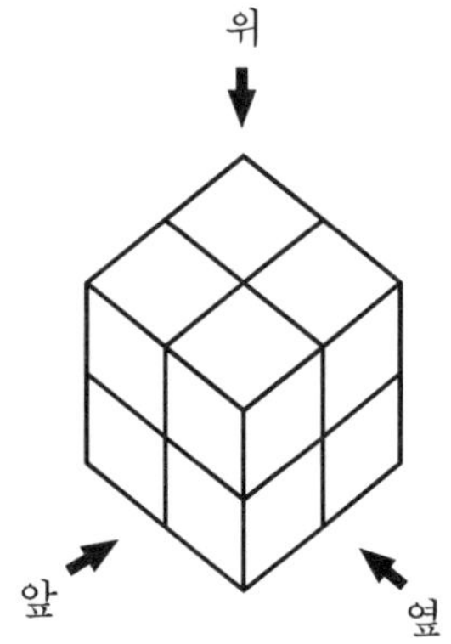

• 주어진 입체의 위, 앞, 옆에서 본 모양을 그려보자.

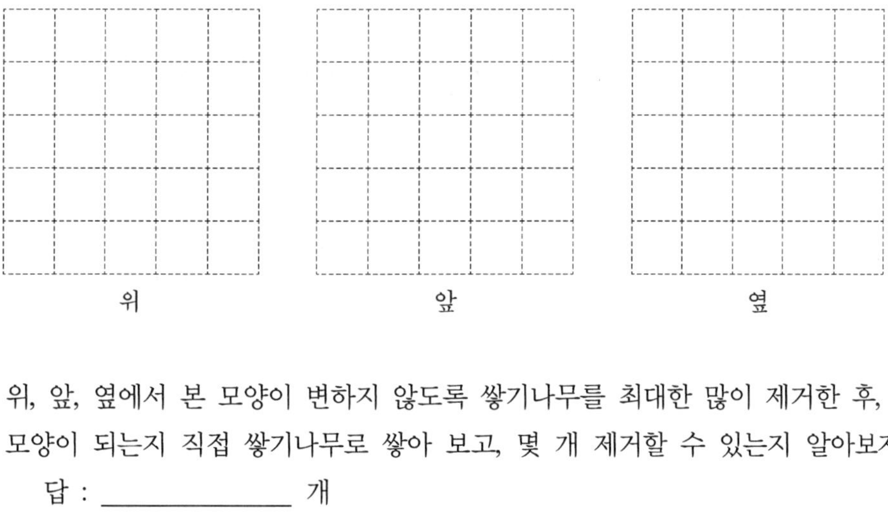

위 앞 옆

• 위, 앞, 옆에서 본 모양이 변하지 않도록 쌓기나무를 최대한 많이 제거한 후, 어떤 모양이 되는지 직접 쌓기나무로 쌓아 보고, 몇 개 제거할 수 있는지 알아보자.

답 : ____________ 개

29) 6학년 수학영재 프로그램, 대구광역시 교육청(2010)

② 쌓기 나무로 아래와 같은 모양을 만들었다. 위, 앞, 옆에서 본 모양은 변하지 않도록 하면서 쌓기나무를 몇 개 제거할 수 있는지 알아보자.

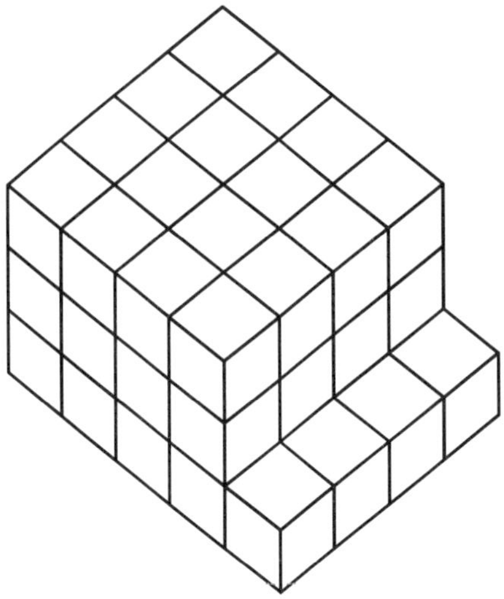

(3) 모두 같은 모양 만들기[30]

아래 <보기>와 같이 쌓기나무를 사용하여 위, 앞, 옆에서 본 모양이 같아지는 여러 가지 모양을 만들어보자. 위에서 본 모양을 그린 후 위의 각 칸에 쌓아 올린 쌓기나무의 개수를 적어 보자(단, 최소 1개 이상의 면과 면이 서로 붙어 있어야 하며, 돌려서 모양이 같은 것은 하나로 본다).

〈보기〉

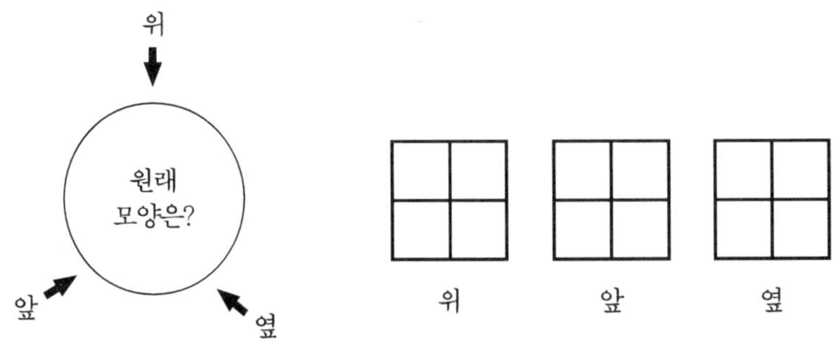

30) 6학년 수학영재 프로그램, 대구광역시 교육청(2010)

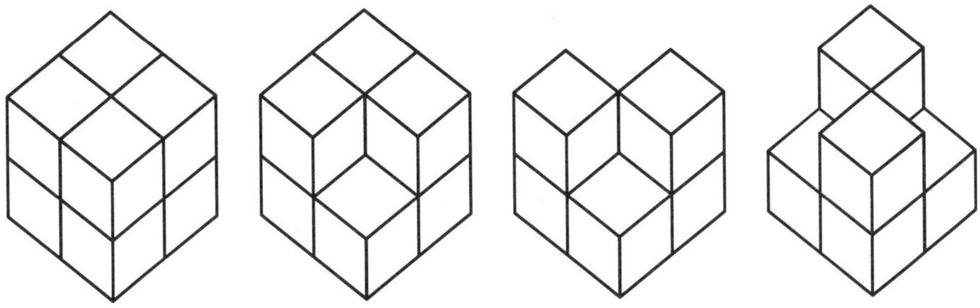

2	2
2	2

위

2	2
2	1

위

1	2
2	1

위

2	1
1	2

위

① 위의 <보기>와 같이 쌓기나무를 사용하여 위, 앞, 옆에서 본 모양이 같아지는 여러 가지 모양을 만들어보자.

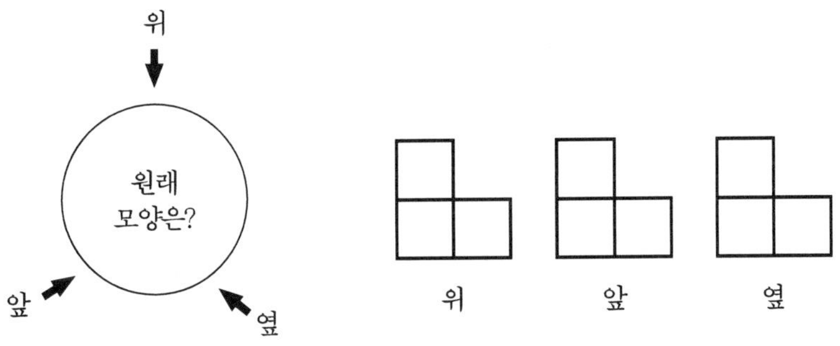

위에서 본 모양을 그린 후 위의 각 칸에 쌓아 올린 쌓기나무의 개수를 적어보자.

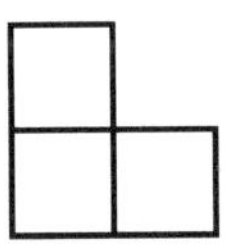

위

② 쌓기나무를 사용하여 위, 앞, 옆에서 본 모양이 같아지는 경우를 찾아보고 그려보자.

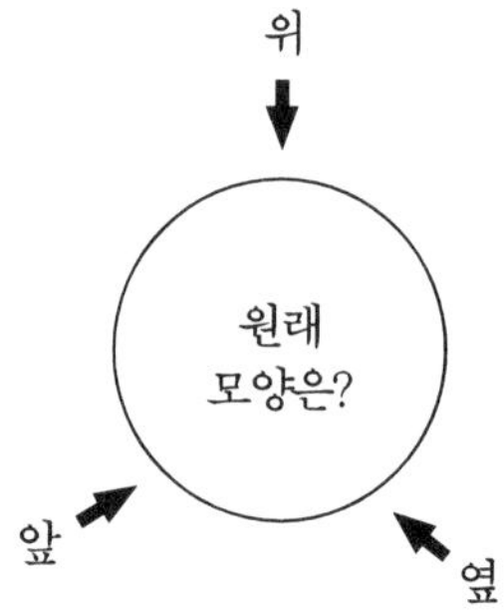

• 2개의 쌓기나무로 위, 앞, 옆에서 본 모양이 같아지는 경우를 만들 수 있는가?

• 3개의 쌓기나무로 위, 앞, 옆에서 본 모양이 같아지는 경우를 만들 수 있는가? 만들 수 있다면 그 모양을 그려보자.

• 다른 경우도 모두 찾아본 후 아래 표를 완성해보자.

사용된 쌓기나무의 개수	위, 앞, 옆에서 본 모양이 모두 같아지는 경우의 그림
4개	
5개	
6개	
7개	
8개	

(4) 사각기둥 부피 구하기

① 아래 보기에 있는 여러 각기둥의 부피를 구하려고 한다. 표에 있는 빈 칸을 채워보자.

〈보기〉

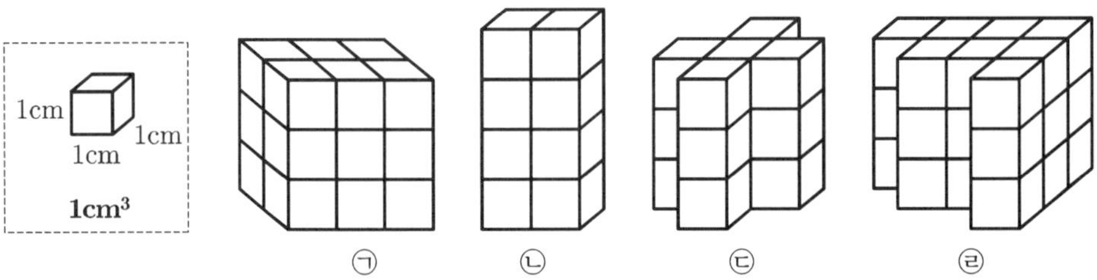

	㉠	㉡	㉢	㉣
가장 아래층에는 몇 개의 정육면체가 있는가?				
몇 층으로 이루어져 있는가?				
각기둥은 몇 개의 정육면체로 이루어져 있는가?				
부피는 얼마인가?				

② 위 활동을 통하여 부피를 구하는 방법에 대하여 설명해보자.

11 스냅 큐브(Snap cube)

1) 스냅 큐브는 어떤 교구인가?

스냅큐브는 정육면체로 이루어진 입체도형에 한 면에는 다른 도형에 끼울 수 있도록 돌기가 있고 다른 5면에는 큐브를 연결할 수 있는 구멍이 있는 교구이다. 각각의 큐브를 6방향으로 모두 연결할 수 있기 때문에 다양한 모양을 만들 수 있고 총 10가지 색깔로 이루어져 있으며 모서리의 길이가 3/4인치인 정육면체 모형이다. 각각의 큐브를 연결하여 수 개념지도에 활용할 수 있으며 색깔로 구분할 수 있기 때문에 1차원, 2차원, 3차원의 패턴 탐구와 공간 개념, 추론, 측정 지도 시 활용가능하다.

2) 교육적 활용

(1) 색의 구별을 이용하여 자릿값 지도를 할 수 있다.

(2) 퀴즈네어 색막대처럼 사용함으로써 사칙 계산 원리 이해에 도움을 준다.

(3) 쌓기나무 지도 시 큐브를 연결하여 모형을 만듦으로써 입체 구성 및 공간감각을 신장시킬 수 있는 자료로 활용할 수 있다.

(4) 막대그래프를 표현하고 색깔을 이용한 배열로 규칙성을 탐구할 수 있다.

(5) 확률 게임이나 표본 추출의 도구로 사용할 수 있다.

(6) 길이의 단위로 이용해 초보적인 비와 비율의 개념을 경험할 수 있다.

(7) 인수로서의 수를 표현하고 최대공약수와 최소공배수를 발견하는 과정을 이해하는데 활용할 수 있다.

3) 수업 적용

(1) 자릿값 개념 이해

① 낱개 10개를 연결하여 10, 이를 다시 연결하여 100, 1000, …을 만드는 활동

100의 자리	10의 자리	1의 자리
		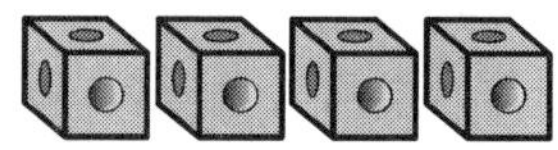
200	10	4
214		

② 퀴즈네어 색막대를 대신할 수 있다.

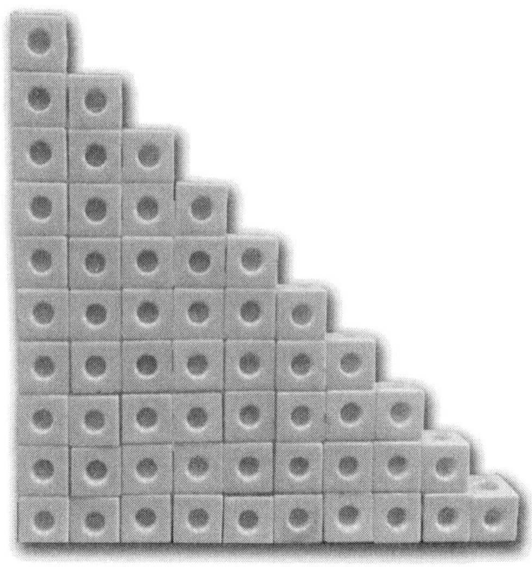

(2) 수 개념 이해

① 저학년에서 양감을 기초로 자연스럽게 수 감각을 개발하는 모델로 활용할 수 있다.

② 수 이해: 1에서 10까지 각각의 수에 대응하는 큐브를 연결하여 퀴즈네어 색막대와 같이 만든 다음 수 이해의 지도에 활용할 수 있다.

③ 수 비교: 계단 모양으로 정렬된 큐브를 이용하여 양감을 바탕으로 수의 크기 비교하기, 덧셈, 뺄셈 등 사칙 계산, 측정의 기초적인 개념을 지도할 수 있다.

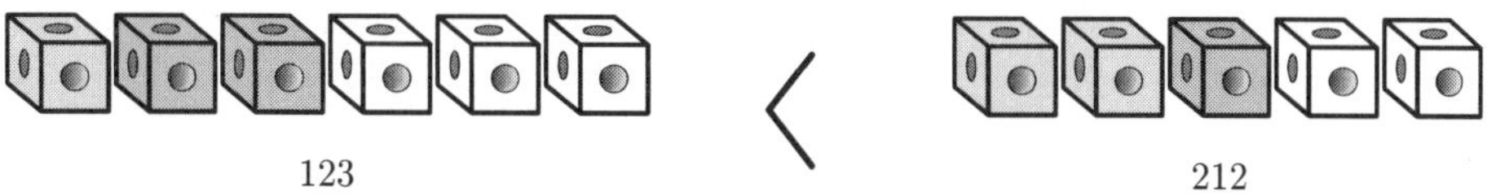

[그림 2-19] 스냅큐브를 활용한 수의 크기 비교

④ 수세기: 1~10까지 세어보고, 가르기와 모으기를 통해 수세기를 지도할 수 있다.

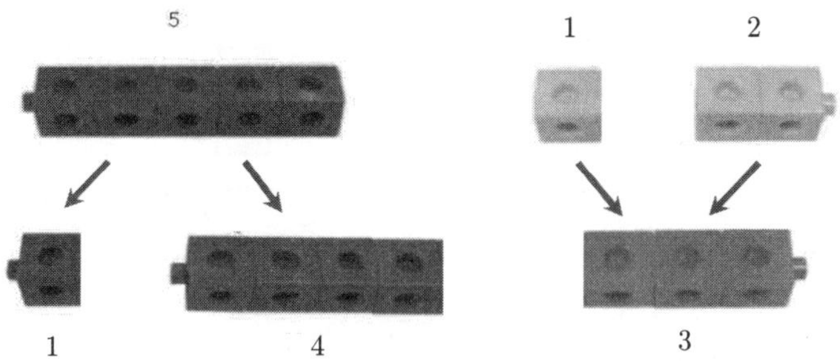

[그림 2-20] 수의 가르기와 모으기

⑤ 약수 개념의 이해: 8개의 스냅큐브로 이어서 8이란 수를 나타내는 도형을 만든다. 8개가 똑같은 개수만큼 묶음지어 진다면 묶음의 크기는 8의 약수인 것이다. 따라서 1이 8의 약수인가를 알아보기 위해 8개가 이어진 스냅큐브에서 1개씩 떼어낸다. 1개씩 떼어내면 모두 1개씩 8묶음으로 나누어지며 남는 것이 없다. 이어 2개씩 떼어내었을 때도 남는 것이 없으므로, 2 역시 8의 약수이다. 3개씩 떼어내었을 때는 2묶음과 스냅큐브 2개가 남는다. 따라서 3은 8의 약수가 아니라는 사실을 알게 된다. 더 나아가 4, 5, 6, 7, 8까지 계속하여 8의 약수를 찾는다. 이런 과정을 거쳐 약수의 개념을 설명할 수 있다.

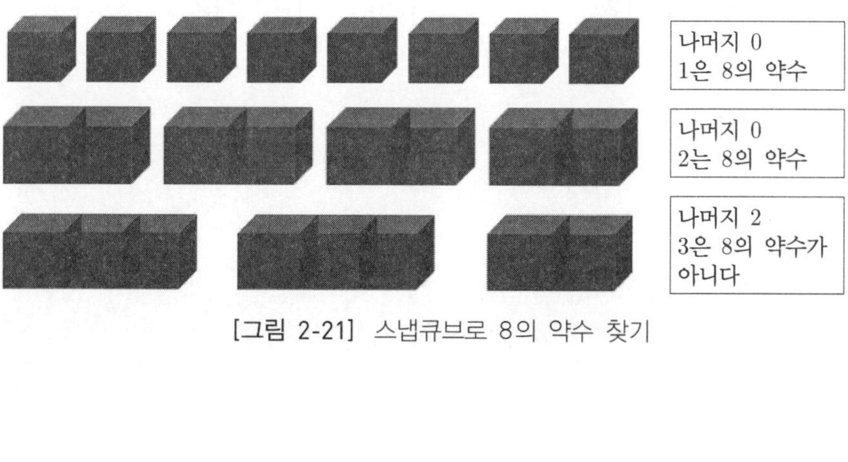

[그림 2-21] 스냅큐브로 8의 약수 찾기

⑥ 스냅큐브를 이용하여 최대공약수와 최소공배수 구하기: 왼쪽에는 2개씩 쌓아가고 오른쪽에는 3개씩 스냅큐브를 쌓아 올리면서 2개의 높이가 같아질 때를 찾는다. 이때 쌓은 큐브의 개수 6이 두 수 2와 3의 최소공배수이다.

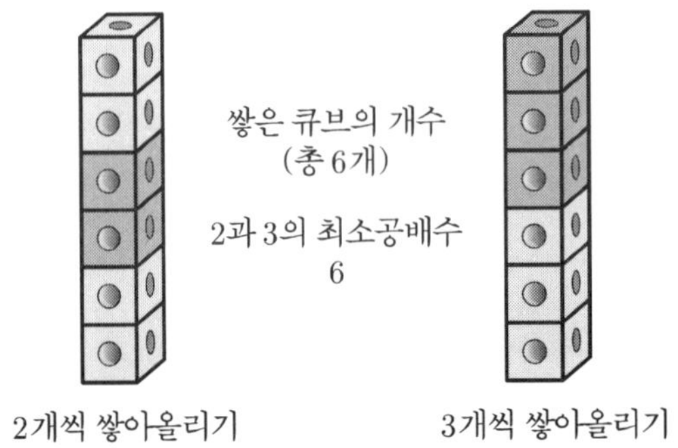

[그림 2-22] 2와 3의 최소공배수 구하기

(3) 입체 구성 및 도형의 이해

① 입체 도형 구성하기: 쌓기나무

② 보이지 않는 공간의 큐브 개수 찾기

③ 완성된 구성물을 한쪽에서 보고 똑같은 모양을 구성해보기

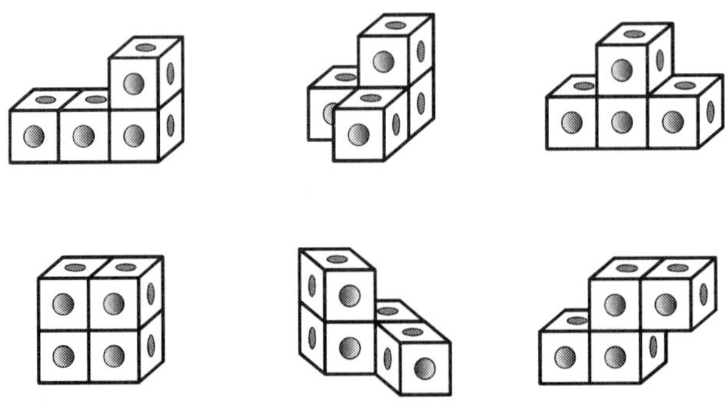

(4) 확률과 통계의 이해

① 확률 게임이나 표본 추출의 도구

② 비율의 탐구

③ 막대의 비를 이용한 분수 이해

(예)

$\frac{1}{3}$ 

④ 막대그래프로의 표현

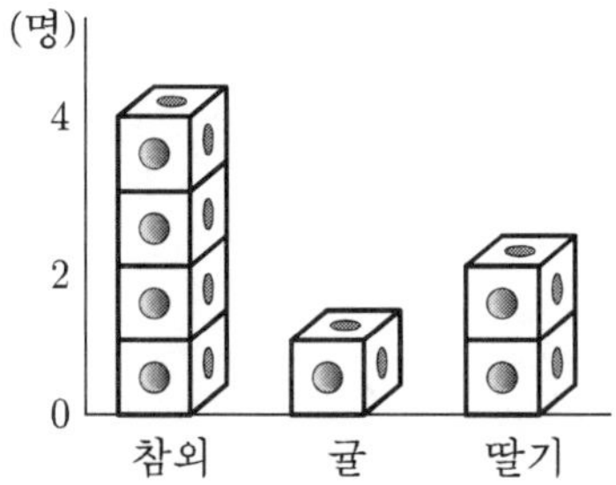

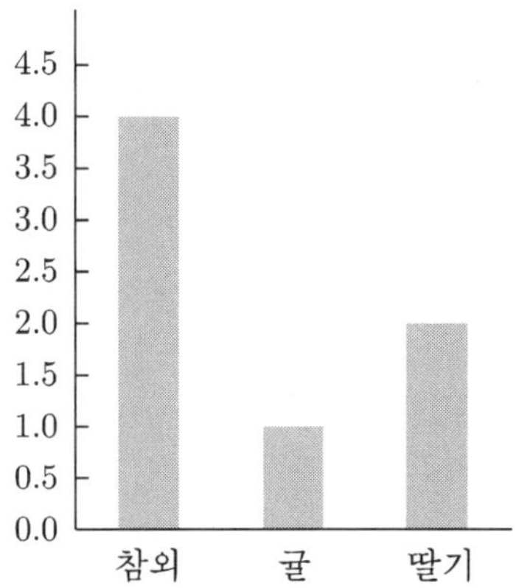

이와 같이 스냅큐브들을 올려 세움으로써 항목별 개수 혹은 상대도수의 표현이 가능하다는 장점이 있다. 차트를 직접 만들어 보고 옮겨볼 수 있다는 데서 학습자경험의 극대화를 유도할 수 있다.

(5) 초등수학 교과서에서 스냅큐브를 활용하여 지도할 수 있는 단원

학년 \ 학기	①	②	③	④
1～2학년군	1. 9까지의 수 3. 덧셈과 뺄셈 4. 비교하기 5. 50까지의 수	1. 100까지의 수 3. 덧셈과 뺄셈(1) 5. 덧셈과 뺄셈(2)	3. 덧셈과 뺄셈 4. 길이재기 5. 분류하기 6. 곱셈	
3～4학년군	2. 평면도형 3. 나눗셈 6. 분수	2. 나눗셈 5. 자료의 정리		4. 어림하기
5～6학년군	1. 약수와 배수	6. 자료의 표현과 해석	4. 여러 가지 입체도형	5. 가능성

4) 활용 문제

(1) 탑 만들어 규칙 찾기[31]

💡탑을 만들려면 연결큐브 몇 개가 필요할까요?

- 짝과 함께 하십시오. 다음에 따라 연결큐브로 탑을 만드십시오.
  - 1층은 연결큐브 1개입니다.
  - 2층의 가로, 세로 길이는 연결큐브 2개와 같고, 높이는 연결큐브 1개와 같습니다.
  - 3층의 가로, 세로 길이는 연결큐브 3개와 같고, 높이는 연결큐브 1개와 같습니다.
- 연결큐브를 모두 사용할 때까지 탑을 만드십시오.
- 층을 늘릴 때마다, 새로 만든 층의 연결큐브의 개수와 탑을 만드는 데 사용한 연결큐브의 총 개수를 기록하십시오.
- 패턴을 찾으십시오.
- 11층짜리 탑을 만들려면 연결큐브 몇 개가 필요할지 예상해보십시오.

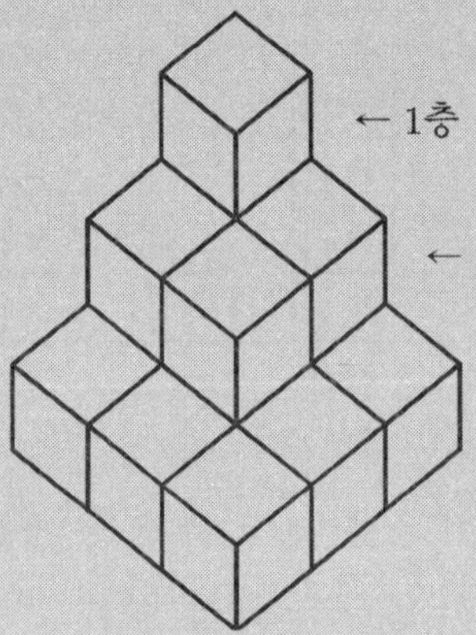

- 탑을 만드는 활동에서 무엇을 알았는가?

- 11층을 만드는 데 필요한 큐브의 개수와 11층짜리 탑의 큐브의 개수를 어떻게 구할 수 있는가?

- 12층의 큐브와 12층짜리 탑의 큐브는 몇 개인가?

31) 강완, 김상미, 박만구 외(2009). 초등수학교육론, 경문사

• 알게 된 수학적 사실을 정리해보자.

층 수	층의 큐브 개수	탑의 큐브 개수
1	1	1

(2) 테트리스 채우기

테트리스 카드

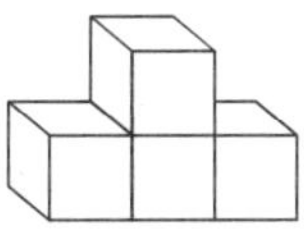	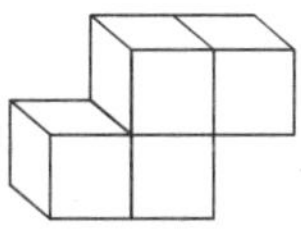
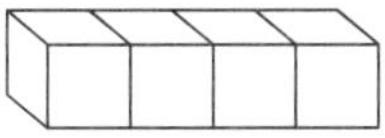	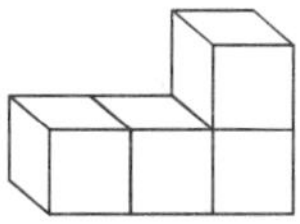
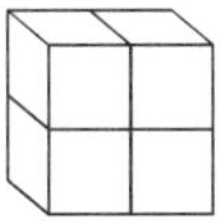	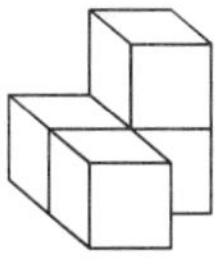
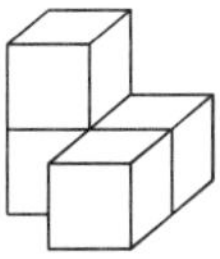	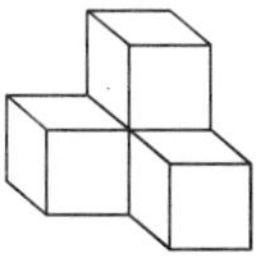

테트리스 채우기 게임판

출처: http://mybox.happycampus.com/jjang072x/4690893

(3) 공간추론

• 다음을 위에서 보았을 때 블록의 수를 나타내면 어떻게 되는가?

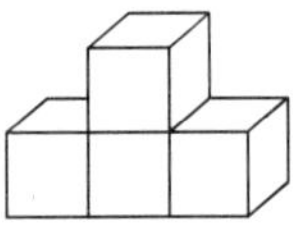

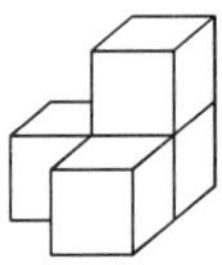

①

②

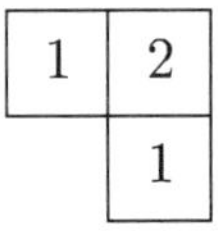

• 위에서 보았을 때 블록의 수가 다음과 같이 나타날 때 어떤 모양이 되는가?

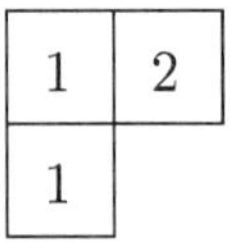

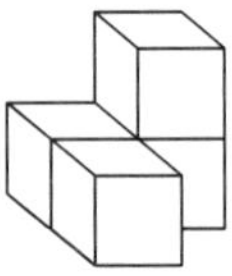

• 위에서 보았을 때 블록의 수가 다음과 같이 나타나고 겉넓이가 38cm², 부피가 12cm³일 때, 가와 나에는 몇 개의 블록이 쌓인 것일까? (단, 블록은 가로 1cm, 세로 1cm)

1	가	1
2	2	1
1	나	1

이 과제는 단위 정육면체로 쌓여진 공간 도형에 대한 감각을 키우는 데 적합하다. 공간도형의 위, 아래, 사방에서 본 모습을 표의 숫자로 나타내고 반대로 숫자로 나타낸 것을 보고 그에 적절한 공간도형을 그릴 수 있는 능력은 공간감각을 키우는 데 핵심적이라 할 수 있다. 그뿐 아니라 공간도형의 겉넓이, 부피와도 관련지어 더 자세하게 도형을 탐구할 수 있다.

참고자료

http://inoplay.co.kr/shop/goods/goods_view.php?&goodsno=3963

http://blog.naver.com/gyuzzangs?Redirect=Log&logNo=120047762977

http://www.11st.co.kr/product/SellerProductDetail.tmall?method=getSellerProductDetail&prdNo=209438156&NaPm=ct=hg87uhfk|ci=48ba4278d3d5ed0cb0c82d47afae7d876fa6a9e7|tr=slsl|sn=17703|hk=95b0bc6ec44a1b787549c84ffbf469e8d5913948

http://blog.naver.com/PostView.nhn?blogId=mathssamblog&logNo=90146646674

http://www.popcone.co.kr/shop/goods/goods_view.php?goodsno=3589&category=004004

http://www.upbrain.co.kr/front/php/product.php?product_no=144&main_cate_no=12&display_group=1&NVKWD=%EC%8A%A4%EB%83%85%ED%81%90%EB%B8%8C&NVADKWD=%EC%8A%A4%EB%83%85%ED%81%90%EB%B8%8C&NVAR=PL&NVADID=814887410+0v40003dh89fptS9007m

http://k.daum.net/qna/view.html?qid=2frfe

교수학습 개발센터, 수학 내용학

함평수학교육 지원자료 - 2012 함평자기주도수학캠프 '수학과 놀자!'

초등 수학 교구 - 스냅큐브(Snap cube), 윤현철

읽을거리

큐브라는 퍼즐은 1974년 헝가리의 수도인 부다페스트에서 건축학 교수인 에르노 루빅(Erno Rubik)에 의해 만들어졌다. 그는 평소 3D형태에 관한 연구에 관심이 많았다. 큐브가 처음 만들어졌을 당시 루빅은 그의 학생들과 친구들에게 보여주었고 그것을 본 사람들은 큐브의 매력에 빠져들었다. 당시 헝가리의 경제적 상황 때문에 큐브를 제품화시키는 것에는 몇 년이 흘러야 가능했다. 1977년 후반이 되어서야 큐브는 부다페스트의 완구점에서 시판되기 시작했다. 큐브에 대한 광고와 홍보는 부족했고 별다른 홍보 없이 큐브는 천천히 젊은 사람들을 통해 퍼지기 시작했다. 그러나 헝가리는 공산주의 국가였고, 공산주의 국가의 특성으로 인하여 큐브의 인기는 헝가리를 벗어나지 못했다. 그러던 차에 몇몇 큐브에 반한 지인들은 큐브를 전 세계에 알리는 데 힘을 썼으나, 큐브가 대중화되는 데에는 다시 몇 년이 흘러야만 했다.

1980년 2월 런던, 파리, 뉘른베르크와 뉴욕의 토이 페어(Toy Fairs)에 큐브가 선보이면서 전 세계적으로 퍼지기 시작했다. 1980년대에는 각종 세계적인 장난감 상을 휩쓸면서 학생들 사이에 선풍적인 인기를 끌며 팔려나갔다. 그러나 해적판 큐브들로 인하여 시장이 무너지자, 1983년부터 몇 년 동안 큐브 생산을 중단했다. 1985년 영국의 세븐타운(Seven Towns)은 루빅큐브에 대한 모든 권리를 얻었고, 1991년부터 큐브를 다시 알리게 되었다. 미국의 오드존(Oddzon)이라는 회사는 미국에서 1996년에 300,000세트 이상의 큐브를 팔았고, 일본에서 판권을 가지고 있는 츠쿠다오리지널은 1997년 100,000세트 이상을 팔았다. 다시 큐브의 전성기가 왔던 것이다. 우리나라에서 큐브는 일본과 비슷한 시기인 1980년 7월 이후에 처음 발매가 되었다. 1980년대 초등학생부터 어른까지 남녀노소 가리지 않고 굉장한 인기를 끌었다.

12 4D 프레임(4D frame)

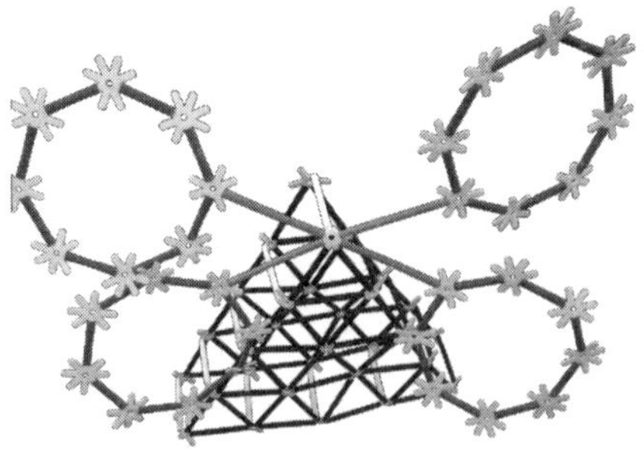

1) 4D 프레임은 어떤 교구인가?

4D 프레임은 6가지 종류의 길이를 가진 연결봉과 8가지 종류의 연결발로 이루어져 있는 우리나라에서 만든 수학 교구로서 영재교육, 수학체험, 집단 활동, 과학체험, 조형 활동 등 수학의 여러 분야에서 활용되고 있으며, 세계 속에서 우수성을 인정받고 있다. 학생들은 4D 프레임을 활용하여 다양한 전개도와 입체도형을 만들 수 있으며 이를 응용하여 창의적인 구조물을 만들 수 있다. 이러한 활동을 수행하면서 학생들은 각종 프로젝트 설계와 실행에 있어서 더 효율적인 방향을 생각하고 모둠원들과 토론하면서 팀원과 리더십을 향상시킬 수 있다. 또한, 학생들이 직접 손으로 만지고 프로젝트를 보완하면서 창의적 능력을 향상시키고 수학을 즐기는 방법을 알게 될 것이다.

창의적인 구조물을 만드는 활동을 통하여 학생들은 수학의 심미적인 특징들을 알고 느낄 수 있을 것이며 이러한 조작적 활동은 학생들의 정교성과 융통성을 향상시킬 수 있다. 4D 프레임을 활용한 모든 활동에서 교사의 역할은 자료를 제시하고 활동을 안내하는 정도이며 수학적 사실 활동은 학생들이 스스로 결정하고 실행하여야 한다. 학생들은 자신들이 수행한 프로젝트에 대하여 수학적인 관점에서 표현하고 발표하도록 지도하여야 하며, 이때 좀더 논리적이고 자세하게 설명하는 자세가 습관화되도록 지도한다.

2) 4D 프레임의 구성

(1) 4D 프레임의 구성 요소

① 연결봉의 종류

3cm	5cm	6cm	7cm	10cm	15cm

노랑, 연두, 보라 파랑, 주황	흰색, 검정, 노랑	파랑, 연두, 노랑	주황, 보라	검정, 주황	주황

• 사진 출처: http://www.4dframe.com/

4D 프레임은 위 그림과 같이 여러 종류의 길이를 가진 연결봉과 연결대로 이루어져 있다. 연결봉 중에서 가장 많이 쓰이는 길이는 7cm이다. 이것은 아이들이 무엇인가를 만들었을 때 보기에도 가장 좋고 크기도 가장 그럴듯하게 만들어지기 때문이다. 연결봉은 간단한 도구(가위) 하나로 길이를 마음대로 조절하여 쓸 수 있다. 표현력에 한계가 없다. 또한, 연결봉의 배를 가위로 길게 자르면 연결봉의 두께를 줄일 수 있는데 이것을 이용하여 봉과 봉 사이에 끼워 연결할 수도 있다. 이렇게 하는 것은 2발과는 다른, 나름대로 특별한 효과를 내는데 쓸 수 있다(출처: 제3의 흙 4D 프레임 2009, 박호걸. 포디랜드·포디 창의연구소).

② 연결발(연결대)의 종류

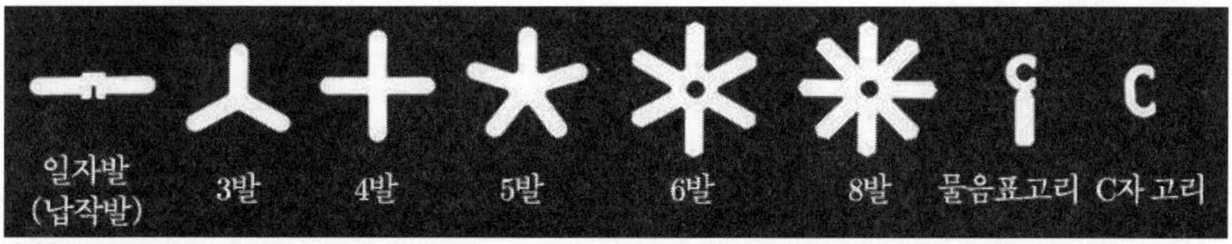

• 사진출처: http://4dblock.com/front/php/b/board_read_new.php?board_no=1&no=720&number=2&offset=0&page=1&search_key=&search=

연결봉을 이어주는 데 쓰이는 연결대는 4D 프레임의 가장 핵심적인 요소이다. 왜냐하면 연결대에 연결봉을 자유자재로 이어줌으로써 무엇이든 표현해 낼 수 있기 때문이다. 말하자면 연결대는 연결봉에서 자유롭게 상상의 나래를 펼 수 있도록 날개를 달아준 셈이다. 연결대는 2발~6발, 8발, C형 고리 및 물음표 고리(?) 등 8종류가 있다. 연결대의 핵심은 각각의 발이 갖고 있는 발과 발 사이의 각도가 움직인다는 데 있다. 각 발이 가지는 각도는 다르다. 뿐만 아니라 발을 위아래로 꺾거나 옆으로 젖히면 입체적으로 발과 발 사이의 각도를 조절할 수 있다. 막힘이 없다. 이와 같이 연결대의 각도를 상하좌우로 조절할 수 있다는 것이 연결봉의 표현력을 자유자재로 나가는 강력한 힘이 되는 것이다(출처: 제3의 흙 4D 프레임 2009, 박호걸. 포디랜드·포디창의연구소).

(2) 4D 프레임의 연결 방법

① 프레임 끼우기
② 연결봉 끼우기
③ 프레임 꺾기
④ 프레임 자르기
⑤ 연결봉 배 가르기

(3) 4D 프레임 연결발의 각도

연결 발 종류	8발	6발	5발	4발	3발	2발
연결발의 각도						

3) 4D 프레임의 활용

(1) 기본 도형 만들기

① 4D 프레임을 사용하여 삼각형, 사각형, 오각형, 육각형을 만들어보자.

② 4D 프레임을 사용하여 간단한 입체도형을 만들어보자.

• 삼각기둥의 한 꼭짓점과 연결된 면은 몇 개인가?

• 4D 프레임을 사용하여 삼각기둥을 만들 때 필요한 연결대의 종류와 개수는 몇 개인가? 개수와 그 이유는 무엇인지 적어 보자(단, 연결대를 자르거나, 연결대의 연결되지 않은 연결발이 있으면 안 된다).

• 4D 프레임을 사용하여 삼각기둥을 만들 때 필요한 연결봉의 개수는 몇 개인가? 개수와 그 이유는 무엇인지 적어보자.

• 4D 프레임을 사용하여 삼각기둥을 만들어 보자(단, 연결대를 자르거나, 연결대의 연결되지 않은 연결발이 있으면 안 된다).

③ 4D 프레임을 사용하여 오각기둥, 육각기둥을 만들어보자.

• 4D 프레임을 사용하여 오각기둥, 육각기둥을 만들 때 필요한 연결봉, 연결대의 종류와 개수를 적어 보자(단, 연결대를 자르거나, 연결대의 연결되지 않은 연결발이 있으면 안 된다).

	오각기둥	육각기둥
연결대의 종류와 개수		
연결봉 개수		

• 4D 프레임을 사용하여 오각기둥, 육각기둥을 만들어 보자(단, 연결대를 자르거나, 연결대의 연결되지 않은 연결발이 있으면 안 된다).

④ 4D 프레임으로 여러 가지 각뿔 만들기

• 4D 프레임을 사용하여 다음 각뿔을 만들 때 필요한 연결봉과 연결대의 종류 및 개수를 적어 보자(단, 연결대를 자르거나, 연결대의 연결되지 않은 연결발이 있으면 안 된다).

	사각뿔	오각뿔	육각뿔
연결대의 종류와 개수			
연결봉 개수			

- 4D 프레임을 사용하여 여러 가지 각뿔을 만들어 보자(단, 연결대를 자르거나, 연결대의 연결되지 않은 연결발이 있으면 안 된다).

⑤ 여러 가지 정다면체 만들기

- 4D 프레임을 사용하여 다음 정다면체를 만들 때 필요한 연결봉과 연결발의 개수를 적어 보자(단, 연결대를 자르거나, 연결대의 연결되지 않은 연결발이 있으면 안 된다).

	정사면체	정육면체
연결대의 종류와 개수		
연결봉 개수		

- 4D 프레임을 사용하여 다음 정다면체를 만들 때 필요한 연결봉과 연결발의 개수를 적어 보자(단, 연결대를 자르거나, 연결대의 연결되지 않은 연결발이 있으면 안 된다).

	정팔면체	정십이면체	정이십면체
연결대의 종류와 개수			
연결봉 개수			

- 4D 프레임을 사용하여 위의 정다면체를 만들어 보자(단, 연결대를 자르거나, 연결대의 연결되지 않은 연결발이 있으면 안 된다).

TiP: 정팔면체, 정십이면체, 정이십면체

정팔면체, 정십이면체, 정이십면체의 전개도는 각각 다음과 같다.
연결대의 개수는 전개도를 접었을 때 만나는 점에 1개씩 있으면 된다.
연결대의 개수는 꼭짓점의 개수와 같다.

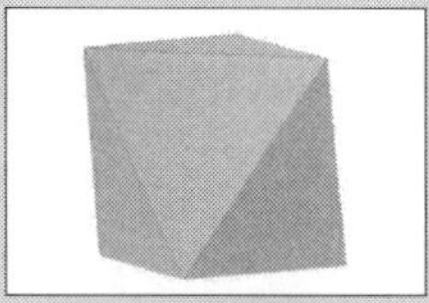

정팔면체

연결봉 12개
4발 6개

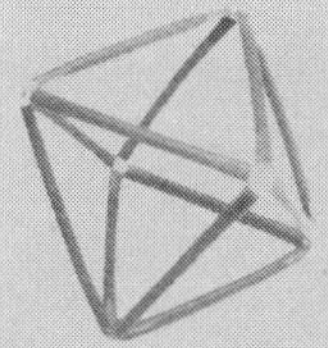

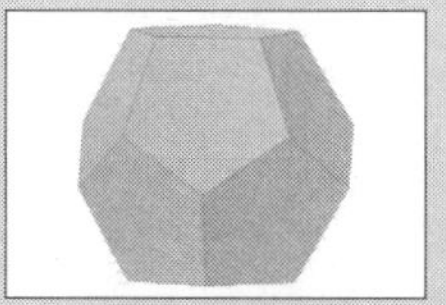

정십이면체

연결봉 30개
3발 20개

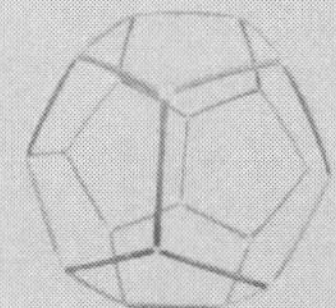

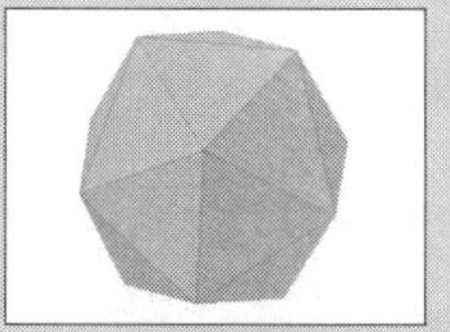

정이십면체

연결봉 30개
5발 12개

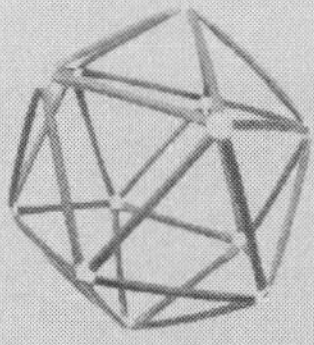

출처: 제3의 흙 포디프레임(2009, 박호걸. 포디랜드·포디창의연구소)

(2) 4D 프레임으로 다양한 준정다면체 만들기

(3) 창의적인 조형물 만들기

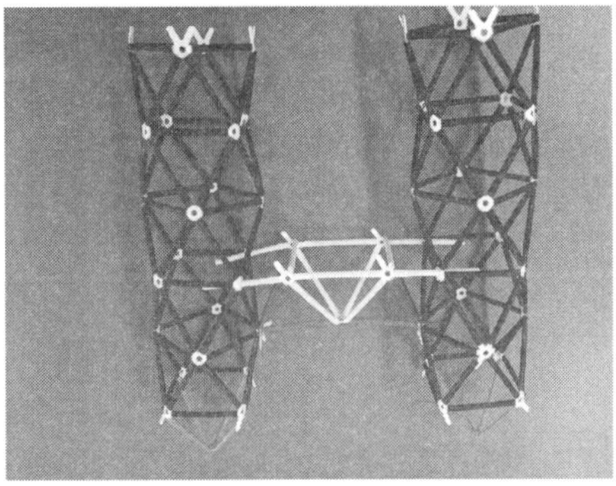
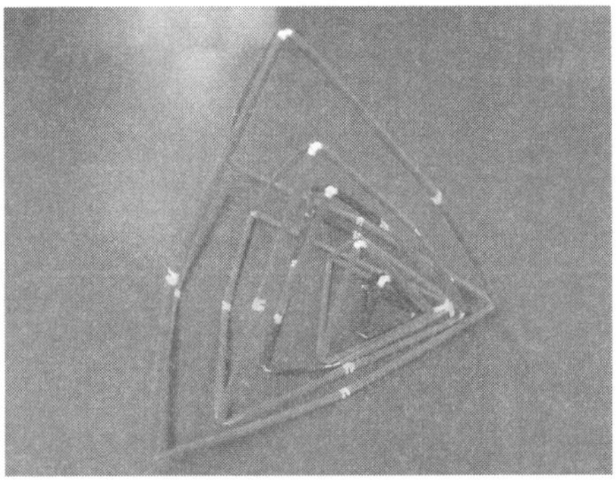

(4) 창의적인 조형물에서 학생들이 찾은 수학적 특징[32)]

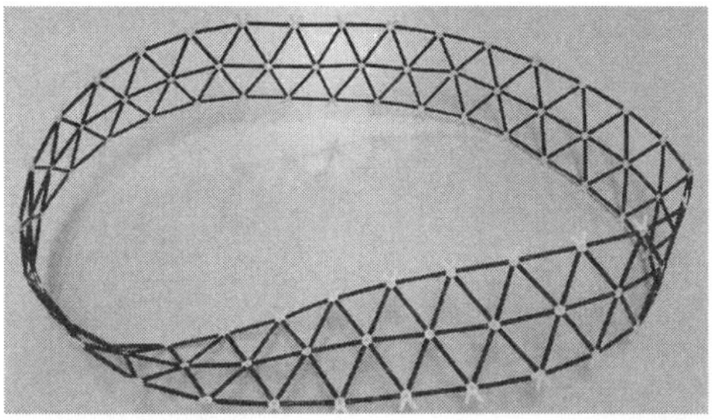

1 삼각형, 트러스구조, 평행, 마름모, 오각형 평행사변형
2. 뫼비우스의 띠 구조로 이루어져 있다
3 한쪽이 꼬아져 있다

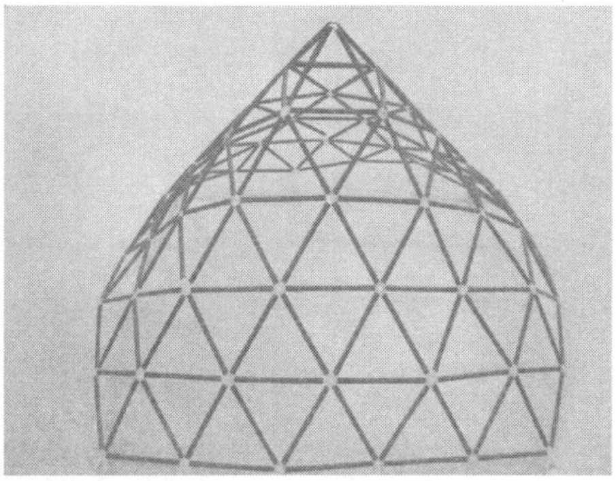

1) 정오각형, 정삼각형, 정사각형, 이등변삼각형, 마름모, 직사각형
2) 지오데식돔 형식으로 만들어져 있지만 위는 사각뿔로 되어 있다.
3) 안이 비어 있다

---

32) 4D 프레임 활용 학습이 초등수학 영재학생의 공간감각 및 수학적 창의성에 미치는 영향(이주용, 2013)

13 폴리드론(Polydron)

1) 폴리드론은 어떤 교구인가?

폴리드론은 영국의 에드워드 하비(Edward Harvey)가 평면 및 입체 도형의 학습용으로 개발한 교구이다. 폴리드론이라는 말은 원래 다면체를 의미하는 폴리히드론(Polyhedron)으로부터 발전되어 온 것이다. 이 교구는 아래 [그림 2-23]과 같이 빨강, 노랑, 파랑, 녹색의 4가지 색과 정삼각형(60개), 정삼각형(대), 직각이등변삼각형, 정사각형(30개), 직사각형, 이등변삼각형, 정오각형, 정육각형, 곡면 4종 등 총 12 종류의 부품으로 구성되어 있으며, 이들 부품으로 끼워 맞추어서 평면도형이나 입체도형의 다양한 모양을 만들 수 있도록 구성된 교구이다.

[그림 2-23] 폴리드론의 부품 모양과 종류

초등수학에서 평면도형과 입체도형 사이의 관계 알기, 꼭짓점의 수와 면의 수 및 변의 수 사이의 관계 파악하기 및 입체도형, 특히 정다면체의 성질을 탐구하는 데 유용한 교구이다.

2) 폴리드론의 조립 및 분해 방법

폴리드론은 특수 플라스틱으로 만들어져 있으며, 변의 이음새 부분의 오목, 볼록에 따른 유연성에 따라 조립 요령을 익히면 큰 힘을 가하지 않아도 쉽게 조립할 수 있다. 바닥이 아닌 곳에서는 부품을 조립하기 어려우므로 평평한 책상이나 테이블 위에서 활동을 하는 것이 좋다.

① 평평하게 조립할 때

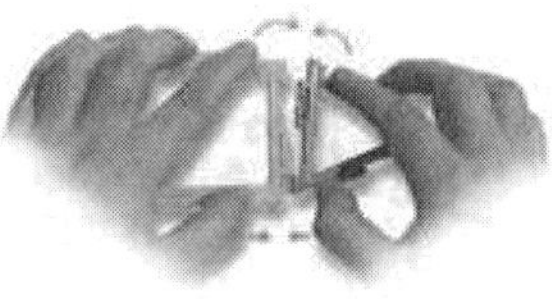

② 직각으로 조립할 때

③ 공 모양으로 조립할 때

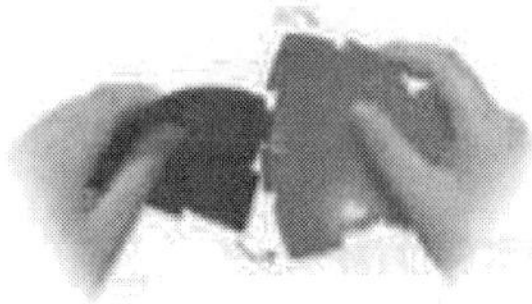

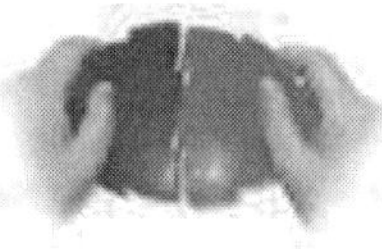

④ 분해할 때

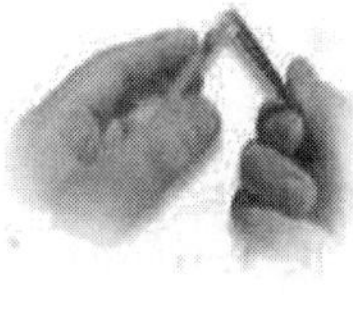

3) 폴리드론의 활용

▌학습주제: 직육면체 알아보기
▌학습목표: 폴리드론을 이용하여 직육면체를 만들고, 면, 모서리, 꼭짓점을 알고 식별할 수 있다.
▌준비물: 정사각형 16개, 30cm 자, 폴리드론 학습지

교사는 나름대로 학습단계(문제파악, 해결방안 구상, 해결의 실행, 발전 및 정리), 교수 학습 활동, 자료 및 유의점으로 나누어 폴리드론을 활용한 지도안을 짤 수 있을 것이다. 여기서는 지면상 그 과정은 생략하고 직육면체와 관련한 몇 가지 활동 및 발전 및 정리 단계에서 활용할 수 있는 학습지 형태를 소개해본다.

4) 직육면체 알아보기

활동 1 **폴리드론으로 직육면체 만들기**

활동 2 **직육면체를 보고 모서리, 면, 꼭짓점에 대하여 탐구하기**

활동 3 **직육면체와 정육면체의 특징 탐구하기**

(1) 폴리드론으로 만든 직육면체를 보고 다음 물음에 답하시오.

① 직육면체의 모서리는 모두 몇 개인가? (　　　)개
② 직육면체의 면은 모두 몇 개인가? (　　　)개
③ 직육면체의 꼭짓점은 모두 몇 개인가? (　　　)개

(2) 다음 그림에서 직육면체를 찾아보자.

①　　　②　　　③　　　④

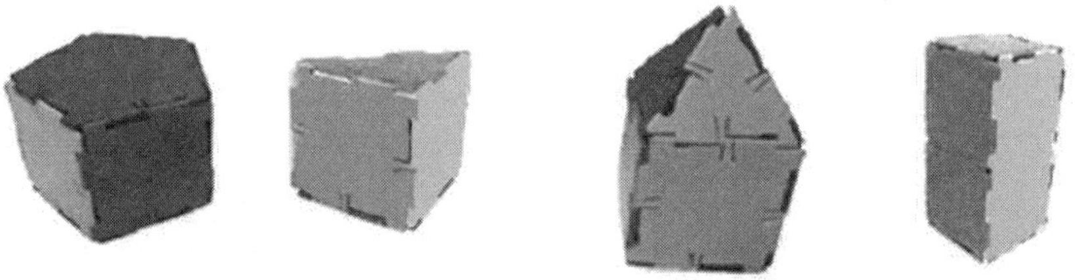

(3) 폴리드론으로 만든 정육면체와 직육면체를 보고 다음 표를 완성해보자.

구분	면의 수	모서리의 수	꼭짓점의 수	면의 모양	모서리의 길이
정육면체					
직육면체					

(4) 정육면체와 직육면체의 공통점과 차이점을 말해보자.

공통점	
차이점	

14 지오픽스(Geofix)

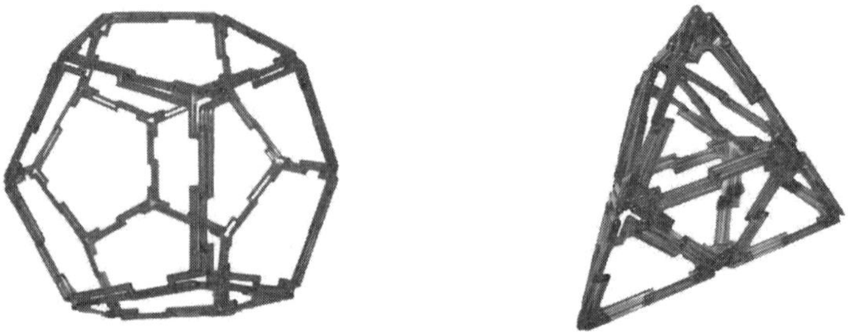

1) 지오픽스는 어떤 교구인가?

지오픽스는 Geo Austrailia사에서 개발하였다. 공간 지각력을 향상시키고 더 나아가 기하학적 입체도형을 탐구하는 3차원 구조물을 자유롭게 만들 수 있는 시스템 교구로 1992년 호주에서 개발되었다. 수학 모델, 과학 모델, 디자인 또는 단순한 놀이로서 매우 적합한 교구이고, 어린이부터 고등학생까지 사용할 수 있다. 지오픽스는 투명하고 다양한 컬러의 다각형 도형으로, 자유로운 상상력을 발휘하여 입체 작품을 만들 수 있는 교구이다. 탄력적인 플라스틱 소재와 간단하게 끼워 맞추는 시스템으로 구성되어 있기 때문에 어린이들이 사용하기에 안전한 교구이며, 반복 사용이 가능하므로 경제적이다. 지오픽스에 대해 요약하면 다음과 같다.

- 결합과 분해가 자유롭고 장소에 상관없이 즐겁게 놀이를 즐길 수 있다.
- 구체적인 조작 활동으로 전개도를 이용한 기본 도형의 개념과 도형에 대한 감각을 기를 수 있다.
- 다양한 기하학적인 모양과 배, 비행기, 건축물, 동물 등을 만들며 놀 수 있는 재미있는 교구이다.
- 수준에 따라 단계별로 창의력을 발휘하여 다양한 구조물을 만들 수 있다.
- 탄력적인 플라스틱 소재와 간단하게 끼워 맞추는 시스템으로 구성되어 있다.

2) 지오픽스의 구성

12개의 서로 다른 모양의 다각형이 아주 쉽고 편리하게 서로 연결될 수 있도록 되어 있다. 그리고 필요에 따라서 삼각형, 정사각형, 직사각형 면을 키워 넣을 수도 있다. 모든 모양은 서로 호환성이 있고, 견고할 뿐만 아니라 약간의 유연성이 있으며, 영구적인 폴리카보네이트로 만들어져 있다.

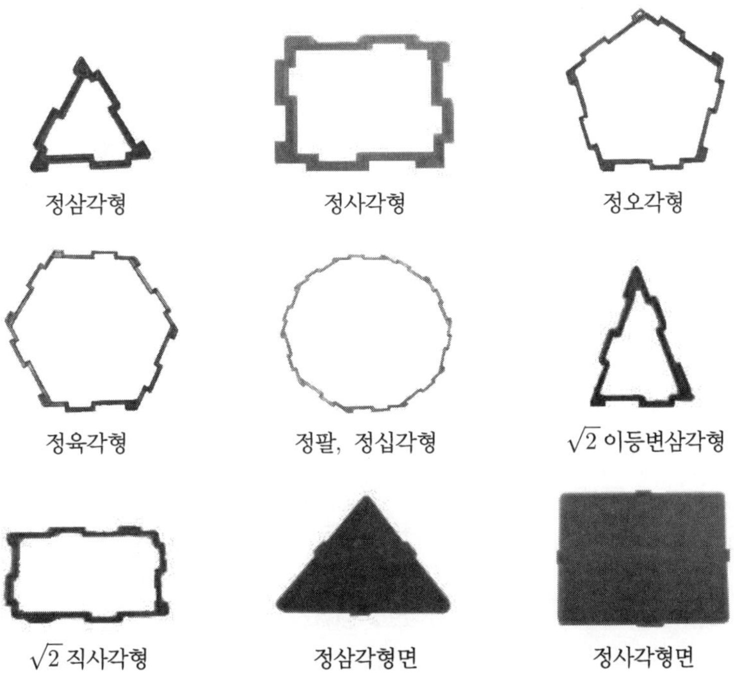

[그림 2-24] 지오픽스의 구성

3) 지오픽스의 활용의의

① 평면과 입체의 관계를 알 수 있다.

조립해가는 과정에서 평면과 입체의 관계를 쉽게 이해할 수 있다. 이는 평면에서 입체로 넘어가면서 공간을 인식하는 힘을 기른다.

② 도형의 특징과 색 감각을 익힐 수 있다.

간단한 4개의 도형을 조립해 나가는 과정에서 각 도형의 특징, 조합방법을 알 수 있다. 또한 6가지의 색상을 조합해 가면서 색 감각을 익힐 수 있다.

③ 손가락 훈련 활동

조각을 연결하는 반복적인 동작에서 손가락 자극 훈련이 되며, 완성된 모양을 상상하면서 손가락을 움직이는 활동은 뇌 활성화에 도움이 된다.

④ 자신이 만든 작품에 대한 성취감

도형들을 조립하여 입체작품을 완성해 가는 과정에서 아이들의 창의력을 이끌어내어 자기표현으로 이어진다.

그리고 지오픽스는 교구 간의 호환이 잘 되기 때문에 평면도형, 입체도형 등 다양한 영역에서 광범위하게 활용될 수 있다. 특히 결합과 분해가 자유로운 성질을 갖고 있어 다양한 형태의 모형을 학생들이 스스로 보고 만들어 보면서 창의적인 사고를 길러주고, 입체도형을 평면도형으로 변환할 수 있는 지오픽스의 장점으로 인해 도형에 대한 개념과 도형에 대한 감각을 길러주고, 공간 지각력을 기를 수 있다. 이러한 성질을 이용하여 입체도형의 전개도 수업에 효과적으로 활용할 수 있다.

4) 지오픽스의 활용방안

지오픽스는 입체도형 영역 학습에 사용할 수 있는 대표적인 교구이다. 호주 빅토리아 수학 협회에서는 '지오픽스는 초등학교와 중, 고교 학생들에게 평면과 입체의 개념과 관계를 가르치는 교구로 뛰어날 뿐만 아니라 학생들의 창의력과 공간을 인식하는 능력을 기르고, 문제해결 능력을 향상시키는 데 도움이 된다.'라는 보고서를 발표하였다.

초등학교 수학과의 단계별 도형 영역의 내용은 평면도형, 입체도형, 공간감각의 세 부분으로 구분되어 있으며, 모든 단계의 학습에 있어서 구체물에 의한 조작 활동이 포함되어 강조되고 있다. 지오픽스는 이러한 교육과정에서 활용범위가 상대적으로 넓어 다양한 활동을 펼칠 수 있다. 12개의 다각형 모양과 정삼각형, 정사각형, 직사각형 면을 끼워 여러 가지 모양 만들기, 입체도형 전개도, 대칭도형의 설명 등에 사용될 수 있다.

① 아래와 같이 지오픽스를 이용하여 다양한 입체도형을 구성하고, 조작할 수 있다.

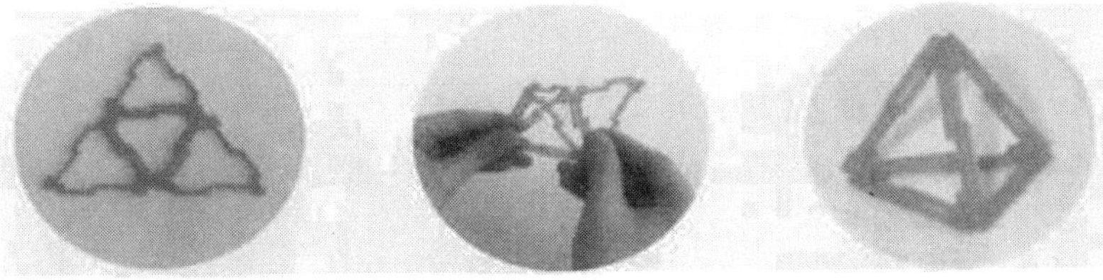

정사면체와 전개도

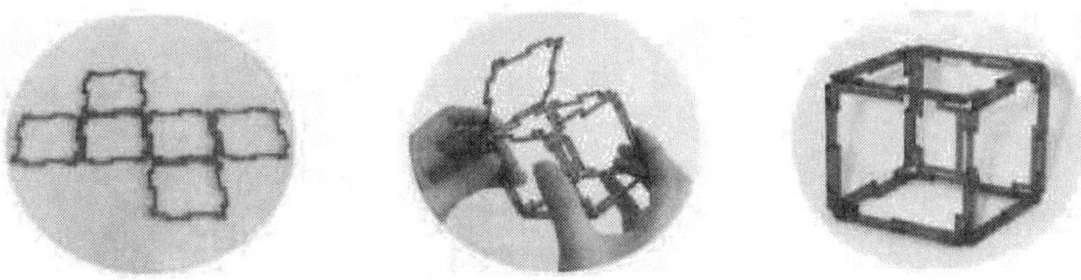

정육면체와 전개도

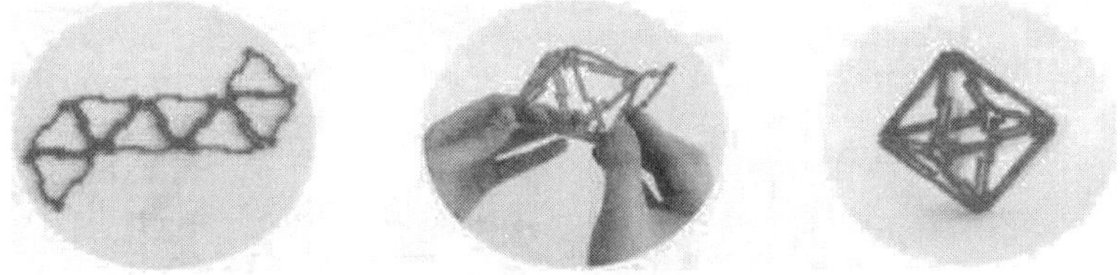

정팔면체와 전개도

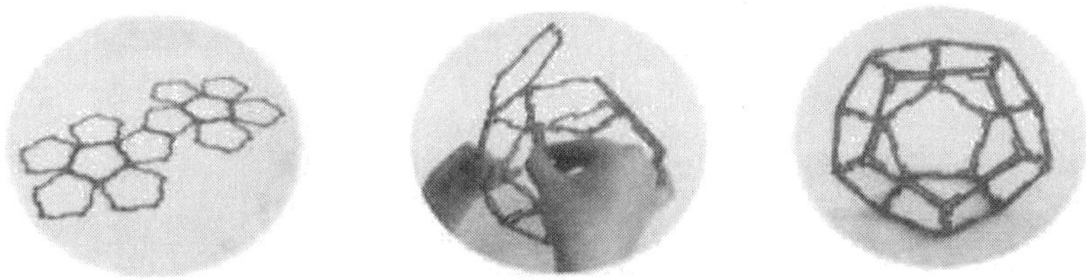

정십이면체와 전개도

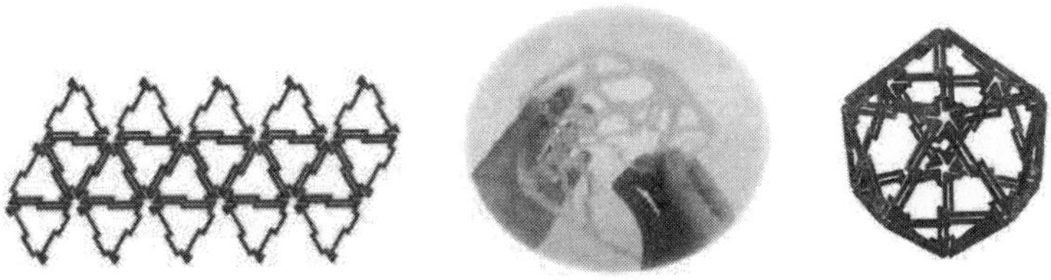

정이십면체와 전개도

[그림 2-25] 지오픽스를 이용한 전개도

출처: <수학사랑>, (http://www.mathlove.co.kr)

네이버 블로그 <수학놀이문화재단>, (http://blog.naver.com/ideabigbang)

② 입체도형과 각기둥, 각뿔 알아보기

학년단계	6학년 1학기
단원명	3. 각기둥과 각뿔
학습주제	입체도형과 각기둥, 각뿔 알아보기
학습목표	입체도형과 각기둥, 각뿔을 이해할 수 있다.
활용 방법	〈활동1〉 입체도형의 이해 ① 다양한 구체물과 구체물의 대체물로서 지오픽스로 만든 입체도형을 보여준다. ② 다양한 도형들을 분류하는 활동을 통하여 입체도형의 개념을 파악한다. 〈활동2〉 각기둥과 각뿔의 이해 ① 구체물과 지오픽스로 만든 입체도형을 보여준다. ② 입체도형 안에서도 분류하는 활동을 통하여 각기둥과 각뿔의 개념을 파악한다.
주의할 점	① 구체물의 대체물로서 지오픽스를 사용하게 되므로 그 모양을 이상적인 도형의 형태로 볼 수 있도록 해야 한다. ② 다른 다면체를 만드는 어린이들이 생길 수 있으므로 만들어보는 조작 활동은 개념파악이 이루어진 후에 하는 것이 좋다.

읽을거리

아르망 에르스코비치가 쓴 책인 《수학 먹는 달팽이》는 일반인들이 가지는 수학에 대한 막연한 거부감을 없애면서 여러 수학학자들의 개념을 정리해주는 책인데, 이 중 시에르핀스키의 삼각형에 관한 내용이 나온다. 바츨라프 시에르핀스키(Waclaw Sierpinski)는 정사각형의 모든 내부의 점들을 포함하는 닫힌 경로를 설명하는 시커브에 대하여 연구하였다. 또한 그가 제시한 것이 바로 시에르핀스키 피라미드인데, 우선 시에르핀스키 삼각형이란 삼각형의 각 변의 중점을 이어 작은 삼각형 네 개를 만들고 그 중 가운데 삼각형을 떼어내어 남은 삼각형의 각 변의 중점을 다시 이어 삼각형을 만드는 과정을 반복하여 만들어진 삼각형이다. 이러한 시에르핀스키 삼각형을 응용한 것이 시에르핀스키 피라미드인데, 이는 하나의 정사면체에서 시작하여 여러 개의 정사면체들이 결합하여 만들어진다. 설명한 시에르핀스키 삼각형과 시에르핀스키 피라미드를 지오픽스를 이용하여 만들어 볼 수 있다. 각각 지오픽스로 직접 만들어보고, 각각의 특성과 사용된 다각형, 그리고 꼭짓점, 모서리, 면에 관한 개념에 대한 이해를 더욱 키울 수 있을 것이다. 그리고 입체에 대한 감각이나 공간지각능력을 기를 수 있을 것이라고 생각한다.

15 하노이 탑(Hanoi tower)

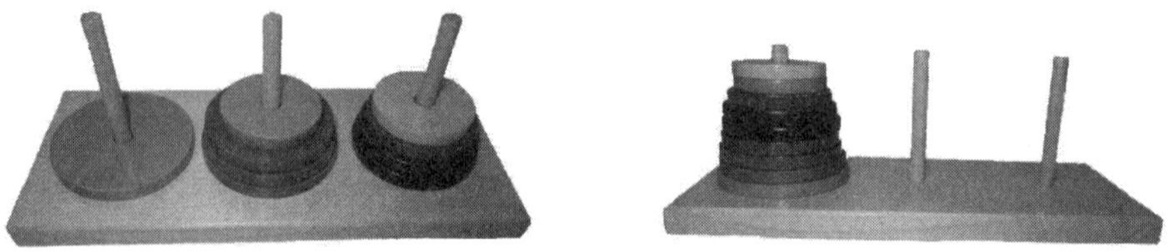

1) 하노이 탑은 어떤 교구인가?

하나의 축에 크기가 각기 다른 원반이 쌓여 있고, 제3의 축을 이용하여 작은 원반 위에 큰 원반이 놓이지 않도록 하면서 한 번에 한 장씩 움직여 다른 축으로 원반을 이동시키는 퍼즐이다.

판 위에 3개의 막대가 고정되어 있다. 반지름이 약간씩 다른 원반이 n개 있고 그 중심에 구멍이 뚫려 있어 작은 반지름이 위에 오도록 하여 1개의 막대에 원반들을 꽂는다. 다음의 규칙에 따라서 다른 막대의 원반을 이동시키는 것이 이 패널의 목적이다.

하노이의 탑 퍼즐은 브라마의 탑(Tower of Brahma) 또는 루카스 타워(Lucas' Tower)라고 불린다. 브라마 탑이라고 불리는 이유는 힌두교 최고의 신인 브라마가 이 퍼즐을 만들었다고 해서 붙여진 이름이고, 루카스 타워라고 불리는 이유는 19세기 프랑스 수학자인 에두아르 뤼카(Edouard Lucas)의 책에 의해 1883년에 서양에서 처음으로 대중에게 알려졌기 때문이다.

2) 하노이 탑의 교육적 의의

기둥이 3개인 하노이 탑은 초등학교에 재학 중인 수학영재학생들에게 활동수업 자료로 적합하며, 특히 조건을 다양하게 변형하여 만든 변형 하노이 탑에서 규칙성과 일반항을 찾는 과정은 영재학생들에게 매우 높은 흥미와 집중도를 보였다. 따라서 하노이탑은 아동에게 좋은 교육적 흥미유발 도구가 될 수 있다.

또한 요즘 수학 창의성 교육에 대한 인식이 점차 확대되고 있다. 하노이 탑은 수학 창의성 교육의 한 방법으로, 초등학생들에게 좀더 쉽게 규칙성에 대한 개념을 이해시킬 수 있다.

또한 하노이 탑 교구를 활용하여 일반 수업시간에도 개방형 문제를 푸는 것이 충분히 이루어질 수 있다.

개방형 문제는 하나의 정답만을 요구하는 것이 아닌 여러 방향으로의 사고를 하여 문제를 해석할 수 있어 학생들의 확산적 사고를 발전시킬 수 있으므로 수학적 창의성을 더욱 증진시킬 수 있다.

3) 하노이 탑의 교육적 효과

① 주어진 조건을 수학적으로 해석하고 원반들을 규칙에 따라 옮기는 과정에서 문제 해결능력과 수학적 추론 능력이 발달된다.
② 수많은 시행착오의 경험을 통해 일정한 규칙을 찾고 그것을 일반화시키는 능력을 배울 수 있다.
③ 거시적, 미시적 사고능력을 키울 수 있다.
④ 논리력 향상으로 수학적 감각을 향상시킬 수 있다.
⑤ 손가락 반복동작을 통해 촉각 및 인지능력을 키울 수 있다.
⑥ 집행력[33]을 향상시켜준다.

4) 하노이 탑 활동[34]

하나의 층이 옮겨갈 수 있는 곳은 최대 두 군데이다. 아래 그림처럼 1번 기둥에 탑이 쌓여 있고 최종적으로 3번 기둥으로 모두 옮기고자 할 경우 제일 처음에 제일 작은 층은 2번 기둥으로 가야 할까? 아니면 3번 기둥으로 가야 할까?

33) 집행력이란 복잡한 일이 발생할 경우 다양한 측면을 고려하여 신속하게 우선순위를 결정하고 분석하여 전략을 세워 실행하는 능력을 말한다.

34) http://catlas.tistory.com/category/취미생활

처음에 어디로 옮기느냐에 따라 마지막에 전체 탑이 어느 기둥으로 옮겨지는지 결정된다. 제일 처음 옮겨가야 할 기둥은 다음과 같이 간단히 결정할 수 있다.

- 제일 밑에 있는 층이 목표인 3번 기둥으로 간다.
- 그 위의 층은 다른 기둥인 2번으로 간다.
- 다시 그 위의 층은 앞의 기둥과 다른 2번 기둥으로 간다.

이렇게 하면 3층인 탑은 3, 2, 3으로 제일 처음 3번 기둥으로 옮기면 된다. 마찬가지로 8층탑의 경우는 3, 2, 3, 2, 3, 2, 3, 2로 제일 처음 2번 기둥으로 옮겨야 한다.

5) 초등학교에서의 지도 방법

초등학생의 경우 일반항 공식을 통해 도출할 수 없기 때문에 직접 시행착오를 겪으면서 문제를 해결하도록 한다. 그리고 여러 번의 시행착오를 겪으면서 규칙성을 발견할 수 있도록 지도한다. 영재가 아닌 일반학생들은 성향과 수준이 모두 다양하므로 수준이 다른 3~4명 정도 구성원의 모둠활동을 통하여 문제를 풀어 본다면 문제를 해결하는 데 걸리는 시간을 단축하면서 학교진도에는 피해가 가지 않도록 할 수 있다.

6) 하노이 탑 문제[35]

① 문제 1: 원판이 2개일 때

원판을 모두 다른 막대로 옮기는데 필요한 이동횟수는 모두 몇 번인가 알아보자.

먼저 원판이 1개뿐이라면, 우리가 필요한 원판의 이동횟수는 1회이다. 이제 원판이 2개인 경우라면, 우리는 다음 그림과 같은 단계로 원판을 움직일 수 있다.

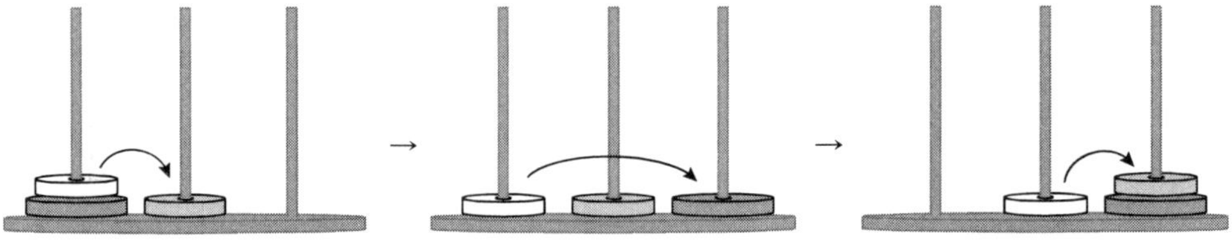

따라서 필요한 원판의 이동횟수는 3회이다.

35) http://blog.naver.com/decoism?Redirect=Log&logNo=70164891439

② 문제 2: 원판이 3개일 때

위의 내용을 참고하여 하노이 탑 문제에서 원판이 3개일 때 필요한 원판의 최소 이동횟수는 모두 몇 회인가 알아보자.

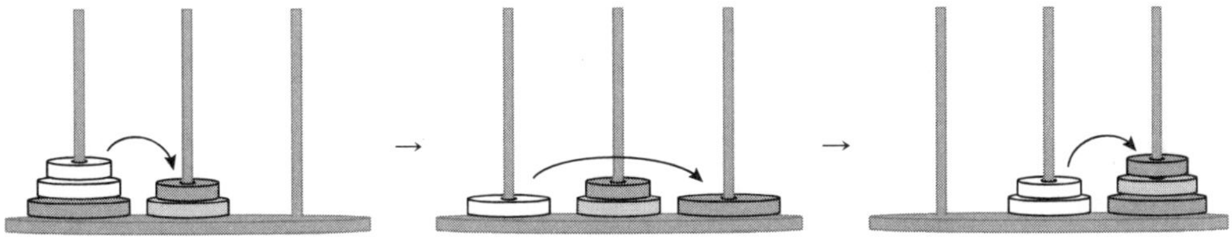

③ 문제 3 (심화단계): 원판이 4개 이상일 때

3층 탑 옮기기가 익숙해지면 앞에서 이야기한 처음 옮겨가야할 기둥을 정하는 방법과 3층탑 옮기기를 응용하여 3층 이상의 탑도 쉽게 옮길 수 있게 된다.

고학년이나 영재 아동의 경우 원판 4개를 제시하여 심화된 문제를 해결하도록 지도한다.

기둥이 4개인 하노이 탑의 규칙성을 찾는 과정은 처음에 학생들이 탐구과정을 통해 원판의 개수를 1개부터 하나씩 늘려가며 최소 이동횟수를 찾도록 지도한다.

실제 학생들이 하노이 탑을 가지고 실험을 하여 다음 표와 같은 결과를 얻을 수 있다. 하지만 원판의 개수가 커지면 최소 이동횟수에 오류가 발생할 확률이 커지므로, 여러 명 또는 팀의 결과를 서로 비교하여 정확한 값을 찾도록 해야 한다.

원판의 개수 n	최소이동횟수 b_n	원판의 개수 n	최소이동횟수 b_n
1	$b_1 = 1$	7	$b_7 = 25$
2	$b_2 = 3$	8	$b_8 = 33$
3	$b_3 = 5$	9	$b_9 = 41$
4	$b_4 = 9$	10	$b_{10} = 49$
5	$b_5 = 13$	11	$b_{11} = 65$
6	$b_6 = 17$	12	$b_{12} = 81$

기둥이 4개인 하노이 탑에서 n개의 원판을 다른 기둥으로 옮기는 최소 이동횟수 b_n의 규칙성을 살펴보면 다음과 같다.

$b_2 - b_1 = 3 - 1 = 2,\quad b_3 - b_2 = 5 - 3 = 2,\quad b_4 - b_3 = 9 - 5 = 4,$

$b_5 - b_4 = 13 - 9 = 4,\quad b_6 - b_5 = 17 - 13 = 4,\quad b_7 - b_6 = 25 - 17 = 8,$

$b_8 - b_7 = 33 - 25 = 8,\quad b_9 - b_8 = 41 - 33 = 8,\quad b_{10} - b_9 = 49 - 41 = 8,$

$b_{11} - b_{10} = 65 - 49 = 16,\ b_{12} - b_{11} = 81 - 65 = 16$

즉, 연속된 두 항의 차가 2 두 개, 4 세 개, 8 네 개, 다음에 16이 나오는데 앞의 수들에 대한 규칙성을 감안하면 16의 개수는 다섯 개가 나올 것으로 예측해볼 수 있다(방승진 외, 2007).

읽을거리

오래 전 인도 카시 비슈와나스에 있는 브라만교 대사원에 '하노이 탑'이라고 불리는 탑이 있었다. 이것은 신이 천지를 창조할 때 만든 것으로 3개의 다이아몬드 기둥으로 이루어져 있었는데, 그 중 하나의 기둥에는 64개의 순금 원판이 차례로 쌓여 있었다. 이 순금 원판들은 크기가 큰 것이 아래로, 작은 것이 위쪽으로 순서대로 쌓여 있었는데 하노이 탑을 만든 신은 몇몇 승려들에게 이 탑을 신전 안의 3개의 새로운 장소로 옮기라는 신탁을 내리게 된다. 첫 번째 장소는 탑을 움직이기 전 원래 있던 장소이고, 두 번째 장소는 최종 목적지이며, 마지막 세 번째 장소는 첫 번째 장소와 두 번째 장소 사이에 위치한 곳이다. 하지만 이 원판들은 너무나 무겁고 귀중하여 한 번에 1개씩만 옮길 수 있고, 작은 원판 위에는 큰 원판을 옮길 수 없고, 오직 큰 원판이 작은 원판 아래에 위치해야만 했다. 이렇게 해서 승려들은 원판들을 하나하나 옮기게 되었고, 64개의 원판이 모두 다른 기둥으로 옮겨졌을 때, 이 세상은 종말을 맞게 된다고 한다.

그렇다면 승려들은 언제 이 원판을 다 옮기게 될까?
지구의 종말은 언제 오게 되는 것일까?

위에서 봤던 하노이 탑 원반의 최소 이동 개수 공식을 보면 그 답을 알 수 있다. 원반의 최소 이동 개수는 $(2^{\text{원반수}}-1)$ 로 나타낼 수 있다. 만약 원반의 수가 2개라면 최소 이동횟수는 3번, 원반의 수가 3개라면 최소 이동횟수는 7번, 원반의 수가 4개이면 최소 이동횟수는 15번으로 나타나는데 이를 통해 원반의 수가 하나씩 늘어남에 따라 최소 이동횟수는 거의 두 배 정도씩 증가한다는 것을 알 수 있다. 즉, 원반 수가 증가함에 따라 원반의 최소 이동횟수는 기하급수적으로 늘어난다는 것이다.

하노이 탑에 있는 원반의 개수는 64개이므로 원반의 최소 이동횟수는 $(2^{64}-1)$회이고, 과장하여 원반 1개의 이동에 1초가 걸린다고 가장하여도 $(2^{64}-1)$초가 소요된다. 즉 18,446,744,073,709,551,615초가 걸린다는 것인데 이것은 곧 5,850억년에 해당하는 수치라고 말할 수 있다. 이 수치는 현재 과학적으로 추정하고 있는 태양의 잔여 수명보다도 더 긴 시간이라고 한다. 따라서 지구의 종말이 오려면 엄청나게 많은 시간이

걸리며 만약 실제로 원반을 다 옮긴다고 해도 그 때는 이미 지구의 종말이 왔을지도 모른다는 것이다.

출처: • http://blog.naver.com/xyzkxx?Redirect=Log&logNo=10096537020
• http://blog.naver.com/jj9802?Redirect=Log&logNo=40052108085
• http://blog.naver.com/crea_te?Redirect=Log&logNo=20129646878
• http://puzzlemuseum.tistory.com/184
• http://terms.naver.com/entry.nhn?cid=209&docId=839928&mobile&categoryId=209

16 대수막대(Algebra tiles)

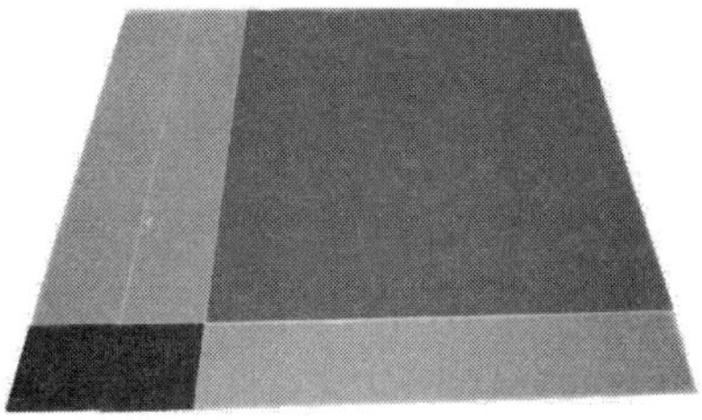

1) 대수막대는 어떤 교구인가?

대수막대의 세트는 크기가 다른 6종류, 다양한 색으로 구성되어 있는데 식의 계산 과정을 도형의 길이와 넓이를 활용하여 설명할 수 있는 교구이다. 따라서 수학수업에서 학생들이 기계적인 식의 조작으로만 생각하기 쉬운 대수적인 연산을 직접 눈으로 보고 손으로 만지는 가운데 대수적인 성질을 기하학적으로 접근하면서 학습자의 이해를 도와줄 수 있는 교구이다.

대수막대의 기본 아이디어는 고대 그리스의 피타고라스학파로 거슬러 올라간다고 볼 수 있다. 그들은 대부분의 수학을 기하와 연관 지어 여러 수학적 사실들을 기하적인 표현으로 나타내려고 노력하였다. 이를테면 덧셈의 분배법칙을 직사각형의 넓이와 연관시켜 아래 그림과 같이 나타낼 수 있다.

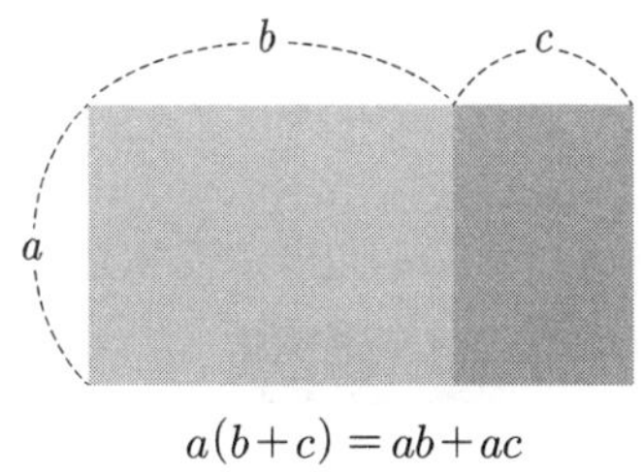

$a(b+c)=ab+ac$

[그림 2-26] 덧셈의 분배법칙

2) 대수막대의 종류

대수막대의 세트는 크기가 다른 6종류, 다양한 색으로 구성되어 있는데, 그 각각의 종류는 다음과 같다.

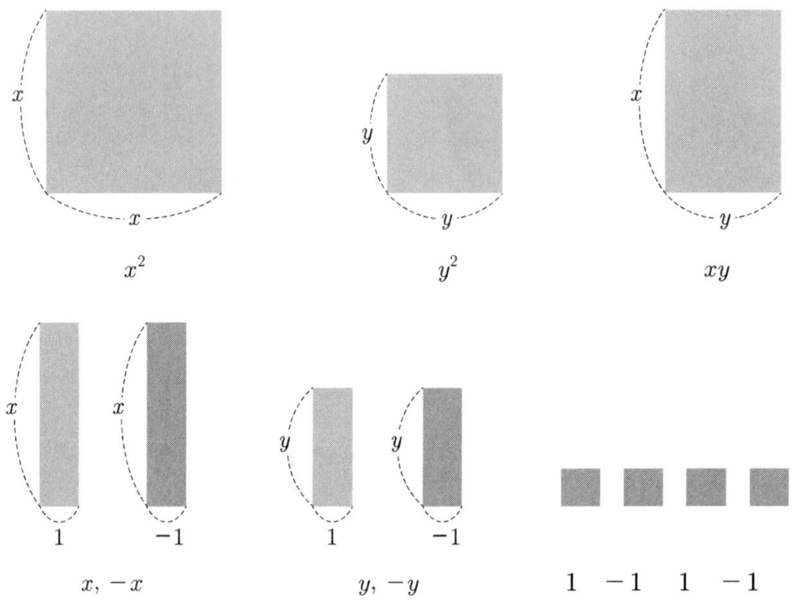

그림 출처: 대수막대, 수학사랑 (www.mathlove.co.kr) 교구시리즈 3

3) 대수막대의 활용 방법

① 양(+)을 나타내는 막대들은 길이가 맞는 부분끼리 서로 맞대어 배열한다.

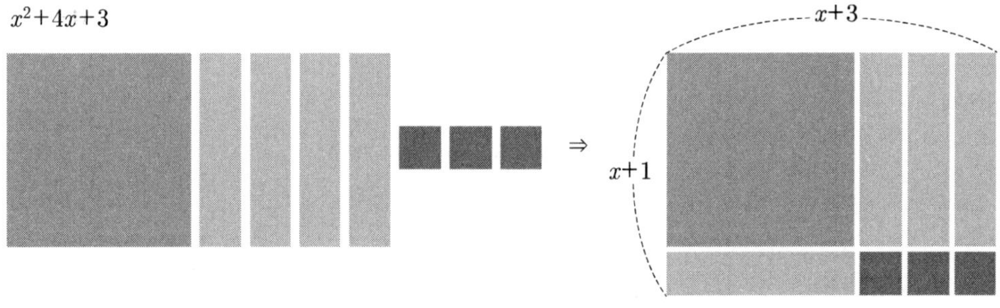

② 음(−)을 나타내는 막대들은 양(+)을 나타내는 막대 위에 얹어 놓으며, 이때 서로 겹쳐져서 상쇄되는 부분의 넓이는 0으로 생각한다.

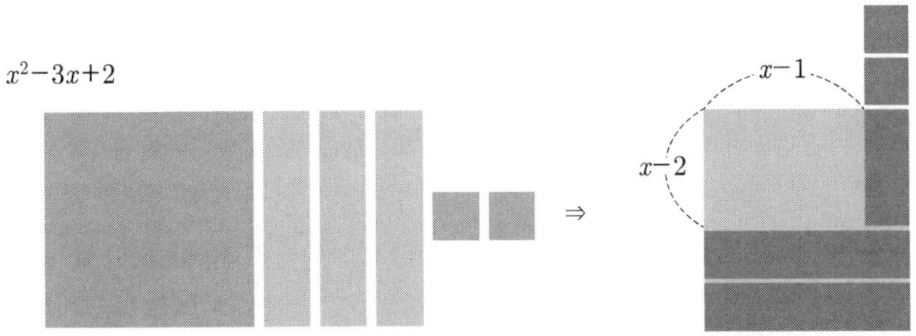

그림 출처: 대수막대, 수학사랑 (www.mathlove.co.kr) 교구시리즈 3

③ x와 $-x$, y와 $-y$, 1과 -1은 짝을 이루어 아래와 같이 서로 겹쳐졌을 때 상쇄되어 0이 된다.

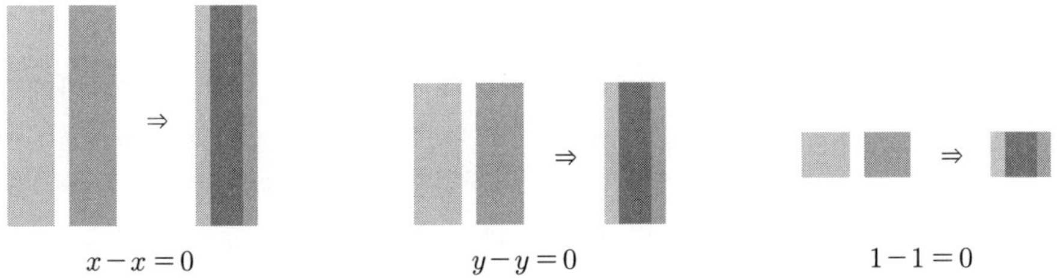

그림 출처: 대수막대, 수학사랑 (www.mathlove.co.kr) 교구시리즈 3

4) 활용의 예

① 8의 약수 찾기

- 1을 나타내는 대수막대 8조각을 택한다.
- 8조각으로 만들 수 있는 직사각형을 모두 만들어 보면 다음과 같다.

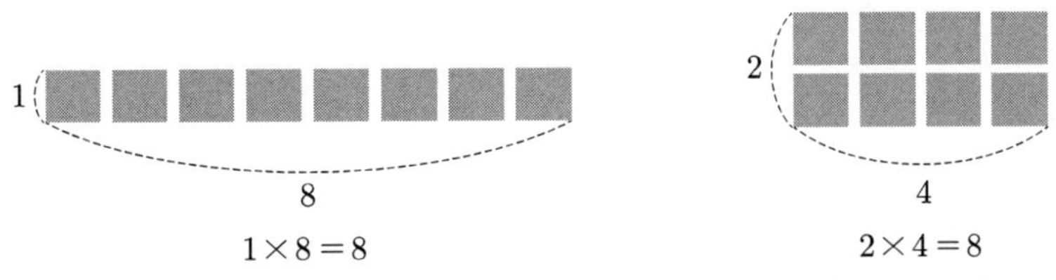

- 따라서 8의 약수는 1, 2, 4, 8이 된다.
- 이 활동의 결과 단 한 가지 방법으로 직사각형이 만들어지는 경우는 소수(prime number)가 된다.

② 정수의 덧셈과 뺄셈

- $(+2)+(-4)=-2$

+1을 나타내는 막대 2개를 가져온 후, −1을 나타내는 막대 4개를 가져와 나란히 놓는다. +1을 나타내는 막대 2개와 −1을 나타내는 막대 2개가 짝을 이루어 0이 되고, −1을 나타내는 막대가 2개 남으므로 답은 −2이다.

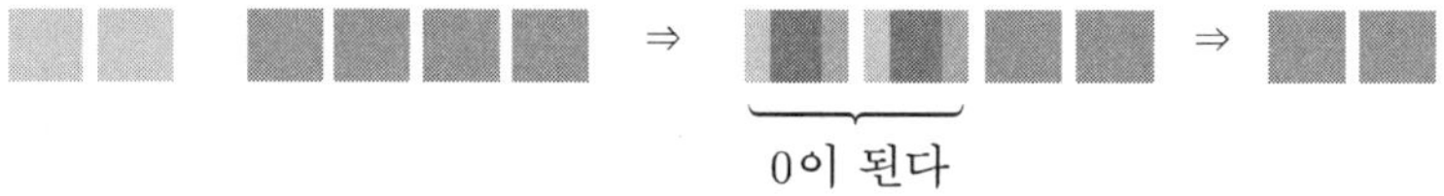

- $(+4)-(+3)=+1$

+1을 나타내는 막대 4개를 가져온 후, 여기에서 +1을 나타내는 막대 3개를 덜어내면 된다. +1을 나타내는 막대 1개와 −1을 나타내는 막대 한 쌍은 각각 아래 그림과 같이 +1−1=0이 되므로 결과적으로 +1을 나타내는 막대 1개가 남으므로 답은 +1이 된다.

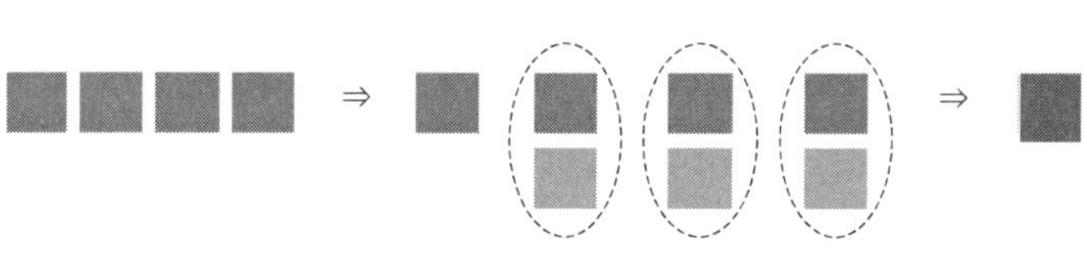

- $(+2)-(+3)=-1$

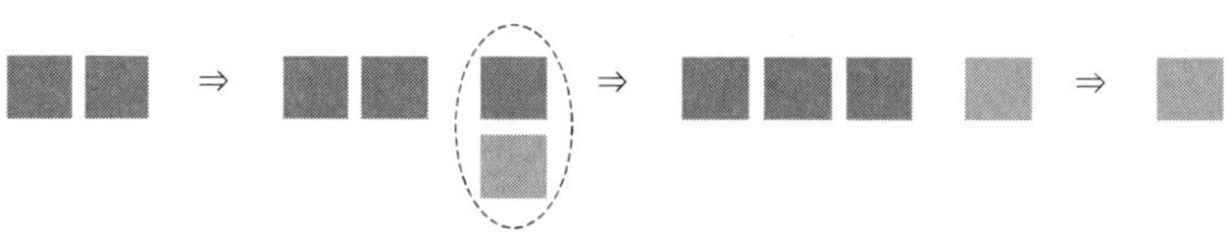

17 조노돔 시스템(Zonodome system)

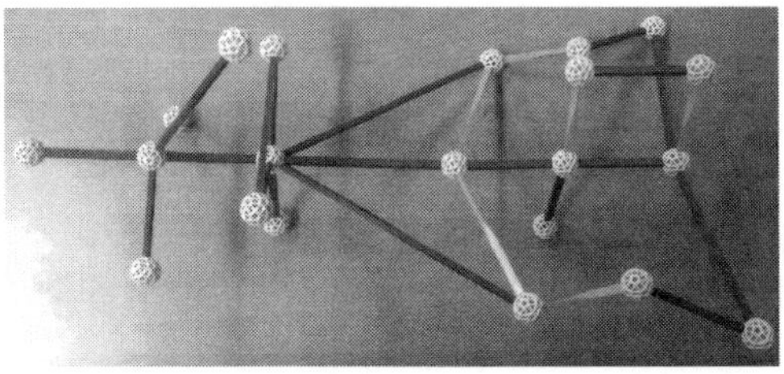

1) 조노돔 시스템은 어떤 교구인가?

조노돔 시스템은 기하학 용어인 Zonohedra와 건축/구조공학 용어인 Dome의 합성어로 조노돔 시스템의 설계 이론은 미국의 건축수학가인 스티븐 베어(Stephen C. Baer) 박사가 1960년대 후반에 완성하였다. 31개의 존(Zone)을 갖고 있는 독특한 연결체와 3가지 형태의 연결봉으로 이루어져 있으며 이것을 가지고 기하와 관련된 이론을 가상공간이 아닌 현실세계에서 3차원 형체(입체물)에 대한 학습지도나 학문 이론의 실제 구현에 활용할 수 있는 교구이다.

1962년에 조노돔 시스템의 상용화에 성공하였으며, 미국에서는 Zometool 또는 Zome System으로 불린다.

2) 조노돔 시스템의 구성

조노돔 시스템의 기본 연결봉은 아래 그림과 같이 3가지(노란색, 빨강색, 파란색)의 색깔이 있으며 각각 3가지 길이(大, 中, 小)로 이루어져 있다. 연결봉의 길이는 황금비를 이루도록 만들어져 있다. 파란색 연결봉은 황금비와 동일하게, 그리고 노란색과 빨간색 연결봉은 더 복잡한 비율에 따라 제작되었으므로 색깔별로 서로의 길이가 다르게 만들어져 있다. 최근 2000년도 후반에 독특한 특성을 가진 녹색 연결봉도 개발되었다(그림 출처: 조노돔시스템, 뿌리와열매).

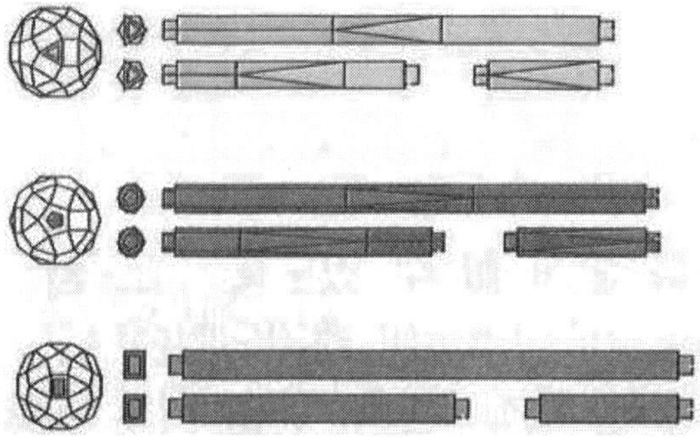

[그림 2-27] 조노돔 시스템의 기본 연결봉

조노돔 시스템의 연결체에는 삼각형, 사각형, 오각형 구멍 62개가 있으며, 연결봉의 단면도 사각형(파란색 연결봉), 삼각형(노란색 연결봉), 오각형(빨간색 연결봉)형태를 취하고 있다. 연결체의 구멍 형태와 연결봉 단면의 형태는 피보나치수열의 기본수인 2, 3, 5를 나타내고 있다. 그 이유는 아래 그림에 잘 나타나 있다. 직사각형의 단면은 가로와 세로로 대칭축이 2개인 2배 대칭이므로 숫자 2를, 삼각형 단면은 대칭축이 3개인 3배 대칭이므로 숫자 3을, 오각형 단면은 대칭축이 5개인 5배 대칭이므로 숫자 5를 의미한다.

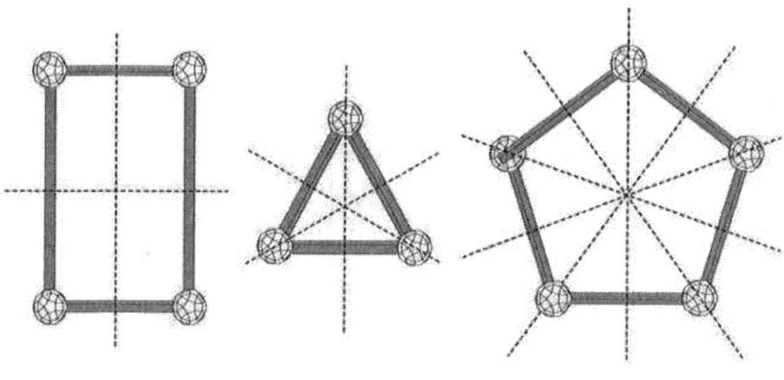

[그림 2-28] 연결봉 단면의 형태(그림 출처: 조노돔 시스템, 뿌리와 열매)

3) 조노돔 시스템의 활용

조노돔 시스템은 아래 그림과 같이 수학의 3차원 형체(입체물)에 대한 학습 지도나 화학, 생물학의 DNA 구조, 구조공학 또는 건축공학에서 다루는 돔(Dome) 형태 등을 생동감 있게 설명할 수 있다.

정글짐과 그네

정이십면체

정십이면체

플라톤의 입체도형

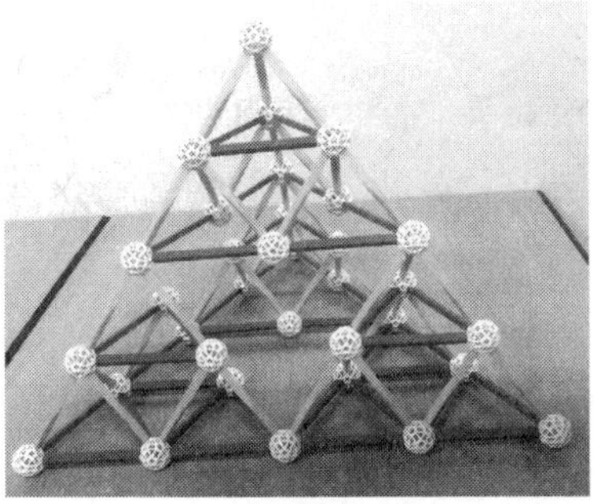

피라미드

정육면체

[그림 2-29] 조노돔 시스템으로 만든 다양한 입체

읽을거리

조노돔 시스템은 수학의 도형과 기하, 건축, 물리 등 여러 분야에서 활용되고 있는 기하학적 교구이다.

조노돔 시스템은 우리가 살아가고 있는 자연 현상(분자구조, 인체, 식물 등)의 수학적 구조를 생동감 있게 표현할 수 있다. 예로부터 우리 선조들은 우리가 살아가고 있는 삼라만상은 창조주가 설계했다고 믿어 왔다.

조노돔 시스템은 창조주가 설계한 우주의 삼라만상의 어떤 수학적 개념을 근본으로 하고 있어 이를 설명하는 데 사용할 수 있고 또한 3차원 공간 모델을 구성할 수도 있다. 이와 관련된 자연의 현상을 설명하는 데 필요한 대표적인 것이 수학에서의 피보나치수열과 황금비이다.

잘 알려진 바와 같이 피보나치수열 1, 2, 3, 5, 8, 13, 21, 34, …의 규칙을 살펴보면 그 대표 수는 2, 3, 5임을 알 수 있다.

황금비는 우리가 가장 아름다움을 느끼는 길이의 비율로 1 : 1.618 …로 표시된다. 이 비율은 앞서 언급한 피보나치수열에서 바로 뒤에 오는 수를 앞 수로 나누어 보면 여기 주어진 황금비율에 가까워짐을 알 수 있다. 우리 생활주변에서 황금비는 여러 곳에서 쉽게 찾아볼 수 있다.

피보나치수열의 기본수인 2, 3, 5라는 숫자는 조노돔 시스템과 관련성이 있는데 조노돔 시스템의 연결체에 있는 직사각형, 정삼각형, 정오각형의 구멍은 바로 2, 3, 5를 의미하고 있다.

Chapter 3

교구를 활용한 수학 교수·학습의 사례

1. 기하판
2. 탱그램, 패턴블록, 기하판, 펜토미노

1 기하판

1) 영재교육원에서의 활용 사례

초등수학의 교수·학습에서 교구의 활용문제는 새삼스러운 문제가 아니다. 수학교육과 관련한 세미나나 워크숍 또는 각종 논문이나 초등수학과 관련한 글을 통하여 수없이 익히 들어왔다. 그러나 초등학교에서 그토록 교구의 사용을 강조하는 이유에 대해서는 많은 사람들이 서로 다른 생각을 가지고 있는 것 같다. 교구의 사용에 대한 이유는 여러 가지 측면으로 생각할 수 있겠지만 우선 수학학습에서 지필중심에서 벗어나 교구를 활용하면 아이들의 관심과 흥미를 끌 수 있을 것이고, 직접 자신의 손으로 조작해봄으로써 당면한 문제 상황에 대한 이해의 깊이를 더할 수 있을 뿐 아니라 자신의 체험으로 얻은 지식은 더욱 오래 기억에 남을 수 있다는 장점 등이 있을 것으로 여겨진다.

아래의 몇 가지 탐구활동들은 2012년도 전 학기 대구교육대학교 영재교육원에서 대구·경북의 초등학교 5학년을 대상으로 1차, 2차는 필기시험, 3차는 실기 및 면접의 3차례에 걸친 선발과정을 거쳐 선발된 영재 40명(대구 20명, 경북 20명)을 대상으로 필자가 수업을 실시하기 전 사전 인터넷 원격과제에서 기하판에 관한 영재들의 생각, 실제 수업 활동에서 나타난 영재들의 탐구과정을 분석한 것과 함께 자기반성의 일환으로 작성된 수업활동 자기평가 보고서의 일부분을 나타낸 것이다.

원격과제

인터넷이나 혹은 책을 통해 기하판에 관한 자료를 찾아 읽어본 후 다음 물음에 대한 자신의 생각을 솔직히 적어보자.

① 초등수학에서 어디에 기하판을 사용하면 좋을지 자신이 생각하는 바를 적어보자.
② 기하판을 사용하면 자신이 생각하기에 어떤 점이 좋을까?
③ 기하판을 사용했을 때 좋지 않을 것으로 생각되는 점은?
④ 지금까지 자신이 다니고 있는 학교에서 수학수업 시간에 기하판을 사용해 본적이 있는지? 만약 있다면 수학수업의 어디에서 사용하였는지를 간단히 써보자.

영재들의 반응

① 도형의 넓이 구하기, 도형을 대칭이동시키기, 도형을 평행이동시키기, 다각형 만들기, 실을 가지고 도형을 만들고 길이를 재고 공부할 때, 둘레와 넓이를 구하는 시간에 사용할 수 있다, 도형의 모양 크기 같은 것을 알아볼 때, ….

② 대칭이동 등을 하기 쉽다, 다른 사람에게 설명하기 좋다, 다각형 만들기에서 둘레와 넓이, 평행, 대칭, 회전이동할 때 편리하다, 자로 재지 않고도 선분의 길이를 같게 할 수 있다, 손으로 직접 만들면서 공부를 하므로 쉽게 익힐 수 있다, 고무줄로 연결만 하면 되므로 도형을 쉽게 그릴 수 있다, ….

③ 입체 도형은 표현할 수 없다, 곡선이 있는 도형은 정확하게 할 수 없다, 한번 표시하면 지워야 하는 점이 있다, 생각해서 풀 수 있는 문제를 보면서 하므로 수학문제를 해결하는 능력에는 도움이 적을 것 같다, 기하판을 사용하는 일은 아주 큰 도형은 만들 수 없으므로 큰 수가 들어간 문제는 풀지 못할 것이다, 못이 박혀 있어서 위험하다, ….

④ 이 경우는 대부분의 학생들이 사용해보지 않았다는 답이 주를 이루었고 간혹 4학년 때 도형을 만들 때 선생님께서 기하판을 만들어 나누어 주셨다. 그리고 우리는 그 위에다가 선생님의 여러 가지 지시에 따라 도형을 만들거나 움직였다, 다각형의 둘레와 넓이를 구할 때 사용해보았다, 그래프의 변화, 도수분포표, 히스토그램 등을 그릴 때, … 등으로 나타났다.

탐구활동의 실제

[탐구 1] 자신이 가지고 있는 기하판 위에서 가로, 세로가 2인 정사각형을 만들어보고 만들어진 정사각형의 2배의 넓이를 갖는 정사각형을 만들려면 어떻게 하면 되는지를 아래의 빈칸에 적어보자.

영재들이 기술한 해결방안의 유형은 다음과 같다.

세로로 1칸을 늘리거나 가로로 1칸을 늘린다, 대각선을 한 변으로 하는 정사각형을 만든다, 넓이가 8인 정사각형을 만들어 조금씩 빼서 만든다, 한 변은 가만히 나두고 나머지 한 변을 2배로 한다, 그것을 삼각형으로 4등분 한 것을 펼친 것을 만든다, 마름모로 넓이

8을 구한다, 한 변에 못이 3개 걸치도록 대각선으로 만든다, 정사각형으로는 만들 수 없고 같은 성질인 마름모로 생각하여 풀 수 있다, ….

[탐구 2] 다음과 같은 도형 패턴을 여러분에게 주어진 기하판 위에 계속 해보고 다음 표를 완성해보자.

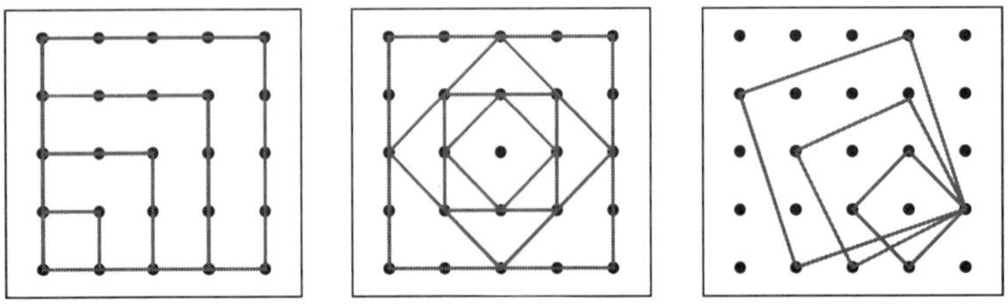

길이	1	2	3	4	5	6	7	8	9
넓이									
경계에 있는 못의 수									
내부에 있는 점의 수									

[그림 3-1] 도형 패턴을 보고 표 완성하기

[탐구 3] 다음의 도형들을 보고 둘레에 걸친 점의 개수, 내부에 있는 점의 수와 넓이를 조사해보자.

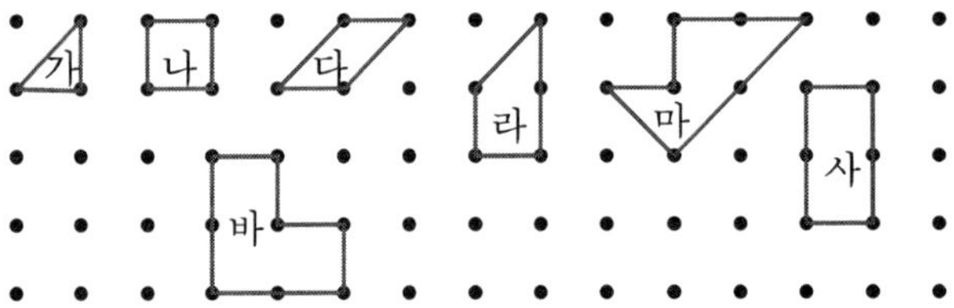

	가	나	다	라	마	바	사
둘레에 걸친 점의 수	3	4					
내부에 있는 점의 수	0	0					
도형의 넓이	1/2	1					

[그림 3-2] 점의 수와 넓이 사이의 관계

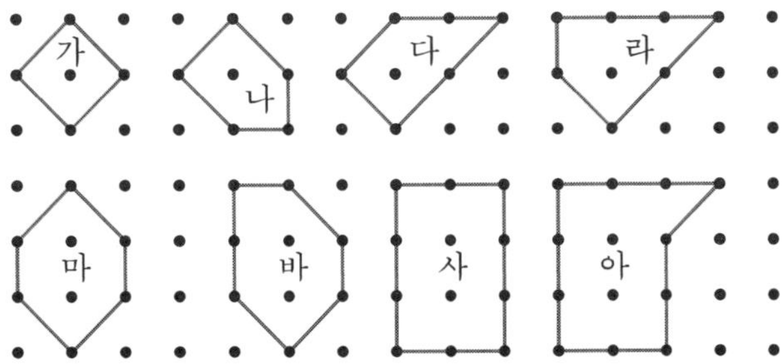

	가	나	다	라	마	바	사	아
둘레에 걸친 점의 수								
내부에 있는 점의 수								
도형의 넓이(cm^2)								

[그림 3-3] 점의 수와 넓이 사이의 관계

[탐구 4] 앞의 탐구활동 2와 3을 바탕으로 기하판을 이용하여 내부에 포함되는 점의 수, 둘레에 걸친 점의 수를 다양하게 변화시켜 도형을 만들어보고 둘레에 걸친 점의 수, 내부에 있는 점의 수, 도형의 넓이 사이에 어떤 관계가 있는지를 아래의 빈 란에 각자 적어보자.

[탐구 4]에 대한 영재들의 반응은 [탐구 2]에서 둘레에 걸친 점의 수가 하나씩 늘어날수록 넓이는 0.5cm² 늘어난다, [탐구 3]에서 내부의 점의 수가 하나일 때 (넓이×2)가 둘레의 점의 수이고 내부의 점의 수가 2개일 때 (넓이×2 − 2)가 둘레의 점의 수이다, 내부에 있는 점의 개수가 같을 때 둘레가 1늘어나면 넓이는 1/2 넓어진다, (둘레에 걸친 점의 수 + 내부에 있는 점의 수) − 1 = 도형의 넓이가 된다, 내부에 점이 없을 경우에는 (둘레에 걸친 점의 수 − 2)÷2 = 도형의 넓이가 되고 내부에 점이 있을 경우에는 (둘레에 걸친 점의 수÷2) = 도형의 넓이가 된다, …와 같이 영재들의 반응을 분석해본 결과 대부분의 학생들이 문제의 본질을 정확히 파악하지 못한다는 것을 알 수 있었으며 단지 극소수의 학생들만이 문제의 핵심을 이해하고 있었다. 따라서 본 연구자의 관점에서 볼 때 초등학교 고학년, 특히 영재들의 반응이 이러한 것으로 미루어 피크의 정리는 초등학교 학생의 수준에서 스스로 그와 같은 수학적인 패턴을 찾는다는 것이 상당히 자신들의 능력 수준과는 다소 거리가 있음을 시사해준다고 볼 수 있다.

2) 정규 수업시간에서의 활용 사례

아래의 내용은 대구교육대학교대학원계절제에 재학 중인 한 교사가 2012년 11. 5(월) 1교시에 기하판을 활용하여 실제 현장에서 적용한 수업 사례로 수업은 대구광역시 S초등학교 5-5반 교실에서 이루어졌으며 수업내용은 도형의 대칭 단원 중 한 차시(선대칭 도형 그리기)를 가지고 실제 기하판을 활용한 사례이다.

(1) 교수학습 과정안

단 원	5. 도형의 대칭		주제	선대칭 도형의 그리기		차시	3/10
지도일시	11. 5(월) 1교시	학반	5－5	장소	교 실	지도교사	류 ○ ○
학습목표	◦ 선대칭 도형의 성질을 이해하여 그 도형을 그릴 수 있다.						
성취기준	☞ 선대칭 도형의 도형을 그릴 수 있다.					수행평가문항	56~57쪽

단계 (시간)	주요활동 요소	교수·학습 활동	수행평가 방법 및 관점	자 료 : (자) 유의점 : (유)
문제 파악 (8′)	동기유발	◉선수학습 상기 ◦ 자료①를 이용하여 '그것이 알고 싶다'-선대칭 도형의 성질편을 해보겠습니다. 1위~6위까지의 성질이 감추어져 있습니다. 찾아봅시다. - 대응점이 있습니다. - 대응각의 크기가 같습니다. - 대응변의 길이가 같습니다. - 대칭축이 있습니다. - 대칭점을 이은 선분은 대칭축에 직각이 된다. - 대응점을 이은 선분은 대칭축에 의하여 길이가 같게 나누어진다. ◦ 생활 속에서 선대칭 도형을 본 적이 있나요? - 옷의 무늬에서 보았습니다. - 안경입니다. 등 ◦ 그렇다면 여러 분이 선대칭 도형의 활동 중 하고 싶은 활동은 무엇입니까?	수행평가 안내: 선대칭 도형의 성질을 알고 선대칭 도형 완성하기	(자)①PPT자료
	학습문제 알기	◉공부할 문제 알아보기 ♣ 선대칭 도형 그리기		
	학습활동 안내	◉학습 내용 및 학습 방법 안내 ◦ 학습 규칙 및 순서 확인 ◦ 학습 준비물 확인 ◦ 선택적 활동 확인		(자)②투명모눈판, 모눈 종이, 학습지, 점판, 자

단계 (시간)	주요활동 요소	교수·학습 활동	수행평가 방법 및 관점	자 료 : ㉶ 유의점 : ㊒
예상1 (7′) 검증1 (3′)	활동1	◉활동1: 모눈종이에서 선대칭 도형 완성하기 ○ 수학 70쪽 활동1을 선대칭 도형이 되도록 완성하기 - 짝과 선대칭 도형을 완성하는 방법 찾아 이야기하기 - 선대칭 도형을 완성하는 방법 말하기 - 결과 확인하기	 자기 주도적 활동	㉶작은 칠판
예상2 (7′) 검증2 (3′) 일반화 (7′) 적용 (5′)	활동2 확인하기 선택학습 차시예고	◉활동2: 점판을 이용하여 선대칭 도형 완성하기 ○ 수학 71쪽 활동2 선대칭 도형 완성하기 - 짝과 선대칭 도형을 완성하는 방법 찾아 이야기하기 - 선대칭 도형을 완성하는 방법 말하기 - 결과 확인하기 ◉토의결과 확인하기 ○ 선대칭 도형 완성하는 방법 발표시킨다. - 모눈종이에서는 대칭축과 대응점 사이의 거리는 모눈의 수를 세어서 같게 점을 찍어 연결합니다. - 점판에서는 대칭축과 대응점을 사이의 거리는 못의 개수를 세어서 같게 해서 연결합니다. ○ 모눈종이나 점판이 없다면 어떻게 하면 완성할 수 있을까요? - 자를 이용하여 거리를 재서 완성한다. ○ 완성한 그림이 선대칭 도형이 되는지 어떻게 확인할 수 있나요? - 모눈종이를 접어봅니다. - 점판에서 고무줄을 겹쳐봅니다. ○ 자료3을 이용하여 확인한다. ◉선택학습 ○ 뿌리내리기: GSP프로그램이나 자를 이용하여 심화문제 풀기 ○ 땅 다지기: 수익 80쪽 교사와 함께 해결하기 ◉차시예고 ○ 준비물 제시: 자, 네임펜		 ㉶도화지 ㊒선대칭 도형을 확인해보는 것이 바람직하다. ㉶3인터넷 자료 ㊒개관순시를 통해서 보충이 필요한 아동은 즉시 지도한다.

(2) 수업적용 아이디어

① 교사는 5단원을 시작하기 일주일 전에 합판 집에 가서 합판을 잘라서 아이들에게 나누어주고 어떻게 만들면 좋을까를 먼저 물어본 다음 아이들이 생각을 모아서 방법을 정한 후 스스로 만들어 오도록 안내하였다.

② 4명을 한 조로 아동들이 직접 활동하는 시간을 충분히 주었을 뿐만 아니라 모든 활동은 아동들 스스로의 판단에 의해서 이루어졌으며, 따라서 교사는 조별활동 시 순시하면서 조언을 해주는 역할을 하였다.

③ 교사는 아동들이 조별활동을 하면서 대화한 것을 기록하도록 하여 각자 복습할 때 읽어보도록 하였다.

④ 조별활동 시 반드시 조원 모두가 활동을 할 수 있도록 주의시킨다. 이때 교사는 아동들에게 조별로 어떤 보상을 해주면 한 사람도 빠짐없이 활동에 참여하게 된다. 이를테면, 가장 열심히 먼저 하는 조에게 급식우선권을 제공한다, 청소를 면제해준다, 숙제를 면제해준다 등.

(3) 기하판을 활용한 수업 후 아이들의 반응

① 도형에 대해 흥미를 갖게 되었고, 더 많이 알게 되어 공부에 많은 도움이 되었다.

② 나의 작품도 만들고, 친구의 작품도 보고 서로 비교할 수 있어 좋았다.

③ 많은 아이들이 친구들끼리나 집에서 동생과 다시 하고 싶다고 표현하였다.

④ 자의 조작이 서툰 사람들도 기하판의 이용은 아주 쉽게 조작할 수 있으며 직접 선대칭 도형을 기하판에서 구성해봄으로써 이해하기가 좀더 쉽다.

⑤ 나만의 창의성을 발휘하여 조작활동에 열심히 참여할 수 있다.

(4) 기하판을 활용한 수업 후의 느낀 장점

① 일단 처음 기하판을 접함으로써 아이들에게 호기심을 제공할 수 있고 놀이처럼 하면서 수업에 흥미를 끌어올 수 있다.

② 모눈종이가 기하판과 비슷한 기능을 하지만 연필로 쓰고 지우는 부담이 있는 반면에 기하판은 수정과 보완이 간편하여 학습자가 오류에 대한 부담감을 적게 느껴 다양한 시도가 가능했다. 특히 도형 수업에서 자를 이용하여 정확하게 그어야 한다는 압박감에서도 자유로울 수 있다.

③ 교사의 긴 설명보다는 직접 구성하고 친구끼리 비교하면서 서로간의 설명을 듣고 즉 상호간의 협력학습을 통해 더 쉽게 이해할 수 있다.

④ 새로운 도형을 만들 수 있어서 아이들의 상상력과 창의력을 자극할 수 있으며 그 결과 아이들의 공간감각을 길러줄 수 있다.

(5) 기하판을 활용한 수업 후의 느낀 단점

① 개개인에게 기하판을 모두 준비하는 과정이 힘들고 번거로울 뿐 아니라 활동 과정을 교사 혼자서 40명 가까이 아이들 개개인의 활동을 모두 지켜볼 수 없어 아이들의 학습정도를 꼼꼼히 체크하기가 힘들다.

② 선대칭 도형 그리기 수업에서 아이들이 기하판을 모눈종이의 기능과 비교하면서 접어볼 수 없어 조금은 불편하다는 말을 남겼다.

③ 모눈종이는 많이 접할 수 있어서 정사각형 등을 쉽게 그릴 수 있었으나 기하판은 평면에 대한 감각이 없이는 그리는 데 다소 어려움이 있는 것 같다.

④ 모눈종이는 선이 그려져 있지만 종이로 된 기하판은 점끼리 연결하므로 자 사용이 바르지 못한 아이들은 직선을 그리지 못해서 도형에 대한 개념을 지도하기가 어려웠다. 하지만 이 점은 개별 컴퓨터가 갖춰진 멀티미디어실에서는 가능할 것 같다. 왜냐하면 컴퓨터상에서는 직접 점끼리만 연결해주면 직선으로 곧게 연결이 되기 때문이다.

⑤ 직선으로만 연결되어 분수 단원에서 원과 같은 도형의 부분과 전체 수업에는 활용하기가 어렵고 점끼리만 연결하므로 삼각형이나 오각형 등을 구성할 수는 있으나 등분할이 되지 않아서 분수 개념지도에서 부분과 전체의 관계를 설명할 수 없다.

(6) 교사의 반성

① 다양한 크기의 또 다양한 간격의 기하판을 이용했더라면 학년성에도 맞고 아이들이 더 다양하게 활동할 수 있었을 것이다.

② 교과서가 활동 중심으로 되어있기는 하지만 교사 자신이 조작활동을 통한 수학을 많이 접해보지 못했기 때문에 기존의 연필, 공책, 교과서에만 집착하기 쉽다. 따라서 다양한 수학교구를 활용한 연수가 필요하다.

③ 수업 시 위의 지도안을 미리 구성하고 한 것이 아니고, 머릿속으로 대충 생각하고 수업에 임해서 위의 지도안처럼 실제로 그려보는 활동을 제대로 하지 못했다.

④ 아이들의 흥미는 아주 높았으며, 적극적으로 수업에 임했고 이해도가 높았다.

⑤ 도형 영역은 특히 학생들의 사고가 많이 필요한 부분이라 생각한다. 조작활동을 통해 직접 아이들이 행함으로써 배우게 되는 것이 아닐까? 그러나 사실 기하판의 경우는 일선 학교에 없을 뿐 아니라 문구점에서도 볼 수 없다. 따라서 이 수업을 계기로 이런 기자재가 일선 초등학교에도 더 널리 보급되었으면 좋겠다는 생각을 가져본다.

2 탱그램, 패턴블록, 기하판, 펜토미노

대부분의 수학 수업이 알고리즘을 숙달시키고, 기계적으로 익힌 절차에 의해 정답을 맞추는 것에 중점을 두어 왔기 때문에, 학생들은 수학은 딱딱하고 어렵고 재미없는 과목이라는 인식을 많이 하고 있다. 그러나 수학 수업에서 수학 교구의 조작 활동을 한다면 수학적인 흥미를 유발할 수 있을 뿐만 아니라 추상과 형식적인 수학으로의 발달을 돕고 학생들이 활동적으로 수업에 참여할 수 있게 된다. 이러한 맥락에서 초등수학 교육과정의 각 영역에서는 조작 활동을 통한 자기 학습능력 개발에 중점을 두고 주위의 실제 생활에서 볼 수 있는 사물을 관찰하여 그 성질을 추상해 낼 수 있도록 구체적인 교구를 이용하는 조작 활동을 강조하고 있다.

이러한 관점에서 아래에서는 필자의 지도하에 현장교사인 손숙현(2002)이 정규 수학 수업이 아닌 일선학교의 클럽 활동 시간을 이용하여 초등학교 6학년 남학생 16명을 대상으로 위의 수학 교구들을 충분히 조작하고 활용하는 가운데 나타난 학생들의 다양한 사례들을 제시하였다.

1) 클럽활동의 운영 방법

① 수학 교구를 활용한 클럽활동의 조직

클럽활동을 위하여 학생들을 4명을 1조로 하여 소집단별로 조직하였고, 각 소집단의 구성원은 상 수준 1명, 중 수준 2명, 하 수준 1명을 대상으로 이루어졌다.

② 교사의 역할

클럽 활동에서 교사는 교구를 활용하여 도형 학습을 할 수 있는 문제를 제시하는 역할을 하였으며, 교구를 활용해 직접 문제를 해결해볼 수 있는 안내자, 조력자의 역할을 담당하였다.

2) 수학 교구를 활용한 클럽활동 실시

교구를 활용한 클럽활동은 2002년 3월부터 2002년 5월까지 실시되었으며, 다음의 [표 3-1]과 같이 별도의 계획에 의하여 이루어졌다. 이것은 교육과정상의 도형영역의 계열성을 고려한 것은 아니며, 도형학습과 관련된 교육 목표 달성보다는 클럽활동을 학생들이 즐겁게 참여하는 가운데, 도형 학습을 할 수 있도록 하는 데 주안점을 두었다.

[표 3-1] 교구를 활용한 클럽활동의 실시 일정

날짜	활용 교구	주제 및 수업 내용	준비물	비고	시간
3월 15일		• 클럽활동 소개 및 오리엔테이션 • 수학적 성향 및 도형 학습능력 사전 검사			40분
3월 22일	탱그램	• 탱그램의 기원 소개 • 탱그램을 만드는 방법 안내 및 색종이로 제작해보기 • 탱그램의 조각에 대한 탐구	색종이, 가위		40분
3월 29일	탱그램	• 탱그램 조각을 이용하여 직각삼각형, 직사각형, 사다리꼴 만들기 • 탱그램 조각을 이용하여 볼록 다각형 만들기 • 그림자에 맞도록 탱그램 조각 맞추기	색종이, 가위	시간상의 부족으로 점심시간 30분을 추가적으로 활용	70분
4월 5일		공휴일			
4월 10일	패턴블록	• 패턴블록의 소개 • 패턴블록을 구성하고 있는 모양 살펴보기 • 패턴블록의 모양들 사이의 관계 알아보기	패턴 블록, 모양판	방과후	60분
4월 12일	패턴블록	• 도형들의 관계를 파악하여 공간덮기 • 패턴블록을 이용하여 여러 가지 대칭 도형 만들기	패턴 블록, 모양판	점심시간을 추가적으로 활용	50분
4월 19일	기하판	• 기하판에 대한 소개 • 주어진 점의 수로 다각형 만들기	기하판, 점종이, 고무줄	〃	50분
4월 26일	기하판	• 기하판에 다각형 만든 후 평행이동 시키기 • 기하판에 다각형 만든 후 좌우, 상하, 대각선으로 대칭이동 시키기	기하판, 점종이, 고무줄	방과후	60분
5월 3일		소 체육대회			
5월 8일	기하판	• 기하판 닮음인 도형 만들어 보고, 그 특징 살펴보기	기하판, 점종이, 고무줄	방과후	40분
5월 10일	펜토미노	• 정사각형 2개, 3개 또는 4개를 붙여 다른 모양 찾기 • 정사각형 5개를 붙여 서로 다른 모양 찾기 • 펜토미노의 소개	펜토미노, 모눈종이	점심시간을 추가적으로 활용	50분
5월 17일	펜토미노	• 펜토미노 조각 2개를 짝을 지워 대칭이 되는 모양 만들기 • 펜토미노 조각 4개를 짝을 지워 대칭이 되는 모양 만들기	펜토미노, 모눈종이		40분
5월 18일	펜토미노 펜토미노	• 펜토미노 조각 4개를 짝을 지워 대칭이 되는 모양 만들기 • 펜토미노 조각을 이용하여 주어진 직사각형 덮기 • 펜토미노 조각 중 뚜껑이 없는 정육면체로 접을 수 있는 것 찾아보기	펜토미노, 모눈종이	방과후 이용	120분
5월 24일	중간평가	• 수학적 성향 및 도형 학습능력 사후 검사			40분

(3) 클럽활동 중에 나타난 학생들의 다양한 사례

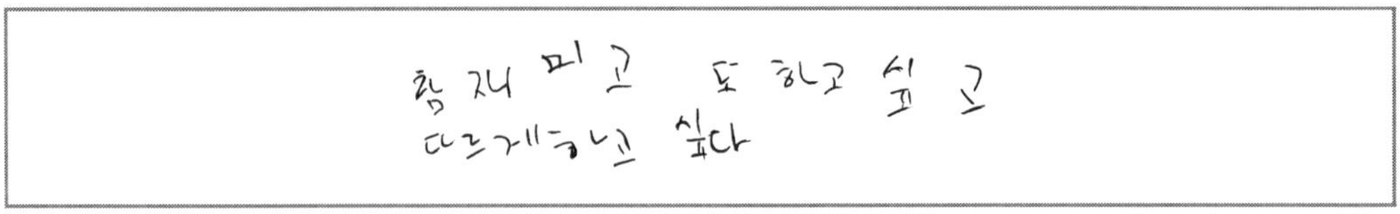

[그림 3-4] 전○○학생이 탱그램의 첫 번째 수업 후 보인 반응

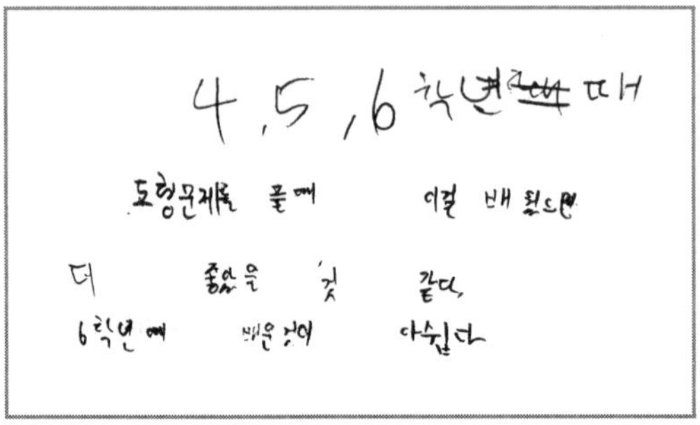

[그림 3-5] 이○○학생의 학습지

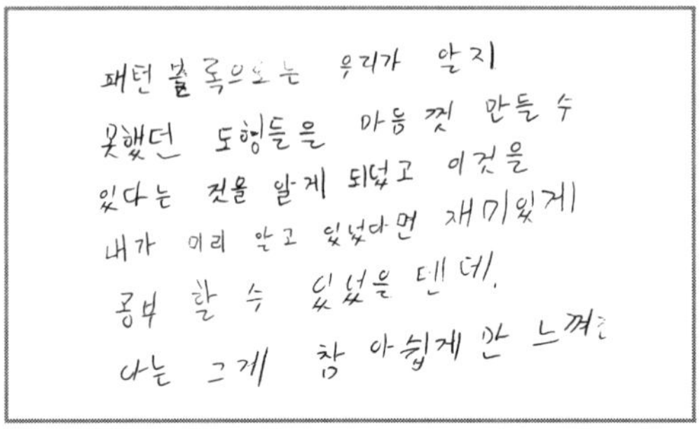

[그림 3-6] 김○○학생이 패턴블록 수업 후 소감을 기록한 종이

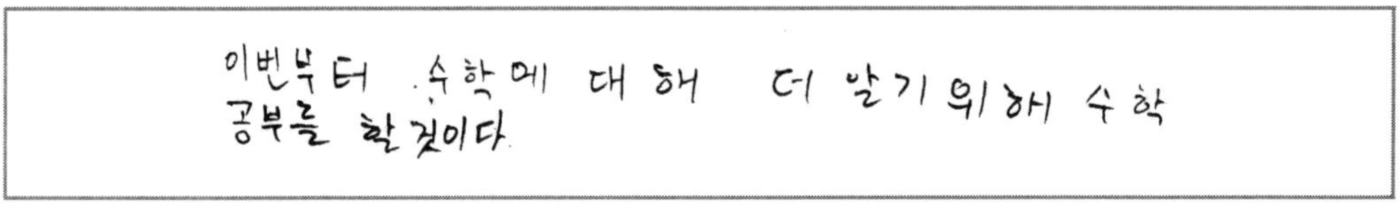

[그림 3-7] 정○○학생이 기하판을 활용한 수업 후 기록한 학습지

펜토미노를 이용한 클럽활동은 3시간 30분이라는 시간이 소요되었는데, 이것은 학생들이 풀지 못하는 문제를 계속하여 풀고자 하는 지속성이 반영된 결과라 볼 수 있을 것이다. 탱그램이나 기하판, 패턴블록을 활용하면서 학생들은 많은 흥미를 가지게 되었으며, 지속성도 더욱더 향상된다고 말할 수 있다.

교구를 활용한 수업은 학생들은 문제해결과정에서 과제에 대한 집착력, 과제를 지속적으로 해결하려는 경향을 강하게 보인다는 것을 의미하는 수업이라 할 수 있을 것이다.

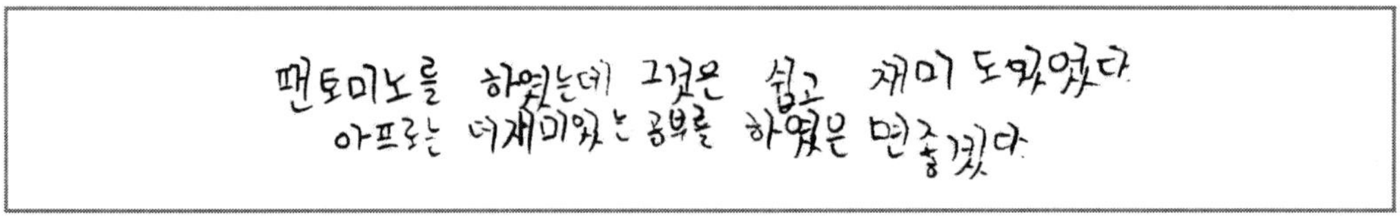

[그림 3-8] 정○○학생의 펜토미노 수업 후 반응

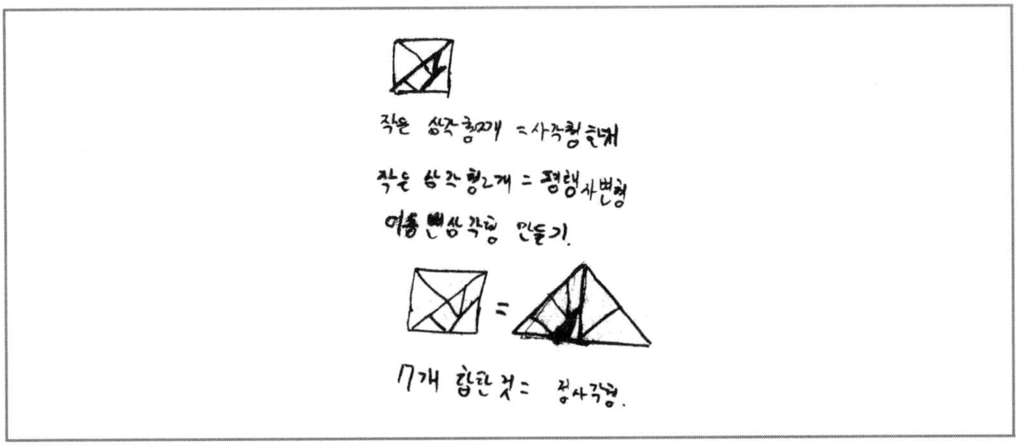

[그림 3-9] 서○○ 학생이 기록한 탱그램 조각들 사이의 관계

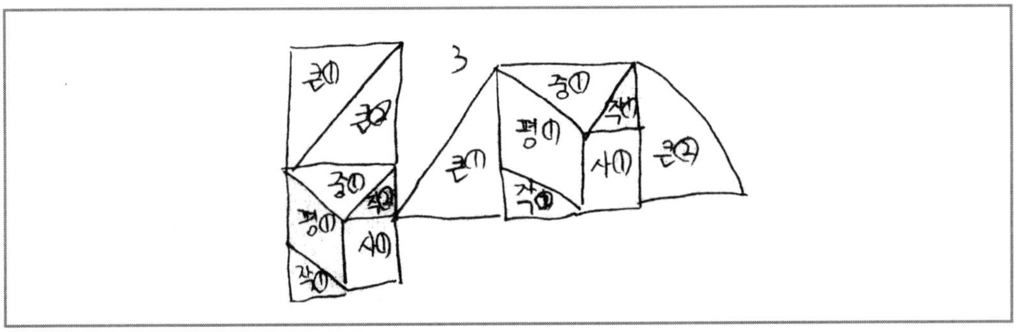

[그림 3-10] 이○○ 학생이 기록한 볼록 다각형

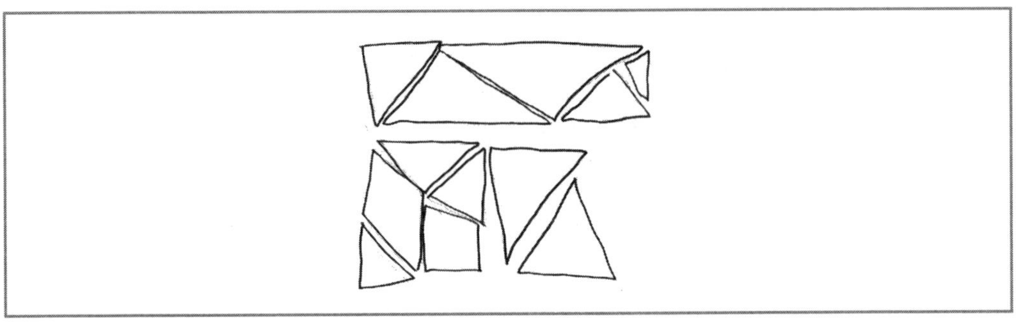

[그림 3-11] 전○○ 학생이 탱그램 조각을 이용해서 만든 직사각형의 표현

패턴블록을 이용한 클럽활동은 총 110분 동안 이루어졌으며, 주어진 클럽 활동시간만으로는 부족하여 점심시간이나 쉬는 시간 등도 활용하였다.

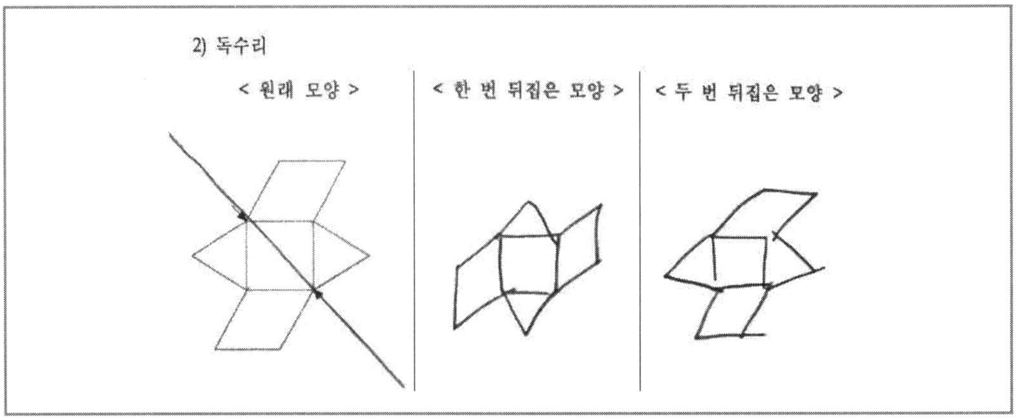

[그림 3-12] 서○○ 학생이 패턴블록 조각들을 대각선으로 뒤집기 활동을 한 학습지

패턴블록을 활용한 수업을 하면서 상 수준과 중 수준의 학생들은 대각선을 대칭축으로 하여 대칭이동 시켜보는 활동을 하게 되었고, 직접 조작하기 전에는 어떻게 될지 망설였지만, 실제로 뒤집어 보면서 이해하였다. 그 이후 상 수준의 학생들은 실제로 뒤집어 보는 활동 없이도 뒤집었을 때의 모양을 그릴 수 있었고, 중 수준의 학생들은 패턴블록을 사용하여 뒤집었을 때의 모양, 즉 선대칭의 위치에 있는 도형 모양을 올바르게 그릴 수 있었다.

즉, 패턴블록을 활용하면서 대각선을 대칭축으로 하여 대칭 이동시키는 활동을 잘하지 못하였으나, 교구를 조작하는 활동을 통하여 중 수준의 학생들이 대칭이동에 대한 개념을 이해하는 데 도움이 되었다.

패턴블록을 이용하여 바닥덮기 활동을 할 때는 하 수준의 학생도 열심히 참여하였다. 상 수준의 서○○ 학생은 이 활동이 끝난 후 '선생님, 축구공은 오각형이랑 육각형이 공위에 바닥덮기 되어 있는 거죠?'라는 말을 하였다. 즉, 패턴블록을 활용하면서 상 수준의 서○○ 학생은 자신이 배운 내용을 다른 것에 응용하거나 조금 변형시켜 생각할 수 있는 학습 환경을 제공하는 것으로 여겨진다.

기하판을 활용한 클럽활동은 주로 도형의 합동 변형에 관하여 이루어졌다. 점 종이를 많이 활용하여 학생들이 자신의 결과를 기록하도록 하였다.

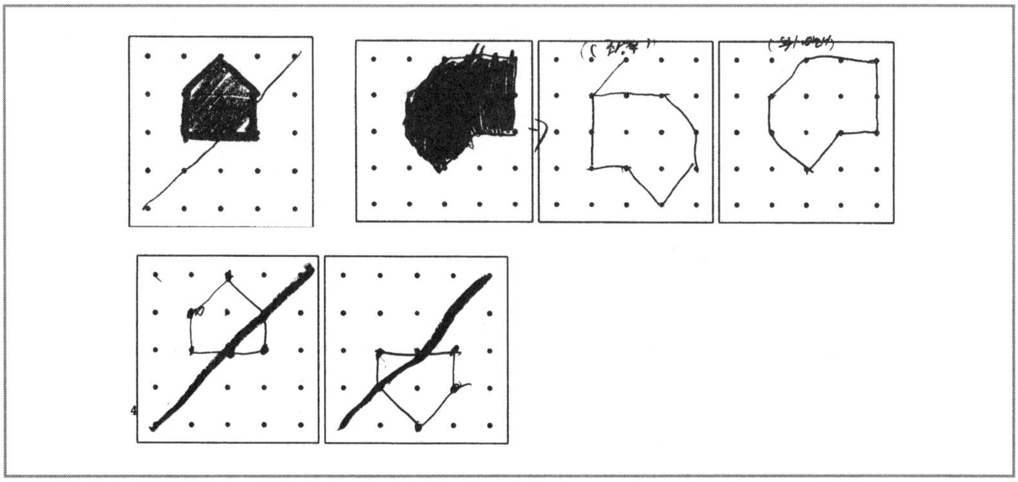

[그림 3-13] 김○○ 학생이 합동변환에 대한 학습을 기하판으로 하고 난 후 기록한 학습지

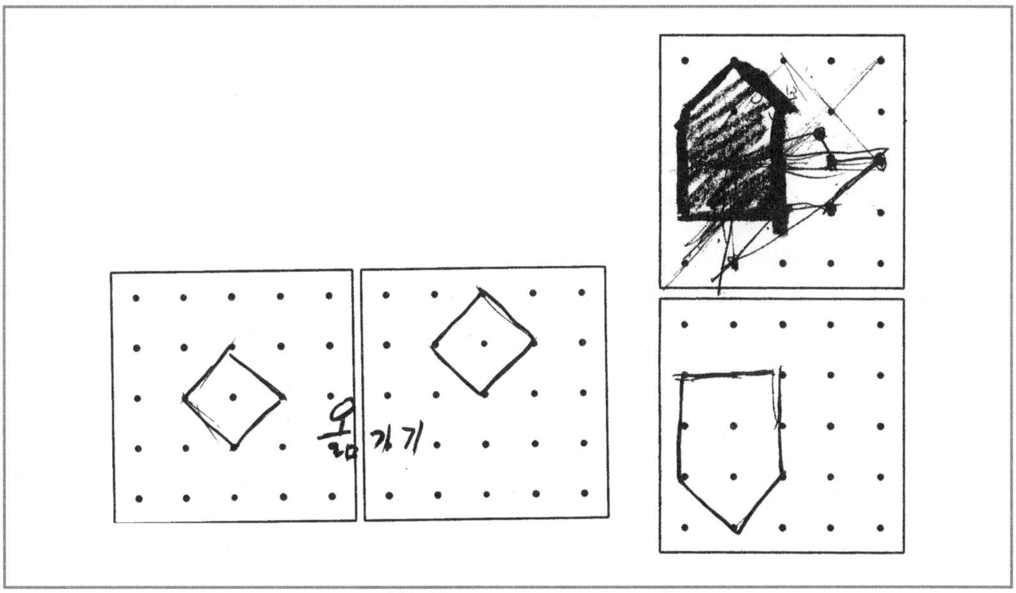

[그림 3-14] 전○○ 학생이 옮기기와 뒤집기 활동을 한 후 점 종이에 기록한 것 내용

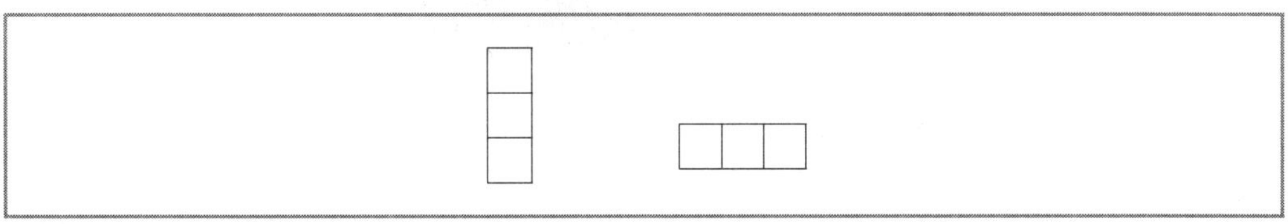

[그림 3-15] 정사각형 3개를 붙여 만든 모양

상 수준의 학생 2명은 수업 후 돌리거나, 뒤집거나, 이동시키는 활동을 하면, 서로 다르게 보이는 것도 합동이 되는 것을 이해하였다. 상 수준의 서○○ 학생은 회전, 뒤집기, 평행이동의 변환을 하면 서로 다른 것도 같은 것, 즉 '합동'이라는 단어를 이용하여 표현하였다.

상 수준의 이○○ 학생이 '정사각형 이외에 다른 도형을 붙여서 찾기 해봐요'라는 말을 한 것처럼 교구를 조작하는 활동은 학생들의 확산적인 수학적 사고를 자극할 수 있었다.

펜토미노 조각 12개를 이용하여 대칭의 위치에 있는 도형을 만들어보는 것과 합동이 되는 3가지 모양을 만드는 수업이었다.

학생 자신은 수학이라고 느끼지 않지만, 합동이 되는 모양 3가지를 만들기 위하여 어떤 조각을 서로 짝지어야 하는지를 고민하면서 자연스럽게 돌리기, 옮기기, 뒤집기의 합동변형을 학습하게 되고 공간감각능력을 향상시킬 수 있었다.

중 수준의 김○○ 학생의 경우에 [그림 3-16]의 문제를 해결하면서, 펜토미노를 조작하면서 금방 문제를 해결할 수 있었다.

다음은 [그림 3-16]의 문제를 해결하는 과정에서 김○○ 학생과 연구자와의 대화 내용이다.

김○○ : (학습지를 들고, 연필로 이리 저리 그려보았다.)
김○○ : '어떻게 하지? 아이 모르겠다.
교　사 : 지금 어떤 어떤 펜토미노 조각이 사용되었지?
김○○ : 음 … 이거랑 이거요. (펜토미노 조각 z와 t를 들었다.)
교　사 : 그것을 이용해서 직접 만들어 봐라.
김○○ : (z와 t조각을 사용하여 만들어 본다.)
아~! 알겠어요. 어떤 조각을 사용해야 하는지 알겠어요.
이렇게 만들면 대칭의 위치에 있는 도형을 만들 수 있어요.
(I와 u자 모양의 펜토미노 조각을 사용하여 대칭의 위치에 있는 도형을 만들었다.)

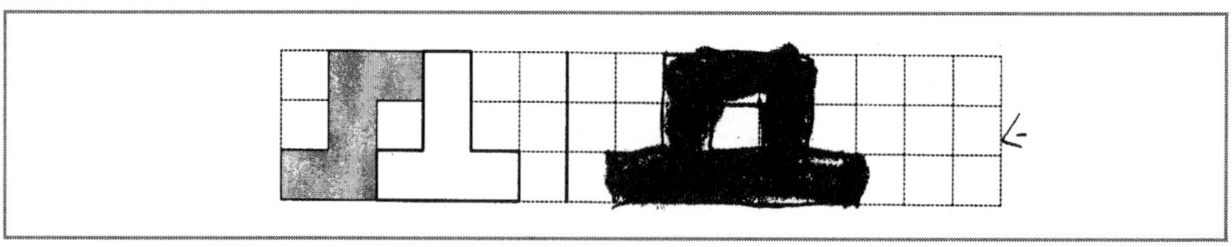

[그림 3-16] 대칭의 위치에 있는 도형 만들기

펜토미노라는 수학 교구를 활용하면서 김○○ 학생은 교구 없이는 잘 해결하지 못했던 문제를 교구를 사용하면서 금방 해결할 수 있었다.

Appendix

부록

1. 탱그램 클럽활동 학습지
2. 패턴블록 클럽활동 학습지
3. 기하판 클럽활동 학습지
4. 펜토미노 클럽활동 학습지

1. 탱그램 클럽활동 학습지

탱 그 램	클럽활동학습지 1 - 1
제 6학년　　　반　　　　이름	

1. 탱그램이란?

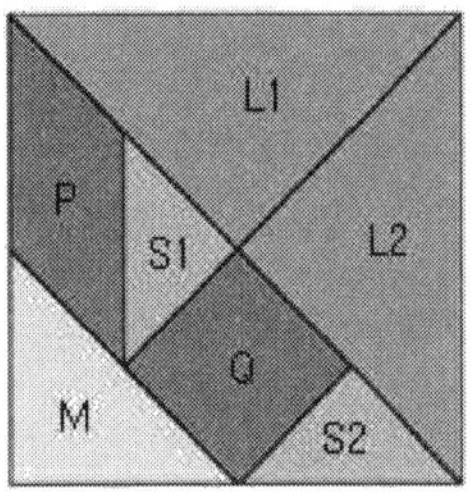

탱그램은 7개의 조각으로 이루어진 퍼즐이다. 고대 중국으로부터 전래된 것으로 보여지는 탱그램은 7개의 조각들을 이용하여 사람이나 동물, 여러 가지 사물의 모양이나 기하 도형을 맞추는 재미있는 놀이이다. 이 7가지 조각만 가지고도 3000여 가지의 모양이 나올 정도로 난이도가 천차만별이라 유치원생에서부터 성인까지 누구나 다 할 수 있다. 우리나라에서는 옛날부터 '칠교놀이'라 하여 전통 놀이 형태로 전해오고 있다.

2. 탱그램을 만들어보자.

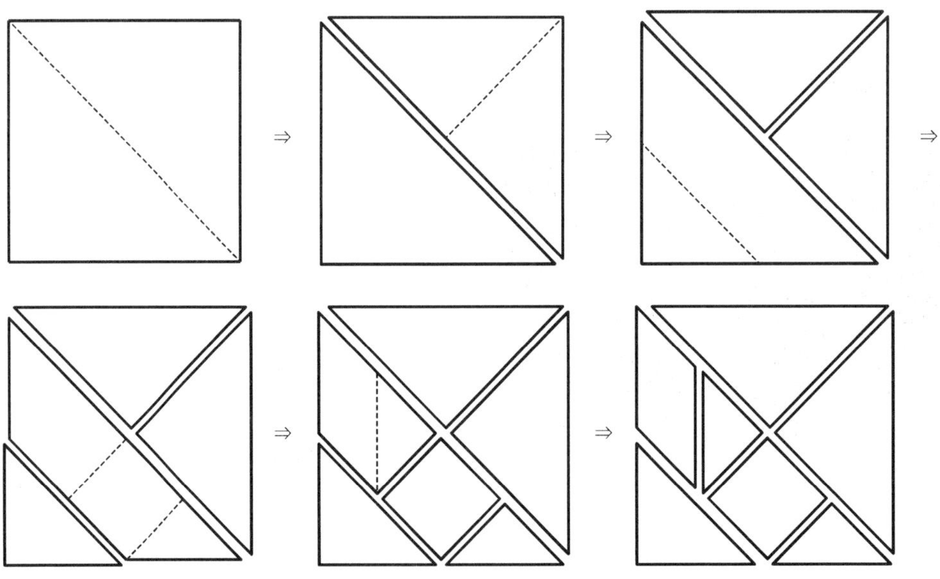

3. 탱그램 조각을 살펴보자.

탱 그 램	클럽활동학습지 1 - 2
제 6학년 반 이름	

1. 탱그램 조각을 이용해서 다음과 같은 모양을 만들어보자.

① 7개의 조각을 모두 이용하여 직각 삼각형을 만들어보자.

② 7개의 조각을 모두 이용하여 직사각형을 만들어보자.

③ 7개의 조각을 모두 이용하여 사다리꼴을 만들어보자.

2. 위의 도형 외에 다른 볼록 다각형을 만들어보자.

탱 그 램	클럽활동학습지 1 - 3
제 6학년 반 이름	

1. 다음 그림자에 맞도록 탱그램 조각을 맞추어보자.

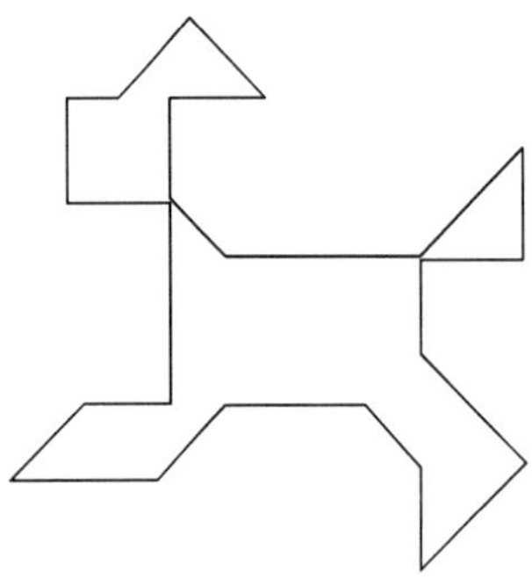

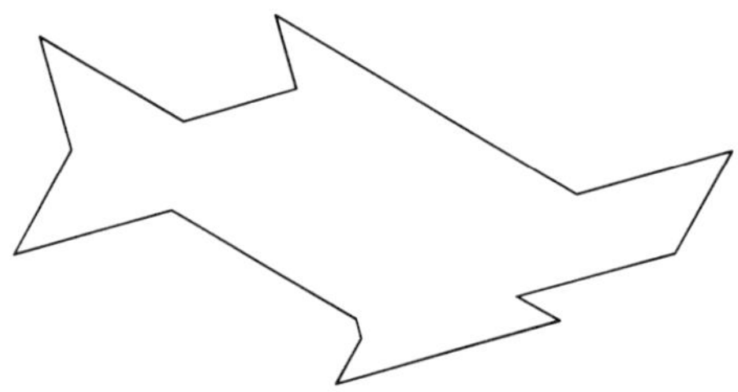

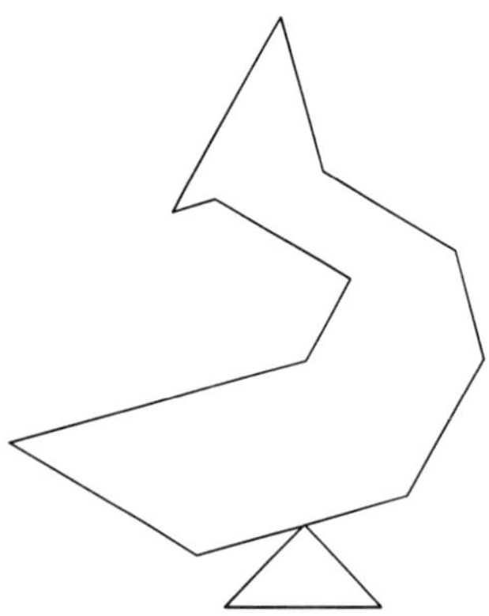

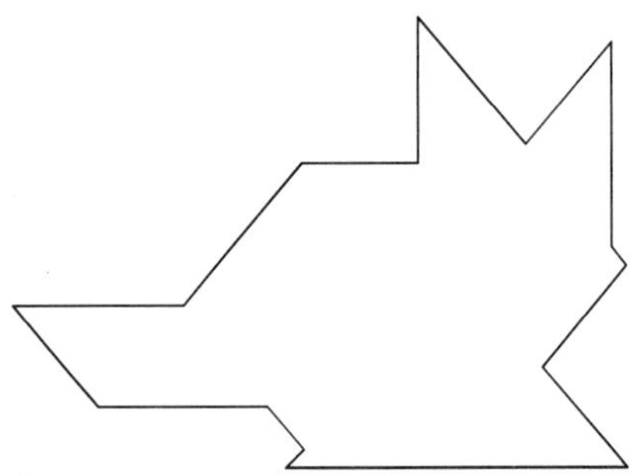

2. 탱그램 조각을 모두 이용하여 자기 나름대로의 모양을 만들어보자. 그리고 자신이 만든 모양의 그림자를 그려보자.

3. 다른 사람이 그린 그림자를 보고 똑같이 만들어보자.

2. 패턴블록 클럽활동 학습지

패 턴 블 록	클럽활동학습지 2 - 1
제 6학년 반 이름	

1. 패턴블록이란?

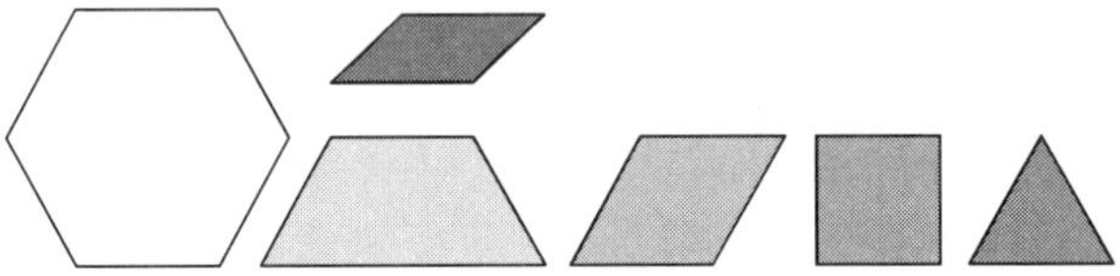

2. 패턴블록의 조각들을 살펴보자.

3. 패턴블록의 조각들 사이의 관계를 알아보자.

패 턴 블 록	클럽활동학습지 2 - 2
제 6학년 반 이름	

1. 패턴블록의 조각을 이용해서 아래와 같은 무늬를 만들어보자.

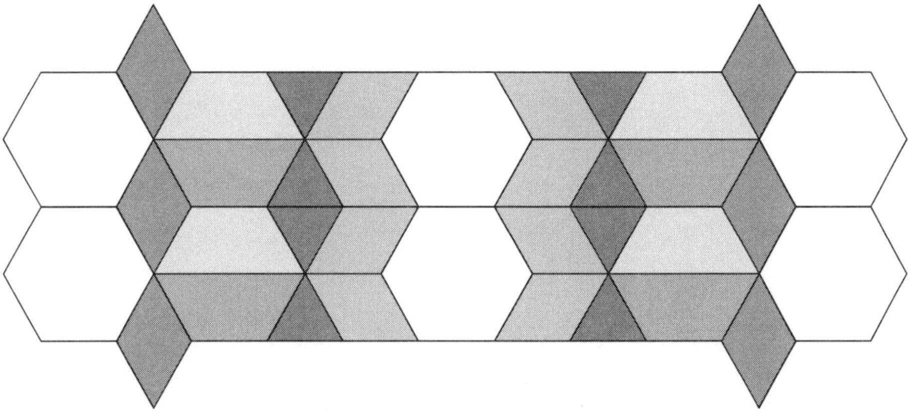

2. 위의 무늬처럼 빈 공간이 없도록 자기 나름대로의 규칙으로 무늬를 만들어보자.

패 턴 블 록	클럽활동학습지 2 - 3
제 6학년 반 이름	

1. 패턴블록 각각의 조각들의 대칭축을 살펴보자. 각각의 조각들을 그려보고, 대칭축을 그려보자.

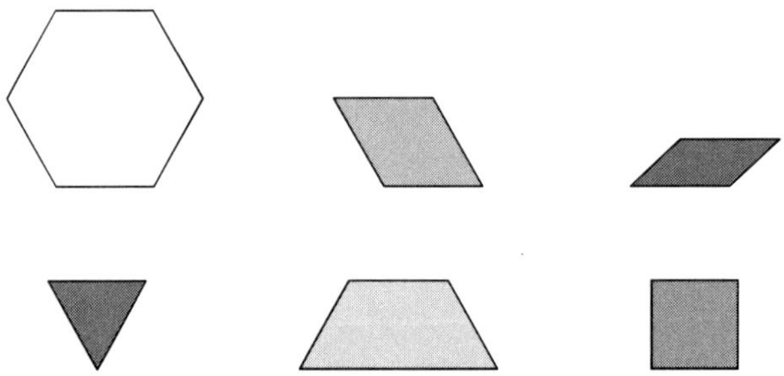

패 턴 블 록	클럽활동학습지 2 - 4
제 6학년 반 이름	

1. 아래에 만들어진 모양들을 만들어 보고, ‘ → ← ’ 표시를 축으로 주어진 횟수만큼 뒤집어보자. 그 때 만들어진 모양을 그려보자.

① 우주선

<원래 모양>	<한 번 뒤집은 모양>	<두 번 뒤집은 모양>
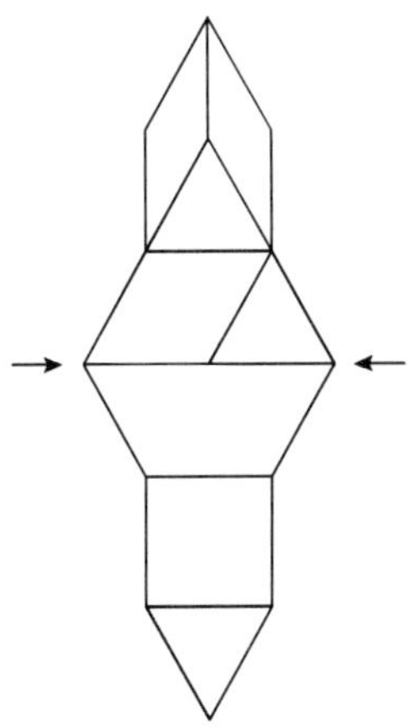		

② 독수리

<원래 모양>	<한 번 뒤집은 모양>	<두 번 뒤집은 모양>
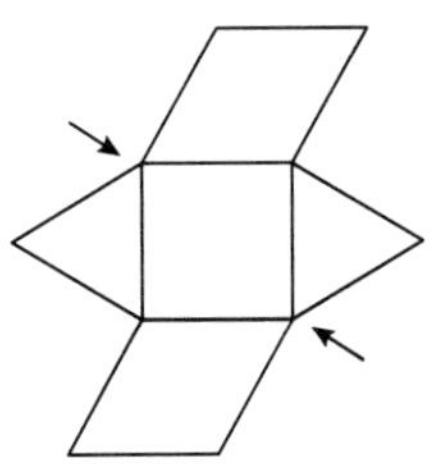		

3. 기하판 클럽활동 학습지

기 하 판	클럽활동학습지 3 - 1
제 6학년 반 이름	

1. 고무줄을 이용하여 변에 있는 못의 수가 3개가 되도록 기하판에 여러 개의 도형을 만들어보자. 그리고 자신이 만든 도형을 아래의 점 종이에 그려보자.

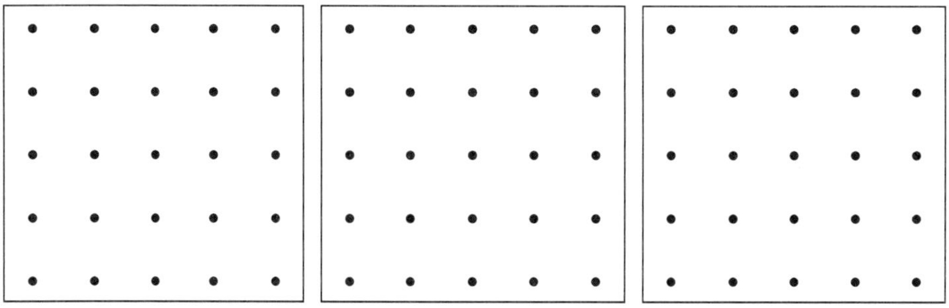

① 가장 작은 크기의 도형은 어떤 모양인가?

② 가장 큰 크기의 도형은 어떤 모양인가?

③ 다른 사람이 만든 도형과 비교해보자.

2. 고무줄을 이용하여 변에 있는 못의 수가 4개가 되도록 기하판에 여러 개의 도형을 만들어보자. 그리고 자신이 만든 도형을 아래의 점 종이에 그려보자.

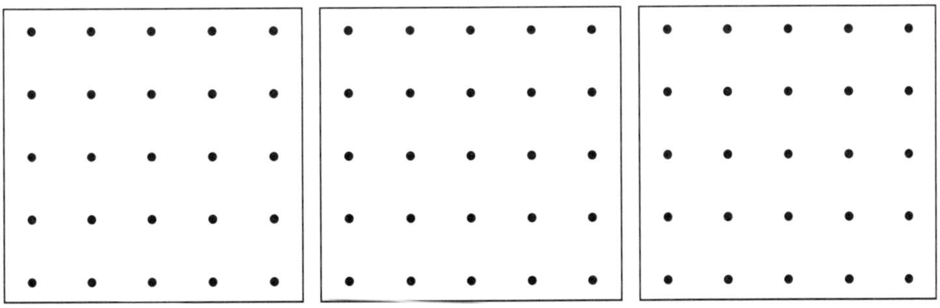

① 가장 작은 크기의 도형은 어떤 모양인가?

② 가장 큰 크기의 도형은 어떤 모양인가?

③ 다른 사람이 만든 도형과 비교해보자.

3. 위의 활동을 통해 알게 된 점은 무엇인가?

# 기 하 판	클럽활동학습지 3 - 2
제 6학년　　반　　이름	

1. 기하판에 자기 나름대로의 도형을 만들어보자.

① 아래의 그림처럼 자신이 만든 도형을 다른 색의 고무줄을 이용하여 위로 한 칸 평행이동해보자.

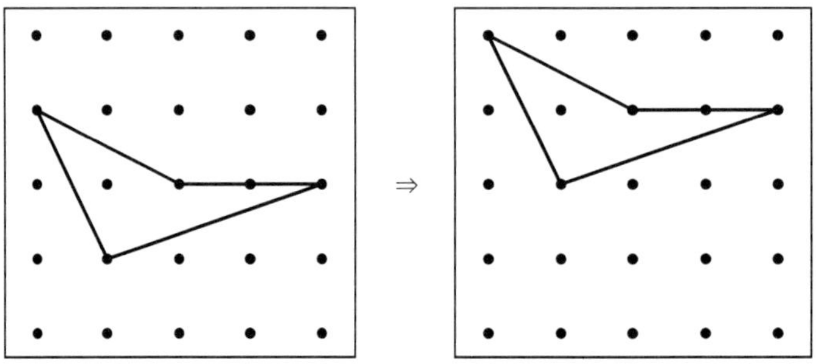

② 자기가 만든 도형을 오른쪽으로 한 칸 평행이동해보자.

③ 자기가 만든 도형을 위로 한 칸, 왼쪽으로 한 칸 평행이동해보자.

④ 자기가 만든 도형을 아래로 한 칸, 왼쪽으로 두 칸 평행이동해보자.

⑤ 또 다른 도형을 만들어 ①~④의 과정을 반복해보자.

⑥ 알게 된 것을 적어보자.

⑦ 기하판에 조작한 위의 활동을 아래의 점 종이에 그려보자.

기 하 판	클럽활동학습지 3 - 3
제 6학년 반 이름	

1. 기하판에 자기 나름대로의 도형을 만들어보자.

2. 아래의 그림처럼 자신이 만든 도형을 대칭이동시켜보자.

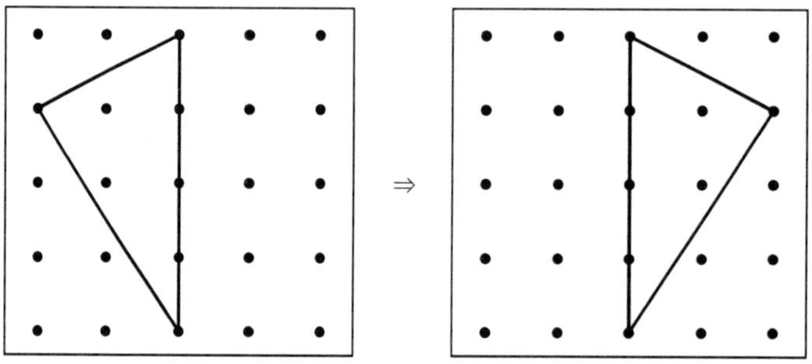

① 위의 예처럼 좌우로 대칭이동시켜보고, 아래의 점 종이에 그려보자. 대칭축도 표시해보자.

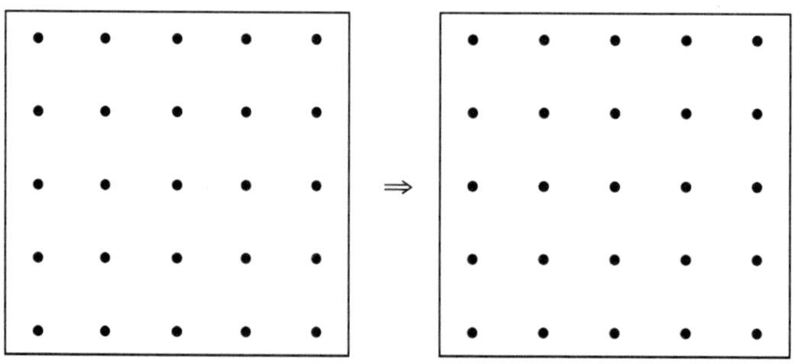

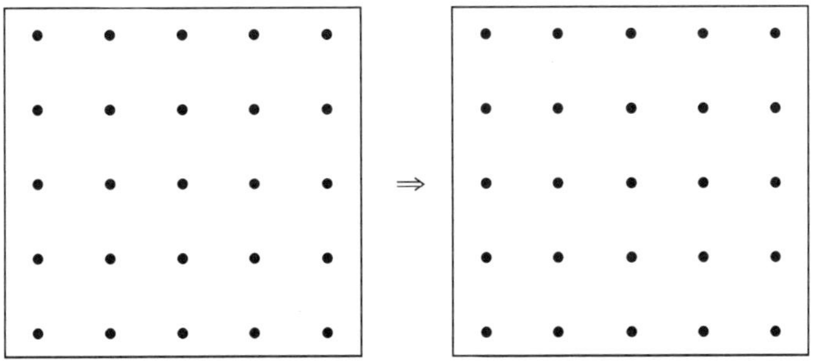

② 자신이 만든 도형을 아래로 대칭이동시켜보고, 아래의 점 종이에 그려보자. 대칭축도 표시해보자.

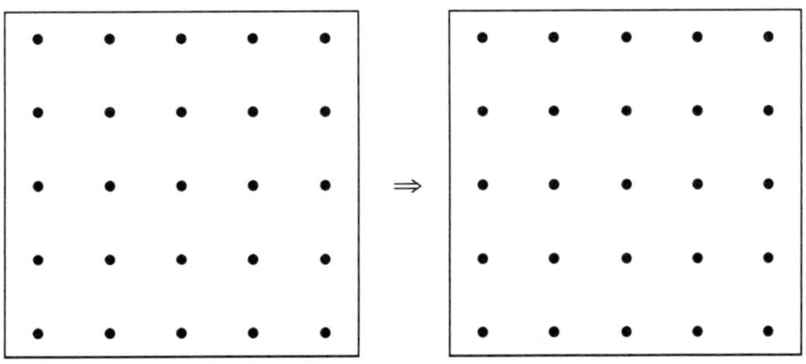

③ 자신이 만든 도형을 ／쪽 대각선으로 평행이동시켜보자. 그리고 ＼쪽 대각선으로도 평행이동시켜보자. 자신이 활동한 것을 5×5 점 종이에 그려보자.

④ 자신이 만든 도형을 좌우로 뒤집고, ／쪽 대각선으로 평행이동시켜보자. 또, 자신이 만든 도형을 상하로 뒤집고, ＼쪽 대각선으로도 평행이동시켜보자. 자신이 활동한 것을 5×5 점 종이에 그려보자.

⑤ 알게 된 점을 적어보자.

5 × 5 점종이

• 자신이 활동한 것을 기록해보자.　　이름 :

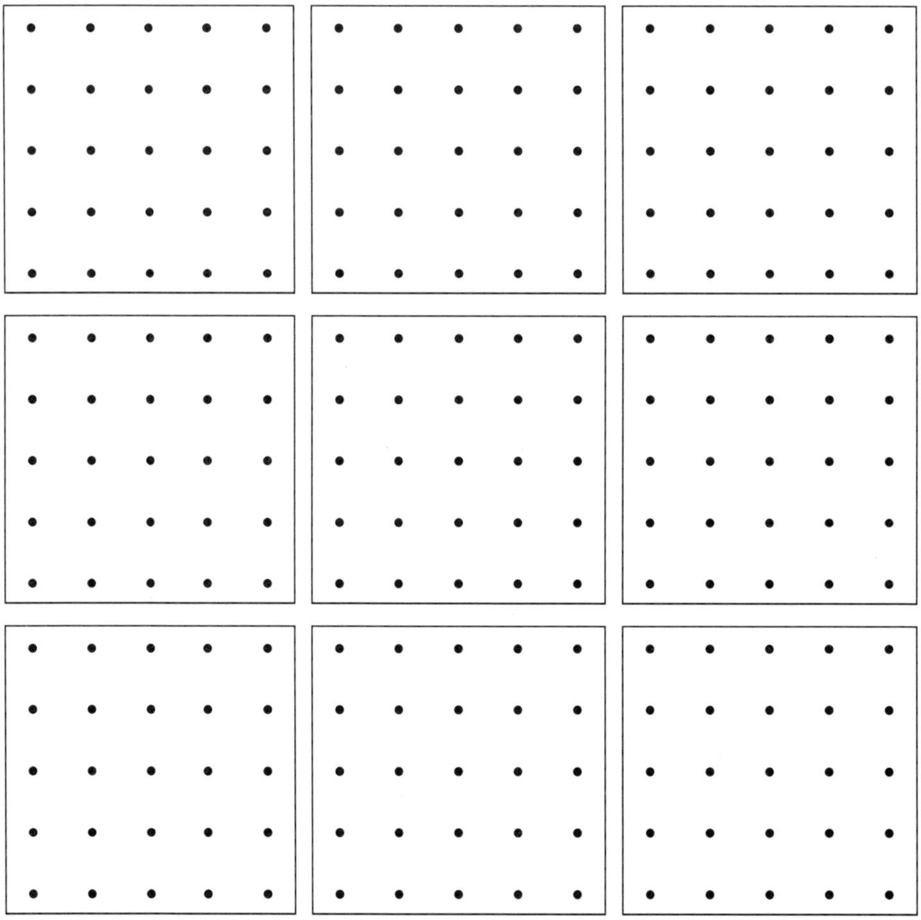

기 하 판	클럽활동학습지 3 - 4
제 6학년 반 이름	

1. 기하판에 사각형 하나를 만들고, 아래의 그림처럼 모든 변의 길이가 2배가 되는 또 다른 닮은 도형을 만들어보자.

예) 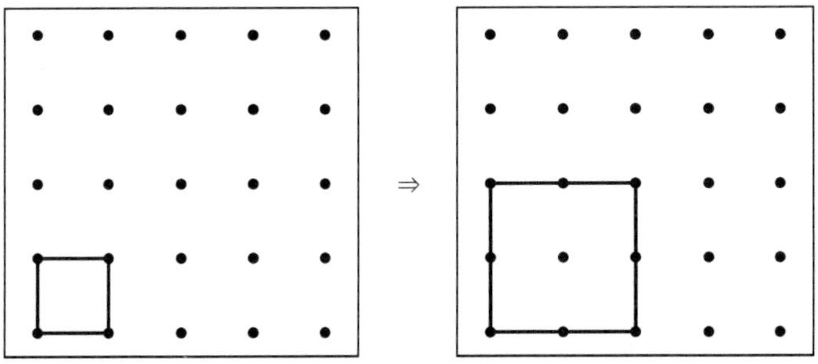

2. 기하판에 삼각형 하나를 만들고, 모든 변의 길이가 2배가 되는 또 다른 닮은 도형을 만들어보자. 대응점과 대응변을 말해보자.

3. 사각형 하나를 만들고, 모든 변의 길이가 3배가 되는 또 다른 닮은 도형을 만들어보자. 대응점과 대응변을 말해보자.

4. 위의 활동을 통해서 알게 된 점을 적어보자.

4. 펜토미노 클럽활동 학습지

펜 토 미 노	클럽활동학습지 4 - 1
제 6학년 반 이름	

1. 2개의 모양이 같은 정사각형을 변끼리 붙여 그려보자. 어떤 모양이 되는지 그려보자.

정사각형 2개를 붙여서 만들 수 있는 모양은 몇 가지인가?

2. 세 개의 모양이 같은 정사각형을 변끼리 붙여 그려보자. 뒤집거나, 돌려서 모양이 같은 것은 같은 종류라고 생각하면 서로 다른 모양은 몇 가지인가?

3. 네 개의 모양이 같은 정사각형을 변끼리 붙여 그려보자. 뒤집거나, 돌려서 모양이 같은 것은 같은 종류라고 생각하면 서로 다른 모양은 몇 가지인가?

펜 토 미 노	클럽활동학습지 4 - 2
제 6학년　　반　　이름	

1. 5개의 합동인 정사각형이 변끼리 붙어 이루어진 도형을 펜토미노라고 한다. 뒤집거나, 돌려서 모양이 같은 것은 같은 종류라고 한다면 펜토미노의 모양은 몇 가지인가?

펜 토 미 노	클럽활동학습지 4 - 3
제 6학년 반 이름	

※ 펜토미노를 2개씩 쌍을 지어 선대칭 위치에 있는 도형을 만들어보자.

1. 왼쪽에 있는 도형과 선대칭의 위치에 있는 도형을 그려보자. 겹쳐지는 도형을 만들기 위하여 필요한 펜토미노 2개는 어떤 모양인가?

대칭축

2. 남아 있는 또 다른 펜토미노 2쌍을 이용해서 다음의 도형의 선대칭 위치에 있는 도형을 만들어보자.

대칭축

3. 나머지 2쌍의 펜토미노를 이용해서 선대칭 위치에 있는 도형을 만들어보고, 아래의 모눈종이에 그려보자.

대칭축

4. 위의 활동을 통해 알게 된 점이나 느낀 점을 적어보자.

펜 토 미 노	클럽활동학습지 4 - 4
제 6학년 반 이름	

※ 펜토미노를 4개씩 쌍을 지어 합동인 모양을 만들어보자.

1. 펜토미노를 4개씩 쌍을 지으면 몇 개의 쌍이 되는가?

2. 펜토미노 12개를 모두 이용하여 아래와 합동인 모양 3개를 만들어보자.

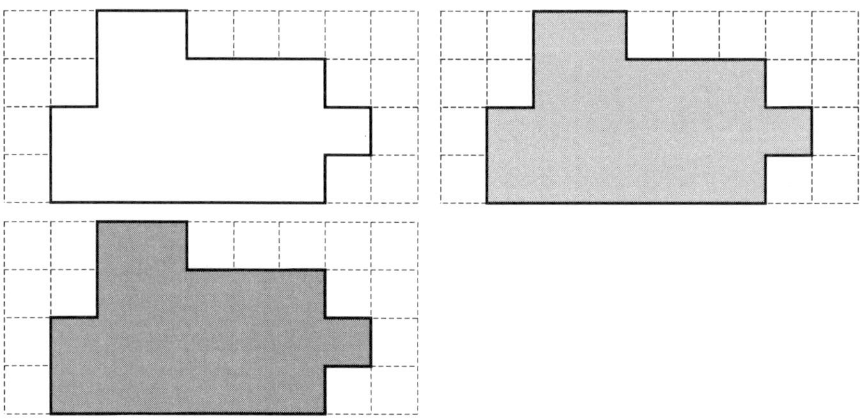

3. 하나의 모양은 몇 개의 펜토미노를 이용하여 만들어야 하는가?

4. 위의 모양과 똑같은 모양 3개를 만들려면, 펜토미노를 어떻게 쌍을 지어야 하는가?

5. 합동인 모양 3개를 만들기 위하여 펜토미노 조각을 어떻게 짝지었는지 설명해보자.

펜 토 미 노	클럽활동학습지 4 - 5
제 6학년　　반　　이름	

※ 펜토미노 4개를 이용하여 직사각형을 만들어보자.

1. 다음의 펜토미노 4개를 이용하여 직사각형을 만들어보자. 직사각형은 얼마만한 크기일지 설명해보자.

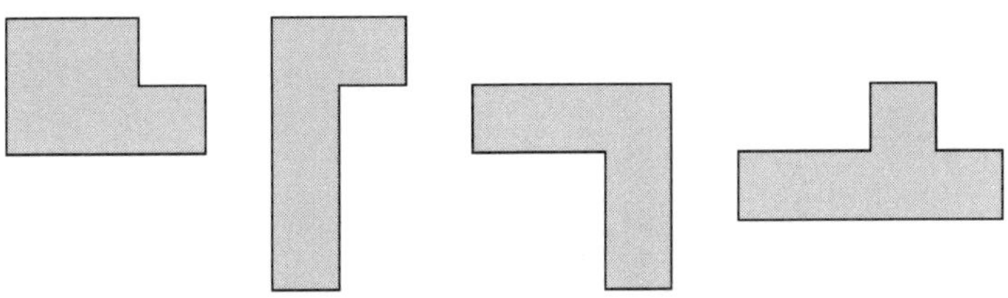

• 위의 조각들을 이용하여 서로 다른 방법으로 직사각형을 만들어보자.

2. 다음의 펜토미노 6개를 이용하여 직사각형을 만들어보자.

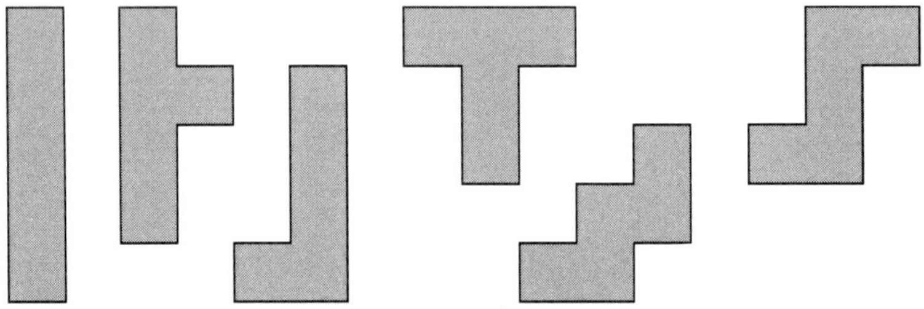

3. 12개의 펜토미노 중 2번에서 사용한 펜토미노 조각을 제외한 나머지 펜토미노 조각을 이용하여 아래와 같은 크기의 직사각형을 만들어보자.

펜 토 미 노	클럽활동학습지 4 - 6
제 6학년 반 이름	

※ 펜토미노 12개 중 뚜껑이 없는 정육면체 모양으로 접을 수 있는 것은 어떤 것인지 실제로 접어서 확인해보자.

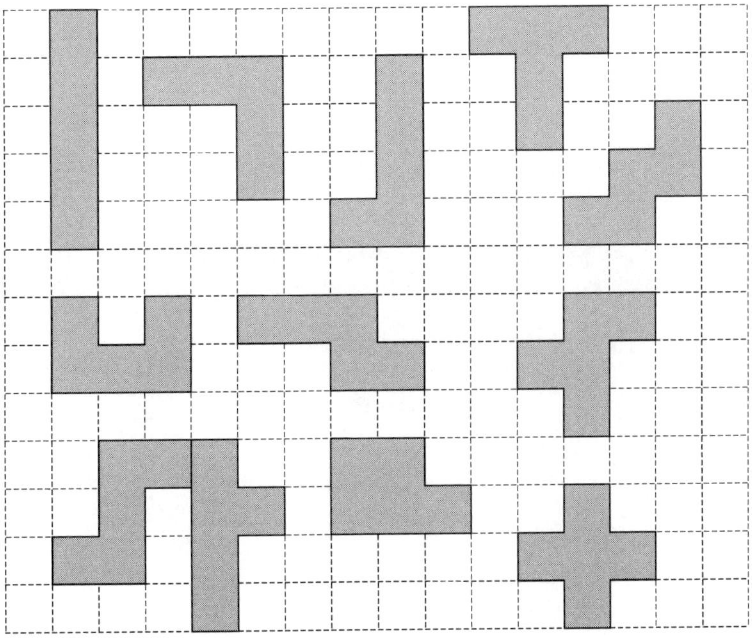

참고문헌

강완 · 김상미 · 박만구 외(2009). 초등수학교육론, 경문사.

교육과학기술부(2012). 수학과 교육과정. 교육과학기술부 고시 제 2011-361호 [별책 8]

교육과학기술부(2015). 수학과 교육과정. 교육과학기술부 고시 제 2015-74호 [별책 8]

김남희(1999). 학교수학 학습에서의 퀴즈네어 막대 활용. 학교수학, 1(2). 대한수학교육학회.

김응태 외(1989). 증보 수학교육학개론. 서울: 서울대학교출판부.

김응태 · 박한식 · 우정호(2007). 수학교육학개론. 서울: 서울대학교 출판부.

김수미(2000). 수학 교육에서의 조작교구에 관한 연구. 학교수학, 2(2), 462.

김판수(2004). 폴리미노와 관련 문제, 수학영재지도를 위한 전문과정교사 연수 교재, 대구교육대학교 초등교육연수원.

류성림(2002). 초등 수학수업에서 퀴즈네어 막대의 활용에 관한 연구. 과학 · 수학교육연구. 대구교육대학교.

박경자 · 우광식 · 이명숙(1999). 도미노를 활용한 수학학습, 한국수학교육학회지시리즈 F <수학교육학회지>, 제3집, 69-105.

박호걸(2009). 제3의 훍 포디프레임. 포디랜드 · 포디창의연구소.

방승진 · 최중오 · 임진아 · 고정호 · 이정승 · 남주강 · 전규민(2007). 수학분야 영재 수업 프로그램 연구. 한국수학교육학회지 시리즈 E, 제21집 제1호, 19-31.

신경순(2001). 초등학교 수학 수업에서 지오보드의 활용방안 연구, 인천교육대학교 석사학위 논문.

손숙현(2002). 수학 교구를 활용한 클럽활동이 학생들의 수학적 성향 및 도형 학습력에 미치는 영향. 대구교육대학교 교육대학원.

손숙현(2003). 펜토미노를 이용한 기하학습, 수학기초반 학습프로그램, 대구교육대학교 영재교육원.

수학도형교구 · 폴리드론, 배문교재사.

수학사랑(www.mathlove.co.kr) 교구시리즈3, 대수막대.

유현주(1991). 수학 학습-지도 원리의 고찰(1): 활동적 원리. 제7회 수학교육학세미나. 45-54.

우정호(2000). 수학 학습-지도 원리와 방법. 서울: 서울대학교 출판부.

이영주 · 장인옥 · 김동우(1999). 수학교육에서의 퀴즈네어 막대 활용 방안. 수학교육학술지, 3(3). 한국수학교육학회.

이인환 · 전왕건 · 김남균(2000). 교구를 통한 수학적 활동(I), 학교수학교육학회지 수학교육워크샵. 41-58.

이주용(2013). 4D 프레임 활용 학습이 초등 수학영재학생의 공간감각 및 수학적 창의성에 미치는 영향, 대구교육대학교 교육대학원.

정부용(2003). 공간 시각화 과정에서의 교구의 역할. 한국교원대학교 대학원 석사학위 논문.

정동권(2000). 초등학교 수학 수업에서 점판(geoboard)의 활용. 조노돔시스템, 뿌리와 열매 창의력 신장을 위한 여름 수학 캠프(1999). 학교수학교육학회.

최은주(2009). 초등학교 수학 수업에서의 수학교구 활용 연구. 대구교육대학교 교육대학원

최창우(2002). 초등학교 수학 수업에서 기하판의 활용, 한국수학교육학회지시리즈 C <초등수학교육> 제6권, 제1호, 1-10.

최창우(2003). 기하판을 활용한 수업 사례연구, 과학·수학교육연구 제26집, 27-43, 대구교육대학교 초등교육연구원 과학교육연구소.

최창우(2010). 초등수학교육의 이해, 서울: 경문사.

활동주의에 입각한 수학교수·학습방법(2004). 제16회 과학교육연구소워크샵 보고서, 대구교육대학교 초등교육연구원 과학교육연구소.

현종익(1991). 산수과 교수법 및 교재연구. 서울: 경문사.

3학년 수학영재 프로그램, 대구광역시 교육청(2010).

4학년 수학영재 프로그램, 대구광역시 교육청(2010).

5학년 수학영재 프로그램, 대구광역시 교육청(2010).

6학년 수학영재 프로그램, 대구광역시 교육청(2010).

Cuisenaire Company of America(1996). Cuisenaire rods. the Super Saurce, Grade K-2, 3-5, 6-8. Cuisenaire Company of America, Inc.

DeVries, R. (1998). Pattern blocks and pattern blocks frames. Regent's Center for Early Developmental Education.

Hiebert, J., Carpenter, T. P., Fennema, E., Fuson, K. C., Wearne, D., Murray, H., Olivier, A., & Human, P. (1997). Making sense: Teaching and learning mathematics with understanding. Portsmouth, NH: Heinemann.

M, A. Spikell. (1993). Teaching Mathematics with Manipulatives. A Resource of Activities for the K Mathematics Development Band Certificate, Year 7(Form 1) Theme Resources 1998, New Zealand Association of Mathematics Teachers

Miller, M., & Lee, M. (1995). Exploring with pattern blocks. NY: Cuisenaire Company of America.

NCTM(2000). Principles and Standards for school mathematics. Reston, VA: The Author.

Reys, Robert E(1971). Considerations for Teachers Using Manipulative Materials. December 1971. Teacher-made Aids for Elementary School Mathematics. 1974. NCTM. 5-12.

Zorfass, J. (1996). Exploring mathematics with manipulatives-1 Pattern blocks. Education Development Center.

- http://www.meden.demon.co.uk/Fractals/polyomino.html
- http://cafe.naver.com/wiseschool/819
- http://mybox.happycampus.com/jjang072x/4690893

찾아보기

수학교육과 교구 제2판

지은이 최창우
펴낸이 조경희
펴낸곳 경문사
펴낸날 2014년 7월 25일 1판 1쇄
2019년 3월 5일 2판 1쇄
등 록 1979년 11월 9일 제 313-1979-23호
주 소 04057, 서울특별시 마포구 와우산로 174
전 화 (02)332-2004 팩스 (02)336-5193
이메일 kyungmoon@kyungmoon.com
facebook facebook.com/kyungmoonsa

값 18,000원

ISBN 979-11-6073-205-4